图书在版编目（CIP）数据

大学生心理健康：基于灵性教育视角 / 赵梅玲，陈方超，叶良鸿著. --北京：光明日报出版社，2022.10
ISBN 978－7－5194－6850－7

Ⅰ.①大… Ⅱ.①赵… ②陈… ③叶… Ⅲ.①大学生—心理健康—健康教育 Ⅳ.①G444

中国版本图书馆 CIP 数据核字（2022）第 190804 号

大学生心理健康：基于灵性教育视角
DAXUESHENG XINLI JIANKANG：JIYU LINGXING JIAOYU SHIJIAO

著　　　者：赵梅玲　陈方超　叶良鸿	
责任编辑：李　倩	责任校对：李壬杰　张彩霞
封面设计：中联华文	责任印制：曹　净

出版发行：光明日报出版社
地　　址：北京市西城区永安路 106 号，100050
电　　话：010-63169890（咨询），010-63131930（邮购）
传　　真：010-63131930
网　　址：http://book.gmw.cn
E - mail：gmrbcbs@gmw.cn
法律顾问：北京市兰台律师事务所龚柳方律师
印　　刷：三河市华东印刷有限公司
装　　订：三河市华东印刷有限公司
本书如有破损、缺页、装订错误，请与本社联系调换，电话：010-63131930

开　　本：170mm×240mm
字　　数：295 千字　　　　　　　　　　印　张：16.5
版　　次：2023 年 6 月第 1 版　　　　　　印　次：2023 年 6 月第 1 次印刷
书　　号：ISBN 978－7－5194－6850－7
定　　价：95.00 元

版权所有　　翻印必究

·教育与语言书系·

大学生心理健康

基于灵性教育视角

赵梅玲 陈方超 叶良鸿 | 著

光明日报出版社

前 言

作为一名高校教师，教书育人是根本使命。作为一名专任教师，如何有效地将教学和科研融合在一起一直是笔者长期思索和探讨的问题。教学服务于科研、科研反哺教学是笔者努力的方向，也将是今后工作的重点。这本专著是基于笔者的一个课题《灵性教育在大学生心理健康教育课程中的渗透与融合》加工修改、完善总结而成的，因前期的相关基础研究和对本问题的思考，希望能形成有价值的研究成果。

笔者为了有效完成这个课题研究任务，更深入地探讨和提升课堂教学效果，为了更好地发挥个人专长，带着这些问题和思考利用课堂教学的机会进行了一些有益尝试，对课程教学改革有了一些自己的见解，在课堂中有意识地渗透与融合了"灵性教育"理念，将灵性教育引入课堂将是课程改革的一个有益尝试和有效突破。

大学生心理健康教育课程是高校人才培养方案中明确要求必须开设的一门全校性公共通识教育课程。课程目的是"学生通过学校教育环境获得旨在促进其身心全面发展的教育性经验"。课程是计划，是分科标准，是教材；从内容上看，课程是一系列学科和一系列活动项目，是一种预期学习结果的结构化序列。为了提高教学效果，教研组进行了一系列的课程教学改革，采取了多种有效的课堂教学管理模式。此外，笔者在硕士研究生学习期间，一直对心理学充满浓厚的兴趣，一直希望能在教育学、心理学研究中找到自己的归属，一直希望在这方面有所突破。带着这样一种希冀，笔者开启了自己的高校职业教育，且一直任教于这方面的相关课程。在教学实践中笔者努力尝试运用渗透与融合的方法进行教学内容的拓展，结合笔者硕士期间的部分研究成果，在导师的指导下，萌生了撰写本书的想法。

本书一共有九个章节，每个章节又分成若干个小节。第一章到第七章主要围绕大学生心理健康关注的几个重点主题进行论述和诠释，简要分析了现代大学生中主要存在的心理问题及其调适和应对方法，从一些简单的心理健康常识和基本理论入手探究了大学生心理健康的基本知识。第八章主要从课程实施角度进行了初步研究，从课程现状、课程问题、课程实施、课程设计、课程管理以及大学生心理健康教育老师的基本职责和任务等角度入手重点阐述大学生心理健康教育课程的相关问题，从课程的角度对相关问题进行深入剖析；第九章则是结合笔者的课题方向，将灵性教育引入其中，从而做一种有益的尝试和探索。

本书通过渗透和融合的方式更好地将两者结合形成合力。本书立足实际教学情境，力争做到理论联系实际，尽可能层次化、系统化和多样化，旨在帮助读者更好地认识本门课程。同时，在每一章节中有效借鉴了一些扩展性的小知识，进行了一些补充和说明，希望读者能够活化学到的知识，增强联系实际的能力，拓展知识面。从灵性视角开展心理健康教育，通过心理健康教育课程促进和维护大学生心理健康，培养大学生灵性意识。在课程教学过程中最终实现达到培养大学生灵性的目的，也是本书的特色和亮点。

本书以心理健康教育的主要问题为基本线索，集中阐明了大学生心理健康教育及其课程的相关问题，并力求灵性教育能够与课程进行有机融合，能够有效地渗透到课程理念中。

本书由陈方超和赵梅玲总体设计和统筹，在编写过程中，得到了学校领导的大力支持。他们对本书的框架结构、逻辑关系、知识要点进行指导和审校，因时间紧、任务重，且笔者编写能力和水平有限，书中难免会有疏漏和不足，恳请各位专家和广大读者给予批评指正。书中直接或间接引用了许多专家学者的成果和资料，对此表示真诚感谢！最后感谢光明日报出版社的领导和编辑给予的大力支持与帮助，笔者将在今后不断加以改进和完善，不断提升自己和发展自己。

赵梅玲：2022 年 4 月

本书系铜仁学院 2021 年"三金"建设研究子项目"梵净文库"校本教材建设（TRXYYSJ2021-031）和 2021 年辅导员专项课题"重大突发事件后大学生生命教育与心理健康教育融合的实施路径研究"（fdykt2021013）的部分研究成果。

目 录
CONTENTS

第一章 大学生心理健康教育概述 ·· 1
   第一节　心理健康概述 ··· 1
   第二节　大学生心理健康 ··· 9
   第三节　大学生常见心理问题及影响因素 ································· 12

第二章 大学生一般心理特征及思维的发展 ····································· 16
   第一节　大学生一般心理特征 ·· 16
   第二节　当代大学生的社会责任 ·· 18
   第三节　大学生社交的发展 ·· 21
   第四节　大学生思维的发展 ·· 24

第三章 大学生自我意识的发展与完善 ·· 30
   第一节　自我意识的发展 ·· 30
   第二节　自我意识的完善 ·· 38
   第三节　确立自我认同感 ·· 45

第四章 大学生学习心理与能力、品格 ·· 52
   第一节　大学生的学习心理 ·· 52
   第二节　常见学习心理问题的解决途径 ···································· 58
   第三节　大学生能力的发展 ·· 64
   第四节　大学生人格的完善 ·· 72

第五章　大学生压力调控与情绪管理 …… 83
- 第一节　大学生的压力 …… 83
- 第二节　大学生常见的心理压力与调适 …… 89
- 第三节　大学生的情绪管理 …… 93
- 第四节　大学生常见情绪问题及调节 …… 98

第六章　大学生的人际交往与恋爱、性心理 …… 110
- 第一节　大学生的社交情绪 …… 110
- 第二节　大学生的人际交往 …… 112
- 第三节　大学生的恋爱心理 …… 123
- 第四节　大学生的性心理 …… 133

第七章　大学生的网络心理与职业生涯规划 …… 141
- 第一节　大学生的网络心理 …… 141
- 第二节　大学生网络心理障碍的调适 …… 148
- 第三节　大学生职业生涯规划及其心理调适 …… 150

第八章　大学生心理健康教育与课程 …… 169
- 第一节　大学生心理健康教育课程的现状与趋势 …… 169
- 第二节　大学生心理健康教育的课程管理 …… 173
- 第三节　大学生心理健康教育课程的实施及调研 …… 182
- 第四节　学科教学中渗透心理健康教育的实施策略 …… 209
- 第五节　大学生心理健康教育课程中教师的角色与作用 …… 222
- 第六节　心理健康教育老师的资格认定与培养 …… 224

第九章　大学生心理健康教育与灵性教育问题探究 …… 228
- 第一节　灵性教育问题初探 …… 228
- 第二节　灵性教育在大学生心理健康教育课程中的渗透与融合 …… 233
- 第三节　以灵性教育为融合点的大学生心理健康教育课程 …… 242

参考文献 …… 251

第一章

大学生心理健康教育概述

第一节 心理健康概述

一、心 理

（一）心理的本质

有神经系统的动物都有心理。动物心理发展有三个阶段：第一阶段是感觉阶段，主要出现在无脊椎动物身上，它们能够对外界刺激做出反应，形成条件反射，如蚯蚓等；第二阶段是知觉阶段，主要出现在脊椎动物身上，它们能对事物的个别属性进行整合，从而产生对事物的整体认识，如蜘蛛、蚂蚁等；第三阶段是思维萌芽阶段，在灵长类动物身上才会出现，它们不仅有感知觉，而且能够认识到事物之间的外部联系，如类人猿等就掌握了这种技能。

人作为最高级的生物，心理已经发展到了思维阶段。心理现象每个人都有。人的心理现象是自然界最复杂、最奇妙的一种现象。心理学是研究心理现象的科学，它以自己特有的研究对象与其他学科区分开来。心理学既研究动物的心理，也研究人的心理，而以人的心理现象为主要的研究对象。心理现象既受外部环境的影响，也受人主观意识的影响。如果对心理现象进行划分，可分为两大类，即心理过程和人格。认知、情绪情感和意志属于心理过程。心理过程是指心理活动的动态过程。该现象呈现的是人们对外部世界所共有的认识和反映。这些认识和反映是以过程形式存在的，它们都要经历发生、发展和消失的不同阶段。人格也称个性，是指一个人区别于他人的，在不同环境中一贯表现出来的、相对稳定的，影响人的外显和内隐行为模式的心理特征的总和。在一定意义上，人格不是独立存在的，而是通过心理过程表现出来的。

心理具体是指生物对客观物质世界的主观反映。意识是人的精神生活的重要特征。人的日常生活、学习和工作，是在意识的支配下进行的。而精神错乱、大脑损伤的患者，他们的行为会失去意识的控制，完全被无意识的欲望所支配。人们的正常生活中也存在无意识现象，它对人的行为有重要作用。因此，无意识现象也是心理学的重要研究对象。

（二）人的心理发展

人的心理发展是一个循序渐进的过程，自古以来的中外哲学家、思想家和心理学家都对心理现象进行过论述。其中比较具有代表性的如皮亚杰和埃里克森。本书主要介绍以上两位心理学家关于心理发展阶段的理论。

1. 皮亚杰的心理发展理论

按照皮亚杰的理论，儿童的认知系统经历了四个主要发展阶段。

第一阶段：感知运算阶段（0~2岁）

这个阶段的婴儿通过外显行为影响世界，他们的运动行为反映了感知运动格式，用于认识世界的概括化的动作模式，诸如吸吮格式。格式逐渐分化和整合，并且在阶段末，婴儿能够形成现实的心理表征。个体逐渐发展成对其日常生活环境有初步了解的问题解决者。

第二阶段：前运算阶段（2~7岁）

儿童能够利用表征而不仅仅是动作来思考客体和事件。思维更加敏捷，灵活有效，但受自我中心主义限制，即专注于直觉状态，依赖于外表而不是潜在的实体做出判断。有以下特点：①泛灵论。儿童无法区别有生命和无生命的事物，常把人的意识动机、意向推广到无生命的事物上。②自我中心主义。儿童缺乏观点采择能力，只从自己的观点看世界，难以认识他人观点。③不能理顺整体和部分的关系，缺乏观点采择能力。研究发现，儿童能把握整体也能分辨其组成部分。但是，当要求他们同时考虑整体和整体的组成部分的关系时，儿童多半给出错误的答案。这说明他们的思维受眼前的显著知觉特征的局限，意识不到整体和部分的关系。皮亚杰将这个称之为缺乏层级类概念（类包含关系）。④思维的不可逆性。思维可逆性是指在头脑中进行的思维运算活动。

第三阶段：具体运算阶段（7~12岁）

运算概念，是构成逻辑思维基础的内在心理活动系统。可逆的有组织的运算使儿童能够克服前运算思维的限制。具体运算思维的特点：具有守恒性、去自我中心性和可逆性。

第四阶段：形式运算阶段（12岁及以后）

这个时期，儿童思维发展到抽象逻辑推理水平。

思维特点如下：①思维形式摆脱思维内容。心理运算可用于真实情境，也能用于可能性和假设性情境；能用于当前情境，也能用于将来情境，并且可运用于单纯言语或逻辑陈述；②进行假设演绎推理。青少年能掌握思维科学、假设—演绎推理及命题间推理等逻辑推理，能够理解高度抽象的概念。假设演绎的方法分为两步，首先提出假设，提出各种可能性；其次进行演绎，寻求可能性中的现实性，寻找正确答案。

2. 埃里克森的心理发展理论

埃里克森，美国著名的精神分析医生，1902年出生于德国法兰克福，在维也纳是弗洛伊德家中的常客，受弗洛伊德的训练与培养，通过自己的临床观察与实际经验，对弗洛伊德的理论作了修正，建立了代表新精神分析派的个性形成理论。

第一阶段：婴儿前期（0~1.5岁）

基本信任和不信任的心理冲突阶段。如果这一阶段的危机成功地得到解决，就会形成希望的美德；如果危机没有得到成功地解决，就会胆小惧怕。

第二阶段：婴儿后期（1.5~3岁）

自主与害羞和怀疑的冲突阶段。在这个阶段中，如果儿童形成的自主性超过羞怯与疑虑，就形成意志的美德；如果危机不能成功地得到解决，就会形成自我疑虑。在这个阶段中，儿童迅速形成许许多多的技能，他们学会了走、爬、推、拉和交谈。更通俗地说，他们学会了如何抓握和放开。他们不仅把这些能力应用于物体，而且还应用于控制和排泄大小便。换句话说，儿童现在能随心所欲地决定做还是不做某些事情。

第三阶段：幼儿期（3~6岁）

主动对内疚的冲突阶段。如果这个阶段的危机成功地得到解决，就会形成方向和目的的美德；如果危机不能成功地得到解决，就会形成自卑感。在这一时期，儿童能更多地进行各种具体的运动神经活动，更能精确地运用语言和更生动地运用想象力。这些技能使儿童萌发出各种思想、行为和幻想，以及对未来的规划。这个阶段的儿童一般会对形状规格的差异，特别对性差异产生一种毫不厌倦的好奇心。现在儿童在学习上大胆探索且精力充沛，这就致使其越出自己有限的范围，投入未来无限的前景之中。

第四阶段：童年期（6~12岁）

勤奋对自卑的冲突阶段。如果这一阶段的危机成功地得到解决，就会形成能力的美德；如果危机不能成功地得到解决，就会变得无能。在这一阶段，儿童学习各种必要的谋生技能以及他们成为社会生产者所必须具备的专业技巧。内部发展阶段似乎是为步入生活而设置的，它不认为生活就一定局限于学校生活，不管是学校还是田野，是丛林还是教室，皆可生活。尽管儿童在心理上已经具有做父母的基本因素，但他在生理上成为父母之前，首先必须是一个劳动者和有可能养家糊口的人。

第五阶段：青春期（12~18岁）

自我同一性和角色混乱的冲突阶段。如果这一阶段的危机成功地得到解决，就会形成忠诚的美德；如果危机不能成功地得到解决，就会形成不确定性或是无归属感，为人冷淡冷漠、缺乏关爱的意识。

第六阶段：成年早期（18~25岁）

亲密对孤独的冲突阶段。如果这一阶段的危机成功地得到解决，就会形成爱的美德；如果危机不能成功地得到解决，就会形成混乱的两性关系。弗洛伊德曾经把健康的人定义为一种充满爱而辛勤工作的人，埃里克森同意这个定义。

第七阶段：成年中期（25~65岁）

生育对自我专注的冲突阶段。如果这一阶段的危机成功地得到解决，就会形成关心的美德；如果危机得不到成功地解决，就会自私自利。如果一个人能很幸运地形成积极同一性，过上有成效的幸福生活，那么他就会力图把产生这些东西的环境条件传递给下一代。

第八阶段：成年后期（65岁以上）

自我完整与绝望期的冲突阶段。如果这一阶段的危机得到成功地解决，就形成智慧的美德；如果危机得不到成功地解决，就会失望和缺失意义感。

二、健康

《辞海》中健康的概念是：健康不仅仅是没有疾病，而且还要具备心理健康、社会适应良好和道德健康。从世界卫生组织对健康下的定义来看，健康并不是人们在一定意义上所理解的身体好、没有疾病、没有缺陷、不虚弱，而是要具备以下四个方面的良好状态，即生理健康、心理健康、道德健康、社会适应良好。

总结起来，健康是指一个人在身体、精神和社会等各方面都处于良好的状态。全世界公认的关于健康的标志有以下 13 个：

（1）生机勃勃，富有进取心；

（2）性格开朗，充满活力；

（3）正常身高与体重；

（4）保持正常的体温、脉搏和呼吸；

（5）食欲旺盛；

（6）明亮的眼睛和粉红的眼膜；

（7）不易患病，对流行疾病有足够的耐受力；

（8）正常的大小便；

（9）淡红色舌头，无厚的舌苔；

（10）健康的牙龈和口腔黏膜；

（11）光滑的皮肤，柔韧而富有弹性，肤色健康；

（12）光滑带光泽的头发；

（13）指甲坚固而带微红色。

与健康标准对照，可检验出自身目前的健康状态以及纠正对健康理解的偏差。

三、心理健康

（一）心理健康的概念

心理健康是一个十分复杂的综合概念，涉及医学现象、心理现象和社会现象等各个领域。不同学科的学者对心理健康的定义有着不同的观点和看法。古今中外的心理学家们对心理健康的含义给予了不同的表述。

心理学家英格里希（H. B. English）指出："心理健康是指一种持续的心理状态，当事者在那种状态下，能做良好的适应，具有生命的活力，而且能充分发挥其身心的潜能，这乃是一种积极的状态，不仅仅是免于心理疾病而已。"[1]

精神病学家孟尼格尔（Karl Menniger）认为，心理健康是指"人们对于环境及相互之间具有最高效率及快乐的适应情况。心理健康者应保持稳定的情绪、敏锐的观察力、适应于社会环境的行为和愉快的心态"。[2]

---

[1] 姚本先. 大学生心理健康教育［M］. 北京：高等教育出版社，2009：6.
[2] 姚本先. 大学生心理健康教育［M］. 北京：高等教育出版社，2009：4-5.

社会工作者波姆（W. W. Boehm）指出，"心理健康是合乎一定水准的社会行为：一方面能为社会所接受，另一方面能为本身带来快乐"。①

国际心理卫生大会（1946年第三届）认为："心理健康是指在身体、智能以及感情上与他人的心理健康不相矛盾的范围内，将个人心境发展成最佳的状态。"

虽然人们所站的角度不同，对心理健康的理解有一定的差异，但都比较倾向地认为，心理健康是指生活在一定的社会环境中的个体，在高级神经功能正常的情况下，智力正常、情绪稳定、行为适度，具有协调关系和适应环境的能力及特性。

（二）心理健康的衡量标准

1. 世界心理卫生联合会关于心理健康的标准

（1）身体、智力、情绪十分调和；

（2）适应环境，人际关系中彼此谦让；

（3）有幸福感；

（4）在工作和生活中，能充分发挥自己的能力，过有效率的生活。

2. 马斯洛关于心理健康的十个标准

（1）有充分的自我安全感；

（2）充分了解自己，并能对自己的能力做恰当地估计；

（3）生活目标，理想的确定要切合实际；

（4）与现实环境保持接触；

（5）能保持人格的完整和谐；

（6）具有从经验中学习的能力；

（7）能保持良好的人际关系；

（8）适度的情绪控制和表达；

（9）在不违背集体利益的前提下，有限度地发展个性；

（10）在不违背道德规范的情况下，适当满足个人的基本需要。

3. 国内通用的九个标准

（1）智力正常；

（2）能够正确表达和调节自己的情绪；

（3）保持人格的完整与统一；

---

① 姚本先. 大学生心理健康教育［M］. 北京：高等教育出版社，2009：4-5.

（4）正确的自我观念、恰当的自我评价；

（5）意志健全；

（6）能够从心理上接纳自己；

（7）行为符合公认的行为规范；

（8）具有良好的人际关系；

（9）能积极主动地适应新环境，调节、平衡各方面的心理冲突。

4. 张声远：心理健康三标准

著名青少年心理咨询专家张声远也提出了评估心理健康的三标准：能认识自己、能悦纳自己、能控制自己。

（1）能认识自己。就是对自身有一个全面而正确的认识，包括对自己生理状态的认识，对自己和外界关系的认识（如环境对自身的影响作用、自身在社会中的地位、作用、力量、责任等）以及和对自己心理状态（如知识、才能、思想、感情等）的认识。

（2）能悦纳自己。就是能接受自己，在充分地了解自己、正确地认识自己的前提下，坦然地承认自己的优缺点，并欣然接受自己的一切。

（3）能控制自己。就是能够控制自己的不良行为，在狂躁时保持冷静，受挫时转化情绪，懒惰时自我激发。

5. 许又新：心理健康三标准

同样提出三标准的还有我国著名心理学家许又新。他从不同的角度对三标准进行了论述：

（1）体验标准。以个人的主观体验和内心世界的状况为准，主要包括良好的心情和恰当的自我评价。

（2）操作标准。通过观察、实验和测验等方法考察心理活动的过程和效应，其核心是效率。

（3）发展标准。着重对人的个体心理发展状况进行纵向考察与分析。

6. 郭念锋：心理健康水平十标准

郭念锋提出了心理健康水平十标准：

（1）心理活动强度，指对于精神刺激的抵抗能力；

（2）心理活动耐受力，指对突然强大的精神刺激的抵抗能力；

（3）周期节律性，用人的心理活动周期节律性来衡量心理健康的水平；

（4）意识水平，用意识反映衡量心理健康水平；

（5）暗示性，暗示是一种最简单化、最典型的条件反射。通过暗示性的强弱来衡量心理健康水平；

（6）康复能力，指从创伤刺激中恢复到往常水平的能力；

（7）心理自控力，把精神活动自我控制能力，作为一个心理健康水平的指标；

（8）自信心，自信心实质上是一种自我认知和思维的分析综合能力；

（9）社会交往，一个人与社会中其他人的交往，也往往标志着一个人的心理健康水平；

（10）环境适应能力，人为了个体的生存和种族延续，就必须适应社会环境；

值得注意的是，心理健康的标准是相对的。我们在理解和运用心理健康的标准时，应注意以下五点：

（1）一个人是否心理健康与一个人是否有不健康的心理和行为并非完全是一回事。判断一个人的心理健康状况，不能简单地根据一时一事下结论。心理健康是较长一段时间内持续的心理状态，一个人偶尔出现一些不健康的心理和行为，并非意味着这个人就是心理不健康（或心理变态），只能视具体情况而定。

（2）人的心理健康水平可以分为不同的等级，是一个从健康到不健康的连续状态，从健康状态到不健康的状态之间有一个较长的过渡阶段。一般来说，心理正常与异常并无确定的界线，只有程度的差异而已。

（3）心理健康状态并非固定不变的，而是一个动态的变化过程。既可能从不健康转变到健康，也可能从健康转变为不健康。随着人的成长，经验的积累，环境的改变，心理健康状况也会有所变化。因此，心理健康与否只能反映一个人某一段时间内的固定状态，并不是他一生的状态。

（4）心理健康的标准无论是哪种表述，都是一种理想的尺度。它不仅为我们提供了衡量是否健康的标准，而且为我们指明了提高心理健康水平的努力方向。

（5）个体心理健康的基本标准是能够有效地进行工作、学习和生活。如果正常的工作、学习和生活难以维持和保证，就应该引起注意，及时调整自己。

目前我国常用的心理健康标准是许又新的心理健康三标准和郭念锋的心理健康十标准。

第二节 大学生心理健康

大学生群体，是一个看似轻松实际上却承担着巨大压力的群体。在学业、生活、情感、就业等多重大山的压迫下，大学生的心理健康状况已经告急。一个个血淋淋的事实，在不断警示我们要关注大学生心理健康。大学生群体面临的各种问题与日俱增，同时心理也承受着来自四面八方的压力。目前，我国大学生心理健康水平偏低，需要引起高校和家长的高度重视。

一、大学生心理问题的表现

心理问题是指各种心理及行为异常情形。根据其严重程度，通常把心理问题分为心理困扰、心理障碍和精神疾病三种。心理困扰主要是指各种适应问题、应激问题、人际关系问题等；心理障碍主要指神经症、人格异常和性心理障碍等轻度心理失调；精神疾病是指人脑机能活动失调，丧失自知力，不能应对正常生活，不能与现实保持恰当接触的严重心理障碍。事实上，大学生中有心理障碍或精神疾病的学生并不多，多数学生遇到的都是一般性的心理困扰。但是，即使是一般性的心理困扰也会在很大程度上影响学生的发展。一般性的心理困扰若不及时调节和疏导，持续发展下去就可能导致心理障碍或精神疾病。

大学生常见的心理问题主要表现在以下四个方面：

（一）生活问题

大学生在遇到生活突发事件时容易表现出心理脆弱现象，严重者可能会因为不适应集体生活而产生孤僻、逃避等心理。有的会因为思念家乡而常常偷偷以泪洗面，有的厌学、彷徨、无所事事，有的失眠、抑郁、在焦灼中度日，更有甚者想休学、退学、打退堂鼓。

（二）社交障碍

自我意识是一个不断发展的过程，从无到有，最后达到相对成熟。大学生处于青年中期，是从少年走向成年的典型过渡时期。这一阶段，自我意识不断发展，心理迅速成熟又未完全成熟，自我意识正经历急剧变化到逐步趋于稳定阶段。

如李某，女，21岁，以高考状元的身份进入大学，因为不懂得控制自己的情绪和同寝室同学闹矛盾，感觉自己处理人际关系很失败，出现焦虑烦躁情绪，影响了期末考试，导致厌学，最终退学。

（三）情感问题

大学生在大学阶段摆脱了往日枯燥无味的学习，同时，由于在家依恋惯了父母，离开父母后情感上出现了一定的空缺因而有强烈的被关怀、被照顾的愿望，而大学生又刚好处于青年中后期，性发育成熟是重要特征，恋爱问题是不可避免的。在这种强烈预期下，年龄相近的同学之间很容易单纯地步入他们所谓的爱情。由于自控能力较差，加之缺乏生活经验，自小接受的性教育又少之又少，对性知识认识不足，又有性冲动等问题，大学生容易把爱情简单化，完全遵循身体荷尔蒙的影响，产生很多不良后果。当他们面对现实情况时，会产生很多矛盾和考验，失恋情况也在所难免。此时有些大学生就犹如世界末日到来，把失恋当成重大的人生打击，产生严重的挫败感，觉得自己失去了一切，终日无所事事。

如李某，女，19岁，某大学一年级学生，她的男朋友和她中断了恋爱关系，这对她造成了沉重的打击，使她对新生活的所有期待与憧憬顷刻间化为乌有，因得不到自身期待的满足而灰心丧气。多日来，她情绪抑郁，心烦意乱，失恋的痛苦像恶魔一样，无情地折磨着她，严重影响了她的正常学习和生活。

（四）就业问题

职业选择方面的心理冲突往往出现在大学高年级学生中，大学生经过三年或者四年的刻苦学习，总希望自己能找到一份满意的工作，他们会考虑个人理想、收入多少、社会声望、工作条件、发展前途等因素。如今社会竞争激烈，用人单位的要求也越来越高，加之很多大学生在校时，与社会接触少，对社会缺乏真正的了解，这些情况导致大学生在找工作时觉得不随人愿，与自己想象中的差距太大，从而失落、不安、彷徨和焦虑。而在大学扩招和就业市场供大于求的这种被动局面中，有的大学生仍然存在不切实际的幻想，有的大学生心理负担和思想负担过重，他们不是积极地提高自身综合素质，提高自身解决实际问题的能力，去接受社会挑选，而是高期望，做大城市梦、沿海梦。如有的大学生脱离家庭经济承受能力，向父母提出出国深造的要求，希望将来成为海归，回国找个好工作。当他们这种高期望得不到满足时，就怨天尤人，对家庭和社会产生抱怨，他们对现实就业与理想工作之间的落差产生困惑、迷茫和自卑等心理问题也就不足为奇。越临近毕业，大学生的心理上就越表现为焦躁和不安。因此大学生就业问题产生的心理问题非常突出。

如张某，毕业于某名校，在某集团公司经过双选、面试考核，终于进入签约阶段，协议书首先由毕业生本人签署应聘意见，张某在应聘意见一栏中写下了以下六条要求：①从事财会工作；②每周工作五日，每日八小时工作制；③解决户口，提供单身住房；④住房公积金、劳动保险、养老保险等相关支出均由公司负担；⑤每半年调薪一次；⑥公司不限制个人发展（如考研等）。单位鉴于以上条件不能完全答应，将协议书退回，并建议修改后再签。最终，张某因坚持自己的要求未能被录用。

二、大学生心理健康的标准

（一）智力正常

智力是指从事任何活动都必须具备的最基本的心理条件，即认识事物并运用知识解决实际问题的能力。这是大学生学习、生活与工作的基本心理条件，也是适应周围环境变化所必需的心理保证。因此在衡量智力是否正常时，关键在于看大学生是否正常地、充分地发挥了智力的效能：有强烈的求知欲，乐于学习，又能够积极参与学习活动。

（二）情绪健康

其标志是情绪稳定和心情愉快。包括的内容有：愉快情绪多于负面情绪，乐观开朗，富有朝气，对生活充满希望；情绪较稳定，善于控制与调节自己的情绪，既能克制又能合理宣泄；情绪反应与环境相适应，主客观一致。

（三）意志健全

意志是人在完成一种有目的的活动时，所进行的选择、决定与执行的心理过程。意志健全者在行动的自觉性、果断性、顽强性和自制力等方面都表现出较高的水平。意志健全的大学生在各种活动中都有自觉的目的性，能适时地做出决定并运用切实有效的方式解决所遇到的问题，在困难和挫折面前，能采取合理的反应方式，能在行动中控制情绪和言而有信，而不是盲目行动、畏惧困难，顽固执拗。

（四）人格完整

人格指的是个体比较稳定的心理特征的总和。人格完善是指有健全统一的人格，即个人的所想、所说、所做都是协调一致的。一是人格结构的各要素完整统一；二是具有正确的自我意识，不产生自我同一性混乱，以积极进取的人生观作为人格的核心，并以此为中心把自己的需要、目标、行动统一起来。

（五）自我评价正确

正确的自我评价是大学生心理健康的重要条件，大学生要做到自我观察、自我认定、自我判断和自我评价，做到自知，恰如其分地认识自己，摆正自己的位置，既不以自己在某些方面高于别人而自傲，也不以某些方面低于别人而自惭形秽，能够自我悦纳，喜欢自己，接受自己，自尊、自强、自制、自爱，正视现实，积极进取。

（六）人际关系和谐

良好而深厚的人际关系，是事业成功与生活幸福的前提。正如孔子所说，有朋自远方来，不亦乐乎。大学生要乐于与人交往，既有广泛而深厚的人际关系，也有知心朋友；在交往中保持独立完整的人格，有自知之明，不卑不亢，不骄不躁；能客观评价别人和自己，不轻易抨击他人，善取他人之长补己之短，宽以待人，乐于助人，积极的交往态度多于消极态度，交往动机端正。

（七）社会适应正常

个体与客观现实环境保持良好秩序。在认真完成各项任务的基础上，以有效的办法应对复杂环境中的各种困难，不退缩，积极根据各种有效环境或改革以适应个体需要，在环境不能或没有改变时，要积极从自身进行调节，改造自我以适应环境，适应社会。

（八）心理行为符合年龄特征

大学生是处于特定年龄阶段的特殊群体，大学生应具有与年龄、与角色相应的心理行为特征，不做过分低于心理年龄或过分超于心理年龄的事。

第三节 大学生常见心理问题及影响因素

一、大学生常见心理问题

在大学生的日常生活中，经常会遇到或产生各种各样的生活及其他方面的问题，也就容易激发和引起大学生的心理问题。本书将大学生常见的心理问题总结为以下五种：

（一）生活适应问题

在大一新生中表现得最为突出。学生来到大学后，面临的是新的校园和新的班集体，环境发生了改变。离开了长期依赖的家长，面对新的集体、新的生活方式、新的学习特点，大学生在自我认知、同学交往、自然环境等各个方面都面临着全面的调整和适应。而大学生在人际关系、适应能力和调整能力方面普遍较弱，很容易产生各种形式的心理问题。

（二）人际交往问题

与中学相比，大学生之间的人际关系更加复杂。由于他们缺乏社会经验，心智技能缺失，心理上、行为上存在缺失和反差，有的大学生甚至不懂得怎样与人交往，故而形成怀疑他人、怀疑一切的心理，当遇到困难和挫折时，表现为不能克制自己，又不尊重别人的意见，常处于矛盾之中。

（三）学习心理问题

大学生的主要任务是学习，由于大学学习目标、学习方式、学习内容等都与中学有一定的差异，许多学生不能适应，表现为学习方法欠佳，学习目标迷失，缺乏学习主动性，经常感到迷惘失落，动力不足，兴趣不高，甚至出现厌学情绪，从而产生心理上的困扰。此外，角色地位的改变和适应也是每个大学生所要面对的。学习上的困难与挫折对大学生的影响是最为显著的，学习压力大，学习动力不足，学习目的不明确，学习动机功利化，学习成绩不理想，学习困难等学业问题始终困扰着大学生。

（四）择业就业问题

择业与就业问题是高年级大学生面临的常见问题。随着高等教育分配制度的改革，择业、就业逐步实现市场化，大学生在就业方面更具有自主性、选择性和竞争性。一方面市场经济带来了诸多择业和就业机会，带来了更多的机遇和挑战，也加重了学生的行为责任和心理压力。另一方面，大学生心理承受能力差，难以适应和解决相关问题。

（五）情感恋爱问题

恋爱问题一直是大学校园的热门话题，也是大学生倍加关注的自身问题之一。大学生的生理发育已经日趋成熟，恋爱与性冲动不可避免。大学生处于青年后期，性发育逐渐成熟，恋爱与性是必须面对的问题。他们向往美好的爱情，对异性充满渴望，但由于缺乏正确的引导，在恋爱的各个阶段都容易出现烦恼和困惑。对于心理承受能力弱的大学生来说，恋爱过程出现的任何问题都有可能对他们造成重大打击，此外，性知识的不足也给许多大学生带来了困惑或压力。

二、大学生常见心理问题的影响因素

（一）生理因素

大学生处于青春后期，生理发育还在继续进行，身高体形的变化、第二性征的发育等都会导致他们特有的心理、生理出现问题。大学生性生理基本成熟，他们渴望接近异性，了解异性，但社会阅历浅、沟通能力差，由此出现性困扰。青春期性困扰也是出现心理问题的主要影响因素。

（二）心理因素

大学生在生理上的急剧变化冲击着心理发展，使身心发展在这个阶段失去平衡。生理上的快速成熟使他们产生成人感，心理发展相对缓慢使他们仍处于半成熟状态。主要表现在以下两个方面：

1. 认知偏差

大学生自我意识普遍增强，但还不够稳定。由于缺乏社会实践经验，有的大学生不能客观全面地看待自我、他人以及自我与他人的关系，不能正确地进行自我选择和自我发展，对事物的看法容易片面化、理想化。有的大学生只看到自己的长处，自以为是；有的只看到自己的不足，妄自菲薄，出现了严重的认知偏差。

2. 人格缺陷

早期父母的教养方式对个体人格形成有重要影响。有的父母经常严格管教子女，对孩子批评指责、命令要求较多，使得孩子在性格上出现了诚实、礼貌、细心、负责等优点，但又缺乏应有的社会责任和社会担当，对自我要求过高，凡事追求完美。他们过度的自我保护心理导致很多的社会问题。

（三）社会因素

1. 社会环境

由于市场经济引入竞争机制，社会的紧张性刺激增多、增强，社会转型期所带来的各种压力、不良文化思潮带来的危害、人际关系的复杂化及校园生活中的各种不适应等，都使大学生平静的心理受到冲击。大学生由于新旧观念的碰撞、东西文化的冲击、理想与现实的反差，常常使他们感到混乱、茫然、顾虑、紧张和无所适从。长期的心理失调必然带来生理上的冲突，出现适应不良等反应。

2. 社会支持

良好的社会支持系统可以帮助个体应对所面临的压力，使压力得以释放，从而促进个体的心理健康。社会支持系统包括客观支持、主观支持和对社会支持的利用率三方面。客观支持是指物质上的直接援助、社会网络、团体关系的存在和参与。

（四）个体因素

个体因素是一个人心理健康状况发生变化的内在原因，对大学生心理健康的影响主要表现在以下四个方面：

1. 认知因素

在大学阶段，青年学生不断反省自我，探索自我，思考人生，经历着种种内心自我评价与认知的偏差、矛盾与迷惘，容易诱发心理问题。

2. 人格因素

人格因素也称个性因素，包括性格、气质、能力和个性倾向等，个性因素是心理活动的核心，对一个人的心理健康影响非常大。

3. 身体健康状况

各种躯体疾病会使人烦恼、敏感多疑、行为控制力下降，尤其是慢性疾病或久治不愈的疾病更容易导致严重的心理问题甚至心理障碍。

4. 心理素质方面

心理素质脆弱，尤其是缺乏自制力和挫折承受能力弱的人容易导致心理问题的发生。

总之，大学生心理问题发生的原因是多方面的，家庭、社会、学校、个体等多种因素常常交织在一起，互相联系，互相作用，互相制约。因此，保持和维护心理健康也应从多种渠道着手，增进和维护大学生的心理健康。

第二章

大学生一般心理特征及思维的发展

第一节 大学生一般心理特征

一、心理发展达到成熟水平

大学生年龄范围普遍分布在18~25岁，正处于青年期。青年期是个体生理和心理迅速发展的时期，也是个体心理迅速走向成熟而又尚未完全成熟的一个过渡期。大学生处于生命的黄金阶段，个体智力发展一般在18~25岁间达到顶峰，正是心理各要素逐渐成熟的重要时期，大学生的整体心理机能尚未完全成熟，自我控制和自我调节能力还不强，所以面临现实中诸如学习、考试、交友、爱情等问题时，往往会茫然不知所措，产生较大的情绪波动，心理平衡失调。这种不良状态如不及时排解清除，必然会引起心理体验的不适应、焦虑和紧张，长久积累会导致心理病变及生理病症。

大学生心理发展具有以下基本特征：

（一）抽象逻辑思维能力显著提高

大学生在此阶段进入形式运算阶段。思维的独立性、创造性、敏锐性、批判性、广阔性和深刻性进一步发展，能够比较全面地认识和分析不同事物，抓住事物发展的某些规律，不再局限于事物的表象，能够看穿事物的本质属性，理解不同事物之间的内在联系，并能更好地运用这些联系去解决问题。

（二）想象力明显增强

从心理学来讲，15~25岁是想象力最丰富的阶段。大学生进入大学后，相当于进入了一个小社会。与之相对应的，是知识的不断积累和视野的逐渐开阔。面对巨大的信息量，大学生的想象力在再造想象的基础上更具主动创造性，想象的结果也可以达到一定的深度和广度。人们说心灵手巧，也就是说思维和动作也有一定关系，心理学认为可以通过动作训练来提高人的发散思维能力和想象力，这种现象在这一阶段的大学生中表现得更为突出。

（三）记忆力达到高峰

在大学生所处的年龄阶段，大脑皮质所形成的暂时联系稳步增强，记忆存储量增大，理解记忆能力不断增强。在这一时期，大学生的记忆不再是机械记忆，而是在理解基础上，与个体已有经验进行融合，构建自身的知识体系。

二、开始承担社会责任与义务

我国法定的成人年龄为18岁。进入18岁后，大学生开始享有各种社会权利，同时，也要开始履行各种社会义务和承担各种社会责任。作为一名大学生，有责任意识与担当意识，对祖国和民族的未来发展具有重大意义。大学生对于国家未来的重要性不言而喻。然而纵观当今社会，涉世未深的大学生正处于世界观、人生观的形成阶段，由于一些不良思想、不良风气的侵蚀，大学生的"三观"正面临着严峻的挑战。懒散、矫情、堕落、拖延、放纵，无远大理想、无坚定目标、无高尚追求，成为大学生成长成才过程中的巨大隐患，同时使无数关心着大学生成长的人满心忧虑。若任其生成，任其发展，将来的大学生怎能承担起富强自己国家的重任。所以，作为一名当代大学生，应该树立正确的价值观，明确自身的社会责任，勇于承担责任和义务，把自我的行为与国家社会的发展联系起来，在此过程中实现自己的人生价值。

在大学里，有大量的时间供大学生自主学习，有优越的硬件设施供大学生探索，有优质的学习资源供大学生利用，有纯粹的人际关系和社交网络，在这样天时地利的情况下，大学生更应该积极地发展"人和"，充分发挥自己的主观能动性，专注于学习的同时不断地发展自己、充实自己、完善自己，将自己的发展和国家社会的需求紧密结合起来，不断提高自身素质，为将来报效社会而努力，为建设社会主义新中国而贡献自己的力量。

第二节 当代大学生的社会责任

一、大学生社会责任感的现状

每个人都能意识到社会责任感的重要性,却并未落实到自身。所以社会责任感在大学生身上表现出矛盾的特性。

有调查数据显示,大学生中有社会责任感的比例并不高。某大学一项调查显示,34%的人非常缺乏社会责任感,42%的人有一点缺乏,10%的人认为不缺乏,14%的人不清楚。这些数据反映出学校大学生社会责任意识相当薄弱。在社会主义市场经济的影响下,相比过去,大学生更加注重真才实学,更加务实,而这种对自己负责的实用主义明显强于对社会的责任感。同时当代大学生也普遍表示当前最缺乏的就是社会责任感。

(一)思想上,对社会责任感认识不够客观

刚刚踏入高校校门的大学生,心理处于一个非常重要的转型时期。他们在中学时期埋头苦读,有共同的目标,有动力、有激情、有耐力。如今面对全新的环境,全新的交友方式,全新的学习方式,他们容易产生畏惧感与恐慌感,因此,行动的目标就会变得模糊,责任感对他们来说,就变成了一种虚空的东西。现阶段很多大学生在思想上对社会责任感认识还不够客观,在认识上存在一定的偏差。

(二)行为上,重视个人价值轻视集体与社会价值

很多大学生在中学时期就被告知大学多么轻松、多么惬意,大学是个精神天堂、是个享乐王国,因此很多大学生在大学里自我放纵。"松松散散大半年,一夜回到高考前;考试一张小纸条,学习游戏误不了"成了很多大学生的真实写照。还有很多大学生进入大学后,开始发现贫富差距、地区歧视等一系列不公平现象的存在。他们认为自己即使再奋斗10年、20年,也比不上一个富二代,于是开始自我放弃。根据马克思主义理论,个人价值和计税机制是辩证统一的。人的价值,就是指人对自己、他人乃至社会需要的满足。人的价值包含两个方面:一是社会价值,二是人的自我价值。因此,要帮助现在大学生树立正确的价值观,就要使其在行为上重视个人价值。

(三) 实践上, 重视权利的享受轻视义务的履行

权利和义务的关系是一致的, 不可分割的, 两者之间是互动的关系。没有义务, 权利便不再存在; 没有权利, 便没有义务存在的必要。同时, 权利和义务又是为权利所保障的。作为法律规定的权利的实现, 当然离不开义务的履行。实质上, 在此过程中也是权利作用的结果。不可否认的是, 现代大学生对于权利看得很重, 有权利意识是一件好事, 合理维护自身的权利是每一个公民应该有的意识。单方面享受权利而不履行自身义务就是一种错误的观念。很多时候权利和义务是相辅相成的, 在享受权利的同时应该履行相应的义务, 让权利和义务能够更好地发展。

二、大学生社会责任感淡化的原因

(一) 不同思想文化的冲击

"重物质, 轻精神"现象泛滥。各国文化相互渗透、相互交融已成不可阻挡之势, 尤其是以西方价值观为主导的文化渗透越来越显著。在这种背景下, 很多大学生的思想、价值观受到了侵蚀, 认为只有西方发达国家的民主、自由、平等和独立的观念才是先进的、进步的、现代的, 而忽视自己继承中华民族优良传统的责任。大学生的政治信仰、理想信念、价值取向以及行为方式受到强烈的冲击而出现混乱。

(二) 市场经济负面效应的影响

市场经济的发展极大丰富了人们的物质文化生活。大学生在物欲横流的市场经济条件下, 形成了错误的商品意识和货币观念, 迷失了自我, 滋长了个体本位观念、为己观念和金钱万能观念。追求商品的多元化和货币的无限化, 陷入贪图享乐主义和金钱至上的拜金主义的泥潭之中不能自拔。现在大学生对人生价值实现的评价标准不再是其对社会的贡献和丰富的精神境界, 而是一个人所处的社会地位及拥有的权利。

(三) 我国学校教育管理模式的单一化

我国学校教育管理模式的单一化和不平等化, 产生了很多问题。学校教育工作的重心以政治教育为主, 学校关注较多的是学生人格的形成和个人发展方面的不足。学校在培养学生品德方面表现出了较多的不足。结果学生的主体性被压抑、心灵受到伤害, 毫无责任感可言。

（四）家庭环境的影响

随着家庭中子女数量的减少及其社会物质条件的极大丰富，很多家庭会过度满足孩子，甚至溺爱孩子，在这种家庭环境下成长的学生意志薄弱，抗挫折能力差。在社会生活中，他们往往以自我为中心，发展自己的个性和要求，对自我的要求低而少。很多大学生对社会责任感的淡漠与家庭教育不无关联。

三、强化大学生社会责任感的途径

（一）以社会主义核心价值体系为导向，丰富和深化社会责任感教育的内涵

新的环境下，一是要引导大学生把自我价值同社会价值有机结合起来，摒弃西方资产阶级伦理思潮中的单纯利己道德标准。二是拓宽视野，重视结合专业教学进行人文教育。三是重视隐性教育，使大学生在潜移默化中感受人文教育。

（二）加强校园文化建设和社会实践活动，拓宽社会责任感教育的途径

加强校园文化建设，利用校内第二课堂培养大学生社会责任感。只有努力加强大学生的自身责任感和社会责任意识，加强对大学生的自我意识教育，才能使其多反省自己的道德表现和践行自己的行为准则，以自己独有的社会责任感和社会道德准则严格要求自己，严格进行自我控制。

首先，社会实践是培养大学生社会责任感的需要。大学生只有在社会实践中才能承担责任，只有在承担责任的实践中产生了愉快体验，才会在今后更乐于参与类似的实践活动，进而提高和巩固已形成的社会责任感及其层次。

其次，社会实践可以满足大学生对社会认同的需要、对未来的期望及成就感等高层次的需要。

最后，社会实践为培养大学生社会责任感提供了广阔的背景，具有不可替代性。因此，要培养和增强大学生社会责任感，必须在提高他们的思想认识水平的同时，让大学生走出校园，深入社会，通过社会实践磨炼大学生的意志，使其真正建立社会责任感。

（三）构建社会、家庭、学校通力协作的一体化教育体系，提升社会责任感的实效

社会责任感的缺失和大学生社会化意识的增强，使大学生在个性成长和人

格完善方面表现出了较大的差异。学校、家庭、社会是学生生活的三大空间。

学校教育要充分重视环境的美化，发挥教育者的人格魅力，这比单纯的理论教育更具有说服力。教育学生有责任意识，教育者自己必须以身作则，有责任意识，率先垂范，明确自己在学校管理、学生发展中的责任。他们懂得该怎样回避社会消极现象，懂得该怎样对待社会不良问题，不放弃自己的社会理想和社会责任感，充分显示自己对教育对象的不公平和对教育问题的尊重。

父母或者其他监护人应当树立家庭是第一个课堂、家长是第一任老师的责任意识，承担对未成年人实施家庭教育的主体责任，用正确思想、方法和行为教育未成年人养成良好思想、品行和习惯。2022年《中华人民共和国家庭教育促进法》的颁布实施，依法教育子女已经被提上正式日程，家庭教育的重要作用也逐渐凸显。

社会教育有广义和狭义之分。广义的社会教育指一切社会生活影响于个人身心发展的教育，狭义的社会教育则指学校教育以外的一切文化教育设施对青少年、儿童和成人进行的各种教育活动。现代社会教育是学校教育的重要补充，不同社会制度的国家或政权，实施不同性质的社会教育。

第三节 大学生社交的发展

少年儿童时期的活动主要是家庭和学校活动。进入大学后交往范围开始不局限于这两者之间，而是扩展到社会的各个方面。大学生的生活内容除了学习之外，还有各种人际交往、社会角色和生活环境的变化。

一、大学生社交的特点与发展

大学生年轻、有干劲，初生牛犊不怕虎，是有冲劲和有活力的一代，他们参与社会交往，不仅可以增长见识，也可以增长社会财富。大学生社交的特点表现在以下四个方面：

（一）*存在一些团体或组织*

大学生们进入大学后，他们走出家门，认识、结交了更多的朋友，交流更多的信息，接受更多的新思想，与社会的接触比中学时更加频繁与密切，人际交往呈现出前所未有的开放式交往趋势。社团已成为大学生交往的重要校园场所，毫不夸张地说，没有参加过社团就等于没有上过大学。形成这些团体或组织的原因主要有相似性吸引、接近性吸引和补偿性吸引三类，在这些群体中，起积极作用的是多数，同学之间的情谊能用道德标准要求，有共同的兴趣和爱好，互相关心、互相帮助、共同进步。也有起消极作用的团体，交往活动常常是玩耍、娱乐、吃喝，学习、思想上不能互相帮助，不能用集体的道德标准和生活规范来约束自己的行为。

（二）交往注重自立

大学生独立意识不断增强，思想水平不断提升，有着较强的独立能力。大学生的独立意识有较大的进步，他们在思考问题上较以前有很大的改观。大学生的独立意识普遍增强，不仅理性地思考、判断、处理自身的问题，也关心社会，批判地接受知识，批判地看待其他事物，有着强烈的体现个性的见解和疑问。大学生在自我意识和社会关系相互协调的基础上，开始树立自我的个性，支持自己的主张，以独立的人格和态度处事，积极自主地开展人际交往活动。

（三）交往内容多样性

利用现代化手段仍离不开人与人的交流，现代大学生他们在人际交往上发生了很多的变化，交往内容不再局限于单一的学习生活。

（四）交往范围扩大，但仍以同龄人为主

随着市场经济的发展，人际间的交往水平在不断提升，市场经济使人们之间的交往越来越频繁，人际间的距离越来越近，市场经济发展不再局限于亲缘群体之间，人际间的交往距离范围随之扩大。大学生之间的交往对象也曾一度发生改变，他们在交往过程中更加注重交往对象的同频共振，志同道合，他们在选择交友上也更有针对性和目的性。随着交往范围的扩大，他们更期望交往的质量。

二、大学生社会角色的转变

（一）角色意识的转变

从高中步入大学，大学生都有一个角色转换与适应的过程，但相当一部分新生并没有真正认识到自己角色的转变，角色意识还停留在中学生这一层次。他们还未真正完成从高中到大学的转变，还未真正完成角色意识的转变。这种角色意识的滞后性，妨碍着新生对大学生活的适应。角色意识转变的滞后性导致社会责任感的缺失，将严重影响大学生的社会发展。

（二）角色位置的转变

角色位置的转变是社会责任感的重要表现。能考上大学的学生在中学阶段大部分都是学习上的佼佼者，平时深得家长、老师和同学们的关注，几乎每个人都有着一段辉煌的过去。但进入大学，面对强劲的对手他们或许有点茫然和不知所措，将在自信心、社会角色扮演、社会责任感等方面发生很大的转变和冲击。自我评价也将会受到很大的影响，随着社会角色位置的转变，将对大学生学习生活产生较大影响。

（三）角色行为的转变

所谓角色转变主要是指由"一个天之骄子"的大学生转变成为一个社会求职者。对大学生的行为规范，教育部在《普通高等学校学生行为准则》中做出了详细的规定，而且各高校还相应地制订了许多具体的规章制度，对大学生的角色行为有了明确要求，对他们的行为进行了规范，角色行为的转变是大学生应该履行的义务。

三、大学生社交环境的变化

（一）生活环境的变化

生活环境的变化体现在生活方式、生活习惯、生活范围等方面。步入大学，随着生活领域的转变，生活方式和生活环境的变化，让大学生感受到了学习成了生活的一部分。当前，我国大学生毕业人数基数大，大学毕业生的就业压力大，大学生就业已经成为社会关注的热点问题。第一，要摆正自己的位置。大学生不能再沉醉在高考成功的喜悦中，而应做好"一切从头开始"的心理准备，迅速给自己定位，既不自卑也不自负，有坚定的信心和顽强的毅力，要具备良好的心理素质，经得起挫折和失败，有较强的受挫折能力和抗挫折能力。第二，实现好学习的三个转变。一是由纯粹的接收型向接收型和创造型学习的转变；二是要由教师指导灌输型向独立自主的学习转变；三是要由"要我学"向"我要学"的学习转变。第三，正确处理学习与工作的关系。第四，正确处理专业知识与课外知识的关系。第五，学会与同学、朋友友好相处。只有大胆与人沟通，学会宽容和接受，付出爱心、真诚和宽容，用自己的真心、诚心、热心去对待每一位同学，营造一个温馨的大家庭，使大家能愉快地工作、学习，为今后的成长创造一个良好的外部环境。第六，要学会思考，培养自身的创造能力。

由于高考的压力，学习成了生活的中心内容，步入大学的他们，生活环境发生了很大的变化，给大学生的社交也带来了一定的影响。

（二）学习环境的变化

学习环境的变化主要体现在学习任务、学习内容、学习方法等方面。大学生既要学习专业基础知识又要掌握专门技能；学习内容多、任务重、范围广、要求高。随着大学生学习环境的改变，正确处理学习和工作的关系将对他们是一个很大的挑战，学习环境的适应对现代大学生提出了严峻的考验。

（三）人际关系的变化

进入大学后的大学生人际关系发生了根本改变。面对复杂的交往环境、社会关系的变化让大学生的人际关系变得异常复杂，这就决定了他们要学会处理和适应各种社交环境。让复杂的社会环境变得更加现实，让复杂的人际关系变得更加现实。

第四节　大学生思维的发展

一、思维的概念及其基本特征

（一）思维的概念

思维是借助语言、表象或动作实现的对客观事物的概括和间接的认识，是认识的高级形式。它能揭示事物的本质特征和内部联系，并主要表现在概念形成和问题解决中。

（二）思维的基本特征

1. 思维的概括性

思维的概括性是指在大量感性材料的基础上，把一类事物共同的特征和规律抽取出来加以概括。

2. 思维的间接性

思维的间接性是指人们借助于一定的媒介和知识经验对客观事物进行间接的认识。大学生的思维处于由形式逻辑思维向辩证逻辑思维过渡的阶段，打破了原有的思维定式，创造思维和抽象逻辑思维都有了显著发展并占优势。

3. 思维是对经验的改组

思维是一种探索和发现新事物的心理过程，它常常指向事物的新特征和新关系，这就需要人们对头脑中已有的知识经验不断进行更新和改组。思维活动常常是由一定的问题情境引起的，并试图解决这些问题。思维对经验的改组产生了很大的影响。

（三）思维是对经验的改组

思维是一种探索和发现新事物的心理过程，它常常指向事物的新特征和新关系，这就需要人们对头脑中已有的知识经验不断进行更新和改组。

二、大学生思维发展的特点

根据国内外学者的研究，总结起来，大学生思维具有以下六个特点。

（一）思维发展方向具有极大的系别差异

大学生自己与自己进行纵向比较，他们的逻辑思维处于自己一生之中的顶峰。如果大学生与大学生之间进行横向比较，那么他们的思维发展方向具有极大的系别差异。他们的学科内容要求他们具有较高的形象思维，包括视觉表象、动觉表象的感知、存贮能力。这些学科的教学内容促使他们的形象思维水平有了较高的发展。

（二）辩证逻辑思维趋向成熟与完善

辩证逻辑思维随着年龄的增长日趋完善和成熟，它研究概念的矛盾和转化。它要求人们客观而全面地看问题，从事物的发展变化中对具体事物进行具体分析，把握它的全部基本要素，指出什么要素占主导地位。它探讨事物可能的发展前途及怎样创设条件来促进这种可能性转化为现实。它要求分析和综合相结合、归纳和演绎相结合、逻辑的方法和历史的方法相结合。

（三）由喜欢认识外界转为同时喜欢认识自己

儿童的兴趣、儿童的认识主要指向外界。他们一旦进入青年期，其认识兴趣不仅指向外界同时还指向自己，他们要求认识自己，开始思考"我现在想要什么""有何身体特征""现在有何问题""将走向何方"等问题。认识自己、思考自己，这是大学生思维的一个重要特点，也是大学生思维不断成熟和发展的标志。

（四）以思维能力为核心的智力处于高峰水平

麦尔斯综合研究了人类个体的思维平均发展水平与年龄的关系，发现大学生的思维能力处于一生之中的顶峰。随着大学生年龄的增长,大学生思维特点的发展将日趋成熟,现已发展到高峰水平,智力、思维、能力均有很大的提升和改观。

(五) 创造性思维有待进一步提高

创造性思维是创造发明的基础,创造性思维模式是大学生创造发明过程中的基础与思维方式,创造性思维模式的发展将给大学生带来较大的发展空间。研究表明,虽然大学生的创造性思维已有较大的发展,但还有待进一步提高与完善,使未来的人才能在较早的年龄阶段做出更多的发明创造,提升思维的创造性。

(六) 思维更具独立性与批判性

儿童思维的发展离不开客观事物和具体形象的帮助,他们的思维很难触及事物的本质,只能孤立的认识和处理具体事情。与儿童不同,青年尤其是大学生乃是一个构成了"理论"体系的人,思维更具有独立性和批判性,他们思维的特点更具有挑战性。

三、大学生思维发展的阶段

大学生思维发展相对完善,也更为深入和本质化,思维发展达到了一定的高度。在本质层面上进行了一些新的突破。美国心理学家帕瑞对青年期的思维进行了研究,并将青年期的思维发展分为三个阶段。

(一) 二元论阶段

青年期思维常常偏颇于要么正确,要么错误的二分法,较少考虑合理或不合理的程度。他们对问题和事物容易持"非此即彼、非黑即白"的看法,这是二元论的特点。

(二) 相对性阶段

相对性阶段的个体能够通过比较来审视不同的观点,找出解释现实问题的有效理论。这一阶段的青年在思维发展中呈现出层级性和不同一性。每个阶段有每个阶段不同的思维特征,具有相对性,能够产生稳定的思想。

(三) 约定性阶段

约定性阶段的个体既能坚持用约定俗成的立场和观点来认识问题,又能具体问题具体分析,从不同的观点和立场调整认识。这一阶段的青年既能把握事物的本质和规律，又能意识到所有事物都具有运动和变化的性质，进而在认识中表现出多种规定性的综合和多样性的统一，进入辩证逻辑思维阶段。

四、大学生思维发展的特点

（一）通过假设和理论观念进行思维。在大学这个阶段，由于理论观念的提高，对假设的理解发展到一个新的水平，思维更加抽象，他们对理想、可能性和非物质性有极大的兴趣。思维不再束缚于过去比较狭窄的推论，思想上对恒定、必然、宇宙，计算机上的二进制、复合命题、真值、定理等概念有了普遍的理解。

（二）思维更加全面、灵活、有预计性。青年的思维更为周密，他们既考虑现实状况，也分析以往的影响及将来达到的可能性。了解问题比较全面，注意细节，避免遗漏重要的部分。思维是在应用知识或技能的过程中表现其灵活性的。大学生应用知识的方式是面临问题的情境直接应用已有的知识；面临问题的情境对已有的知识稍加改变，即可应用。

（三）思维发展的形式化与命题性。一个命题就是一个能够表达相信、怀疑或否认的语句。命题性思维允许一个人去审查超越当前所理解的现实的观念，使他们考虑有多种可能性的假设，它可以对现实的条件加以控制，它可以使观点更新颖，选择合理的命题思维。

五、大学生辩证逻辑思维的发展

瑞士心理学家皮亚杰把认知发展分为四个阶段，即感知运算阶段、前运算阶段、具体运算阶段和形式运算阶段。根据我国心理学家林崇德教授的有关研究，在形式运算阶段，儿童就已形成了可以辩证逻辑的思维能力。

辩证逻辑思维是抽象思维的高级阶段或状态，反映客观现实发展变化的辩证法，即人们通过概念、判断和推理等思维形式进一步对客观事物的辩证发展过程做出正确的反应。

思维监控是指为了保证达到预期目的，在思维调控的过程中将思维本身作为意识的对象，不断地对其进行积极主动地定向、控制和调解的能力。思维监控的发展是大学生思维发展的一个显著特点，是大学生思维发展成熟的重要标志。大学生思维监控能力的发展表现为以下三点：

（1）随年龄增长而迅速发展，发展速度比小学儿童快得多；
（2）思维监控能力具有良好的计划性、准备性、方法性和反馈性；

(3) 青年初期,思维监控能力已接近成人水平,加强大学生思维发展的引导,需要各方面共同的努力。

六、影响大学生逻辑思维发展的因素

（一）学校方面

1. 加强大学生逻辑知识教育

发达国家的大学都把逻辑学作为通识教育课向所有学生开设,在很多国家,如硕士专业学位研究生入学资格考试、工商管理硕士学位入学考试、公务员考试、美国 GRE 考试等,都将逻辑知识纳入考试内容,所占比例至少为 25%,有的高达 50%。教材系统介绍了逻辑学的基础知识、基本理论和基本方法,具体内容包括概念、判断、演绎推理、归纳推理、类比推理与假说、普通逻辑的基本规律、论证等,教给学生正确的逻辑思维方法,提高其思维的准确性和敏锐性,为学生进一步学习和掌握其他学科知识提供必要的逻辑工具。

2. 提高大学生逻辑思维的综合应用能力

分析与综合是辩证统一不可分割的。当人们测出了各种光的波长,提出光的电磁,似乎光就是一种波。但光电效应的发现又是波动说无法解释的,随即又提出了光子说。所以提高大学生逻辑思维综合应用能力非常有必要。

3. 培养大学生批判性思维能力

批判性思维既是一种分析性思维,也是一种综合性思维。批判性思维的特点是独立思考和敢于怀疑。独立思考是创造性思维的必要条件,接受人家思考的成果只能叫作学习或模仿,没有独立思考,思维达不到创造的水平。学会独立思考的人,都会具备怀疑的能力。敢于怀疑还要能摆脱思维定式,建立创新理念。

（二）大学生个体

1. 积累大量概念

如果我们看到一只狗会动和一条鱼会动,但是我们没有走动和游动的概念,那么我们很难去产生清晰的思维,去描述这样的客观事实。所以,如果想要有清晰的思维,就需要认识足够多的概念。比如,机床类别有车、磨、削、刨、钻、铣等类别,如果只会用加工二字去解释,那么就不能够更为有效和贴切地去描述客观,这样带来的思维过程就有较大的模糊性。而足够多的概念来自大学生日常生活的经验和学习的积累,只有有意识的积累知识,并从中抽取普遍

性概念，才能使大脑的概念不断扩容，在看待事物的时候准确而深刻。

2. 尝试多维解释

事物的属性是多维的，有些我们也很难穷尽。我们也需要一些基本的思维模式。比如，二律背反。就像高中英语考试作文的常用第一句 every coin has two sides 一样。中国大学生思维受基础教育体系影响，会有各种标准答案、主要内容、中心思想，沉重的课业负担又导致学生无暇在课余扩充知识面，使得大学生形成了严重的思维定式，缺乏想象力和多维思考的能力。

3. 减少主观偏差

我们对事物的反应仅由事物的客观属性所决定，当然也受我们的主观构建所影响。例如一个人喜不喜欢吃甜食，喜好思维是大学生年龄阶段容易产生的第二个思维误差。喜好思维即根据个人的喜好来对事物做出判断，这一思维符合青少年初期的二元论理论，即非黑即白，非对即错。

4. 足够多的实践

就像尽管你知道肌肉的锻炼方法能够让自己更快拥有肌肉，但是想要真正获得肌肉，还是需要去锻炼。同样，思维能力的提升也需要这样的过程，知道方法能够让自己提升得更快，但是不去行动，那么所能够得到的提升还是有限。理论指导实践，实践又验证理论，只有理论联系实践才能得到想要的结果。就像我们小时候计算加减乘除都觉得有难度，但是随着训练的增加，我们也慢慢习惯产生适应性，思维过程所需的反应时间也大大缩短。同样，我们可以通过阅读和写作等方式，来提高自己的逻辑思维能力。这样也可以减少分析所需要的时间，提高自己的思维效率。思维和知识如果不能进行深度加工，是很难对一个人产生正面影响的，所以当自己得到方法时，应该尽可能地去检验和实践，那样才能够让自己提升得更快。

第三章

大学生自我意识的发展与完善

第一节 自我意识的发展

案例：

晓玉，女，20岁，大二学生，父母均为农民，家境贫困。一直以来，由于家庭贫困，常担心因交不起学费而辍学。觉得自己学习成绩不太好，没什么优点，不讨别人喜欢。总不相信别人，不愿理会别人，对人冷漠、缺乏热情，多次想退学。经常会做噩梦，经常会梦见亲人去世，经常在梦中哭醒，情绪非常低落，无法安心学习。

注解： 这是一个关于大学生自我意识的典型案例，这是典型的自我意识混乱。所谓的自我意识是指大学生的自我认识、自我体验和自我控制。当大学生无法形成正确的自我评价和自我认识的时候，当大学生不能达到同一性和自我平衡能力的时候，就会出现自我意识的偏差。

一、自我意识的概念

自我意识（Self-concept），即一个人对自身存在的体验。自我意识是对自我及其周围环境的认识，包括个体对自身的认识以及对自身与周围世界关系的认识，是个体在社会化过程中逐步产生和发展起来的。自我意识是人对自我领悟的一种能力，是人类最基本的特征，是人类通向人的内心世界的核心线索。关于自我意识的解释，存在两种观点：第一，自我意识是一个把个性统一成连贯综合系统的有机过程；第二，自我意识是知觉的客体，是个体能在其自觉体验中感受到的东西。后来，人们把前者称作自我系统，把后者称作自我意识。作为经验客体的"我"包括三种不同形式：①精神的我，由个人目标、理想和信念等组成；②物质的我，指个人的身体及其属性；③社会的我，即他人所看到的我。

通过这面镜子，一个人扮演着他人的角色并回头看自己。也就是说，自我意识是他人判断的反映。这里强调的是我对自己的看法反映着他人对我的看法。整体来说，自我意识是从生理自我、社会自我和心理自我出发，产生自我认知、自我评价和自我控制三个方面。

二、自我意识的内容

表3-1　大学生自我意识

	自我认知	自我评价	自我控制
生理自我	对自己身体、外貌、衣着、风度、家属、所有物等的认识	英俊、漂亮、有吸引力、迷人、自我悦纳	追求身体的外表、物质欲望的满足，维持家庭的利益等
社会自我	对自己的名望、地位、角色、性别、义务、力量的认识	自尊、自信、自爱、自怜、自恋	追求名誉地位，与他人竞争，争取得到他人的好感等
心理自我	对自己的智力、性格、气质、兴趣、能力、记忆、思维等特点的认识	有能力、聪明、优雅、敏感、迟钝、感情丰富	追求信仰，注意行为符合社会规范，要求智力与能力的发展

三、自我意识的特征

自我意识的特征包含了自我意识的积极性、清晰性、独特性。自我意识是一个多维度、多层次的丰富的心理系统，可以从不同的角度进行分析。

（一）积极性

自我意识的积极性描述了个体对于自身看法的积极程度。积极性特征是自我意识最基本也是最重要的特征。自我意识的最基本的一个方面是自我意识在很大程度上表现出了较强的自我积极性，消极的自我意识则与低自尊、自卑相联系。

（二）清晰性

自我意识的清晰性是指个体自我认识清晰、确定的程度。自我意识清晰的人很清楚地知道自己是个什么样的人，他们知道自己擅长什么，不擅长什么，但对自己内心真正需要什么并不懂。有研究者采用如下四个指标来测量自我意识的确定性：①自我评定时间。个体自我评定越快，表明个体自我意识越是清晰确定；②不同时期自我评价的一致性。一致性越高，自我意识越确定；③自我评定的极端数值。极端数值越多、自我意识越确定，若多为中间等级的评定就表明个体的自我意识不清晰；④自我评定的信心。自我评定的确信程度越高，自我意识的确定性就越强。

（三）独特性

自我意识的独特性是指个体意识到自己所拥有特征的独特程度。具有自我独特性的个体觉得自己所拥有的人格特征是他人所不具备的，是与众不同、独一无二的。独特性对于个体来讲具有重要的意义和作用，自我意识的发展将会使自身独特性产生较大的变化。

四、自我意识的发展

自我意识可以从不同角度进行分析，根据知、情、意、行的发展模式，自我意识的发展将会在很大程度上产生影响，将会导致很大的问题出现，主要表现在：自我认知、自我体验、自我控制。

（一）自我认知

自我认知是一个以主观体验和自我评价为主要特征的评价体系，是主观自我对客观自我的评价，包括自我感觉、自我观察、自我印象、自我分析、自我评价等，自我认知是解决"我是一个什么样的人"的问题，自我认知层面上还包括现实自我与理想自我的冲突，特别是青年大学生。如当一个人第一次上网逃课时，就会对自己说仅这一次，但每次的决心都在网络的巨大诱惑下败下阵来，因此进行客观正确的自我评价是一个复杂的、毕生的过程，人的自我发展也是一个终生课题。

（二）自我体验

自我体验是主观自我对客观自我产生的情绪体验，是在自我认知的基础上产生的，自我认知决定自我体验，而自我体验又强化着自我认知，主要集中在能否悦纳自己对自我是否满意等方面。自我体验的内容十分丰富，可以包括义务感、责任感、优越感、荣誉感、羞耻感等。自我体验对成长中的个体而言，具有不可替代的重要作用，许多从自我中获得的体验远远高于从理性获得的体验。例如，一些利用暑假去打工的学生体验到了父母生活的艰辛，更多地了解社会，他们还在文章中写道：我小心地捡着路走，因为工地上到处有露着钉头的木板，已经老化了还在用的电线，生怕把脚放错了地方。

（三）自我控制

自我控制是自我意识的最高阶段，其核心是：我应该做什么，我应该成为什么样的人，我应该选择如何做。心理学研究表明：自我控制与大脑额叶的发展紧密相关，当我们生理正常时，自我认知和自我体验决定了自我控制，大学生通过主观能动性、选择认识角度，转变认知观念，调整自我评价体系，感受积极自我。

1. 生理自我、心理自我和社会自我

从自我意识活动内容来看，自我意识分为生理自我、心理自我和社会自我。生理自我是社会个体对自身身体、生理状态的认识，是一个人在与他人交往的过程中逐渐形成的，把个体自我和社会自我区别开来，是一个人在与他人交往过程中形成和发展起来的。

心理自我，亦称"心理自我概念"，是指个体对自己心理属性的意识、情感和评价。包括个体对自己感知、记忆、思想、智力、性格、气质、动机、需要、价值观和行为等心理过程、心理状态和心理特征的认知和评价。其本身亦是一个多层次的独立系统。

社会自我是个体对自己在社会生活中所担任的各种社会角色的知觉，包括对各种角色关系、角色地位、角色技能和角色体验的认知和评价。社会自我是自我概念的重要组成部分，已有研究证明社会自我在青少年晚期变得非常突出，并占据着重要的位置。因此，大学生社会自我研究对促进大学生自我概念的健康发展有着重要的意义。

2. 现实自我与理想自我

现实自我是指个体受环境熏陶，与环境交互作用所表现出来的综合的现实状况和实际行为意识，它真实的反映个体的自我状况以及社会存在。

理想自我是客观现实的反映，包括来自他人和社会规范以及他们是否满足个体需要的反映，但这些内容整合而成的理想自我却是观念的，非实际存在的东西。

理想自我和现实自我的形成与社会环境的影响密切相关。在非正常情况下,当理想自我的形成基于焦虑或非理性认知时,理想自我与现实自我以及社会环境之间可能会产生激烈的矛盾冲突。在这种情况下就可能会导致攻击、自卑、依赖、逃避或退却等脱离实际的消极心理倾向,如果将这些心理倾向用于指导现实生活或人际交往,必然引起个体内心的迷惑和混乱,造成许多困难,严重的还可能引发心理疾病。

自我控制是自我意识的关键环节,知与行之间有很长的路,大学生常常心动而不行动,事实上心动是一件容易的事,而真正历练则需要更多的自我控制,成功的人都有较高的自我控制能力,但并非所有的自我控制都是积极的。有的大学生对自己的要求非常高,自我控制能力强,而在实际中却因为主观或客观原因没有能够达到,容易对自我产生怀疑或否定。

五、自我意识的作用

(一) 决定个体行为的持续性和目标性

人是社会的动物,人的行为既受诸多社会因素制约,又在很大程度上与自己的自我意识有很大关系,每个人的现实行为并不单是由其所在的情境决定的,而是与自我意识有着密切的联系,那些自我意识积极的学生,其成就动机和学习投入及学习成绩也明显优于那些自我意识消极的学生,当学生自己认为自己声名不佳时就会放松对自我的约束。

(二) 决定个体对经验的解释

不同的人可能会获得完全相同的经验,但每个人对这种经验的解释却可能有很大的不同。自我概念对经验的解释作用在于个体倾向于按照与自己的自我概念相一致的方式来解释自己的行为。不同的人对完全相同的经验的解释可能是不同的,自我概念影响着人们解释经验的方法。自我概念消极的人倾向于将每一种经验与消极的自我评价联系在一起,具有积极自我概念的人可能对每一种经验赋予积极的含义。这些积极或消极的经验都会对个体的心理健康产生不同程度的影响。

(三) 影响个体的期望水平

自我意识不仅影响到个体现实的行为方式和个体对过去经验的解释,而且还影响到个体对未来的期待。这是因为个体对自己的期望是在自我意识的基础上发展起来的,并与自我意识相一致,其后继的行为也决定自我意识的性质。因此,自我意识影响个体的期望水平。

六、自我意识的发展规律

在个体发展过程中,童年期是人格开始形成的关键时期,少年期和青年期则是人格初步形成并定型的时期,成年期是人格成熟期。

自我意识的分化主要表现在以下五个方面:

(一) 主观自我和客观自我的矛盾

自我有主观自我和客观自我之分,主观自我和客观自我应该是统一的,这种统一是个人对客体的认识与个人愿望的统一,是个人与社会的统一,是自我同一性的形成,更是良好自我意识的标志。但是由于自我的结构是多种多样的,每个人所处的社会环境存在很大差异,主观自我与客观自我并不总是统一的。大学生的主观自我和客观自我的矛盾总是相对突出的,作为同龄人即接受高等教育的人,他们的自我意识和自我评价较高,有较强的自我意识。他们对自我有着积极的自我评价。大学生的主观自我和客观自我矛盾相对突出。

(二) 理想自我与现实自我的冲突

在现实生活中,理想自我与现实自我总是存在着一定差距,合理的差距能够使人不断进步,奋发有为。但是如果差距过大,则有可能引起自我分裂,导致一系列心理问题。青年时期的大学生承载着无数梦想,每一个人都渴望一把登天的天梯,他们有抱负有追求,成就动机强烈,他们为自己设定了一个美好的理想,也对大学生活进行了理想化的设定。一方面理想自我与现实自我有一定的差距,另一方面当现实自我距离理想自我太过遥远时,就会产生各种各样的心理不适甚至自暴自弃,没有动力。

(三) 独立性与依附性的冲突

大学生生理与心理的成熟,一方面使得他们渴望独立,想以独立的个体面对生活和学习与工作,但由于长期的校园生活使得他们应有的社会阅历和社会经验相对匮乏,当应激事件出现时渴望亲人和同学替自己着想,另一方面大学生心理上的独立与经济上的不独立也形成了明显的反差。在他们迫切希望摆脱约束、追求自立的同时却又不可能真正地摆脱家长、教师的支持与帮助,特别是对于某些独生子女来说,由于长期受到父母溺爱,这种独立性表现得非常突出。过分的依附使得大学生缺乏对客观事物的判断能力和决断能力,显得优柔寡断、缺乏主见；而过分的独立又使得部分学生陷入不需要社会支持及凡事都要靠自己的错误意识。

（四）渴望交往与心灵闭锁的冲突

没有哪个时期像青少年时期这样渴望友情和友谊，在这个时期，他们都在不断地探讨和追寻人生的真谛，寻找人生的自我表露。希望成为群体中受欢迎和受尊敬的人。然而大学生的自我表露又受心灵闭锁的影响，总是在不经意间将自己的心灵藏起来，与同学有意无意地保持一定距离。

（五）自负与自卑的冲突

自负往往以语言、行动等方式表现出来。自负实质是无知的表现。主要表现在不自知。俗话说："自知者明"，"人贵有自知之明"。无知有两种表现，一是盲从，二是狂妄。自负有时表现为狂妄，容易造成对方的反感。

自卑又称为自卑感，是指个人体验到自己的缺点、无能或低劣而产生的消极心态。与优越感相对。在阿德勒看来，是人类正常的普遍现象，源于婴儿弱小的无助感，后因心理、生理和社会的障碍（真实的和想象的）而加重。对人的心理发展有较大影响。

七、自我意识的意义

社会心理学家认为自我意识是个人所拥有的关于自己的各种信息的复杂集合，自我意识是人的心理与行为的核心图式，即一个人对自身存在的体验。它包括一个人通过经验、反省和他人的反馈，逐步加深对自身的了解。

（一）保持内在统一性

个人需要按照保持自我看法一致性的方式行动。自我意识在引导一致行为方面发挥着重要作用。自我意识积极的学生，学生的成就动机相对明显，自我意识消极的学生，学生的自我评价较低，自我意识有着明显的自律性。人是社会的动物，人的行为既受诸多社会因素的决定，又在某种程度上与自己的自我意识有很大关系，每个人的现实行为并不是由其所在的情境决定的，而是应与自我认知、自我意识有着密切的联系，应该保持内在统一性。

（二）经验解释系统作用

一定的经验对于个人具有怎样的意义，是由个人的自我意识决定的。每一种经验对于特定个人的意义也是特定的。某次考试，学生A和学生B都考了95

分。学生 A 平时认为自己能力一般，对这门功课学习有些困难，对于这次考 95 分感到欣喜，鼓舞自己继续努力争取更好成绩。而学生 B 平时对这门功课很感兴趣，学习也很有信心，一般都取得好成绩，这次考试却由于粗心只考了 95 分，认为自己很失败，为此感到懊恼、沮丧，决心再努力，决不再考这样的成绩。

（三）期望定向

自我意识的期望定向功能是指人们对情境和自己行为的期望受到自我意识的引导。同样，在大学中自我意识积极的学生，他的自我期望值高。当他取得好成绩时就认为这是意料之中的事，好成绩正是他所期望的。反过来，差的成绩又加强了他消极的自我意识，形成恶性循环。自我意识不仅影响到个体现实的行为方式和个体对过去经验的解释，而且还影响到个体对未来事情发生的期待。这是因为个体对自己的期望是在自我意识的基础上发展起来的，并与自我意识相一致，其后继的行为也决定于自我意识的性质。研究发现，差生的成绩落后于普通学生是正常的，但对于差生，由于他们的整个行为动力系统都出现了偏差，并在偏离的状况下形成了新的自我同一性的系统，因而在系统内部并没有不正常。

（四）引导成败归因的作用

社会心理学家海德（Fritz Heider）（1958）和温纳（Weiner）（1972）提出并建立了一套从个体自身的立场出发解释自己行为的归因理论。温纳的自我归因论认为动机并非个人性格，动机只是在刺激事件与个人处理该事件所表现行为之间起着中介作用而已。每当个人处理过一桩刺激事件之后，个人将根据自己所体会到的成败经验，并参照自己所了解的一切，对自己的行为后果，提出以下六方面的归因解释：①根据自己的能力评价。个人应该根据自己的能力评价是否能应付此项工作，是否具备该项工作能力。②努力反省此次工作是否尽了最大努力；③工作难度。凭个人经验，判断是否感到困难还是觉得容易；④运气。自己认为此次工作成败是否与运气好坏有关；⑤身心状况。工作时，个人的心情及身体健康状况；⑥别人对自己工作表现的态度评价。

这六项因素中①②⑤三项属于内在因素，③④⑥三项属于外在因素。对工作成败的归因取向，将影响个人以后再从事类似工作的动机高低。

（五）自我意识有利于根据个人特点，有目的地引导个性的形成

在追求自我意识的过程中，首先要改变人的独特性，即个性。积极与周围

社会环境相适应，因为在社会现实中，人总是在力图追求和改变自己。例如，思想政治意识修养好的学生，通过自我评价，更能批判地对待自己道德发展方面的缺点，更能有意识地引导学生个性的形成和发展。

（六）在自我意识完善过程中，人同外部世界的相互作用方面会出现新的现象

人在改变自己的内部世界、品质和习惯的同时，有可能改变自己对部分外界关系的某些需要和要求，从而影响同外部世界的必要关系。如A学生在和同龄人的关系中虚荣心很强，为了博得不守纪律同学的喜欢，他往往做出一些无原则的行动。而A在自我完善过程中则有所改变，坚持自己的做人原则，克服虚荣心，在和同学的关系中确立新的行为准则，使自己的行为力求符合公共道德，以追求对社会有益的目的，从而改变了同外部世界关系的性质。在自我完善的同时，自我意识逐渐发展。他感到一种满足，即意识到自己的行为可以导致实现某些既定的目标和愿望，使自己成为自己想要成为的人。

第二节　自我意识的完善

案例：
梁某某是电影学院导演系的研究生，个子高高的，长得也很帅，但几年下来他有一个很悲观的想法：做导演需要出名，而真正出名的导演又有几个呢。而且自己家是外地的，从本科到研究生一路走来实在太累了，要协调各方面的关系，这种压力压得他喘不过气来。最终，他办理了退学手续。学校的老师、同学无不为他惋惜。

注解：这是典型的自我意识偏差的案例。所谓自我意识，是指个体对自身心理和行为的意识，它包含了自我认知、自我评价、自我控制等几个方面。当个体无法形成正确的自我意识和适宜的自我评价，不能达到自我同一性的确立而获得安定、平衡的心理状态时，则会出现自我意识混乱。青年期是人的自我意识迅速发展的一个特殊阶段。学习如何认识自我、理解自我，是这一时期的一个发展任务，直接关系到青年能否建立健全人格。

一、自我意识的偏差

有人将大学生自我意识的缺陷概括为：扭曲的自尊虚荣；消极的自觉自卑；

退缩的自主从众；变态的自立逆反；极端的自信自负；放纵的自我任性。虽然这样说有以偏概全之嫌，但也不是个别现象，这无疑会影响大学生健康成长，大学生自我意识的偏差主要表现为：

（一）过分追求完美

爱美之心人皆有之，但得有度，过分追求完美就会引起自我适应障碍。

表现：这种人不顾自己的实际状况，期望自己完美无缺，他们不能容忍自己的不完美，总是对自己不满意，不肯接纳平凡的或有缺点的自我，其结果是对自己的认识和适应更加困难。

改善：树立正确观念，人没有十全十美，人人都有优缺点。人既不会事事行，也不会事事不行，行与不行不能仅凭一件事判断，优点和缺点不会随意增加或丢掉，成功、失败也不能由自己决定。

（二）过度自卑

表现：大学校园人才济济，人与人之间的比赛、竞争，定胜负，争荣誉的情况无法避免，而且没有常胜将军，每个人都会有失败的经验，但如果斤斤计较自己的缺点和失误，遇到挑战性的场合就逃避、退缩，极强的自尊心下面掩盖的往往是极度的自卑。

调试：对其危害应该有清醒的认识，树立改变自己的勇气；无条件接受自己；正确对待得失，鼓起勇气表现自己，对自己的进步及时自我表扬。

（三）过度自我接受

表现：类似于自我扩张型的人，他们总是高估自我，总是拿放大镜看自己的长处，甚至把自己的缺点也当作长处，用显微镜看他人的短处，与人交往的模式是我好，你不好，我行，你不行，自以为是，盲目乐观，不容易处理好人际关系，对自己因为承担无法完成的过高任务而经常饱受失败的痛苦。过度的自我拒绝是更严重的、经常的、多方面的自我否定。大学生有强烈的自尊心，喜欢争强好胜，但过强的自尊心却与骄傲、自大联系在一起，缺乏自我批评，经不起批评，拒绝帮助，就会在自我意识的发展上走弯路、栽跟头、受伤害。

调试：承认自己也需要不断完善；学会欣赏别人的独特性；多与人交往，开放自己的心胸，认真尊重来自他人的反馈意见，学会接受自己的不完美。

（四）自我中心

大学阶段是自我意识发展最强烈的时期，大学生强烈关注自我，愿意从自我角度进行认识、评价，容易出现自我中心倾向，如果再与个人主义、自私自利思想、过度的自我接受相结合，就会表现出过分的、扭曲的自我中心。自我中心的人凡事从自我出发，不能设身处地进行客观思考。但是独立意识并不是独来独往，不顾社会规范我行我素。

表现：凡事从自我出发，只关心自己，从不顾及他人的需要和感受，他们往往以领袖的身份出现，颐指气使、盛气凌人，处世原则是：我对你们都错，喜欢把自己的意志强加于人，因此他们不能赢得别人的好感和信任，人际关系紧张，做事很难得到别人的帮助，易遭挫折。

调试：必须先摆正自己的位置，实事求是地评价自己；重视自己的同时更应该尊重别人，哪怕是微不足道的人；走出自己的小天地，学会移情，设身处地从别人角度考虑问题（老吾老以及人之老，幼吾幼以及人之幼）。

二、自我意识的建立

（一）自觉进行自我认识

大学生对自我意识的认知往往是主动而积极的。他们迫切想知道在他人眼中自己的形象。为认识自我，大学生不仅积极主动地把自己和周围同学、老师或是心目中的成功人士、英雄人物，特别是社会推崇的优秀同龄人进行比较，而且还经常用自己的聪明才智和经验，对自己的思想、学习、工作、品德、成长等情况进行独立的分析和判断。

（二）自我体验敏感、强烈，具有丰富性

大学生自我体验是在自我认识和评价基础上产生的。众多资料表明，大学生自我体验的基本格调是积极、乐观、健康向上的，主要倾向于热情、憧憬、自信、舒畅、紧张、急躁，并且深层次的评价和社会相联系的评价越来越多，个体能够根据主体意图与外部环境，自觉对自己的心理活动和外在反应施加影响，实现自身知、情、意、行的动态平衡。大学期间，对学生的独立感、自尊心、自信心、好胜心等各种自我意识有了进一步的发展并逐渐走向成熟。在独立感方面，大学生总是喜欢向周围的人，尤其是父母或老师宣布自己独立自主的要求，阐述自己的主张，喜欢独立思考和行动，不喜欢父母和老师的管教，希望自立和自制，不喜欢旁人过多的干涉等，应该看到更多的独立感。有时仅仅是为了独立而显示独立。一般来说到了大学高年级，在积累了大量知识和经验的基础上，独立感才会变得成熟，显得稳定而实在。

（三）自我形象设计强烈、丰富，具有完整性

大学生对自己的未来充满了信心、希望，有着对未来美好的向往，希望能过上一种自由自在、符合自己愿望的生活。因此，许多大学生都有非常强烈的自我设计的欲望。要准确了解自己，大学生还应了解影响自我意识发展的因素。我们可以将这些因素分为主观因素和客观因素两大方面。主观因素主要有理想、价值取向、思维模式、心理与人格等。客观因素主要有社会环境、文化氛围、学校和教师等。

三、自我意识的完善

（一）正确地评价自我

德国著名作家约翰保罗曾说：一个人真正的伟大之处，就在于它能够认识自己。世界上没有两片相同的树叶、人贵有自知之明，每个人都是独一无二的，要珍视自己。爱自己才能爱别人，自尊才能被别人尊重。要正确认识自己所处的地位、身份，以及社会、群体对自己的期望和要求；只有正确认识自己，才能科学对待自己的过去，恰当地确立自我发展的方向，实实在在地把握现在；才能在社会情境中找到自己恰当的位置，才能理解他人，尊重他人，和谐相处，被社会所接纳。

1. 自我评价的意识及意义

研究自我评价发展的过程，揭示自我评价发展的水平和自我完善在每一水平上的潜力和特征，它能有效地指导自我完善活动正确进行，促使自我评价形成过程的最佳化，使之从一种水平向另一更高水平的转化，从而为自我完善创造更为有利的条件。所以，它对青少年特别是大学生的个性形成具有重要意义。

（1）自我评价与别人对自己的评价之间的分歧

一般情况下，人们将自我评价定义为他人对客体的评价，将自我评价视为主体评价，且双方互不干涉和影响。在此情况下，自我评价与他人评价便形成分歧。首先，不同评价者的价值标准是不一样的，评价根据一定的价值标准而对客体作出价值判断，人各不相同，无论自身的需要，还是或隐或现的价值标准，都有差异性。因此，每个人所做的评价只能是他个人的价值判断。其次，评价也是人的一种内心认知建构。一个人总是试图在他已了解的东西基础上去理解和分析新知识。由于评价以语言形式表示出来，它代表着个体的特征。这样，自我评价和别人对自己的评价之间必然会产生分歧。

(2) 自我评价与自己意向中的理想自我之间的分歧

人的交往以及同他人相互关系的性质，人的活动成效和个性的进一步发展取决于他的自我评价，正确的自我评价能给人以道德上的满足。自我评价，特别是对于个性能力和潜力的自我评价反映出人的特定的要求水平，这种要求水平是由个人对自己提出的任务和他认为自己有能力完成这些任务的水平决定的。人的要求水平和自我评价的性质明显地反映在各种不同的情境选择中，无论是对困难的生活情境的选择，还是对集体的日常活动和社会工作的选择，对报告题目，回答问题和社会任务的选择等。在心理学家库尔特·勒温及其学生的著作中研究了动机、需要、需求水平及其多方面的相互关系。他们所揭示的事实证明，自我评价取决于完成各种任务的成功与失败，取决于要求的水平和在小群体中的地位等。

2. 自我评价的方式和手段

自我评价是其各种因素长期而复杂的相互作用的结果，这些因素包括周围人（父母、教师、同学等）的评价，自己对自己的成功与失败以及表现其个性品质的活动结果的分析。儿童时期，人的行为受别人的评价和活动结果的调节。随着年龄的增长，行为的内部调节逐渐代替外部调节，而内部调节最重要的机制之一就是自我评价。自我评价的基本手段和方法有自我观察、自我分析、自我报告等。因此，每个人掌握的道德规范，价值方针，使每个人形成符合这些规范的个性榜样具有重要意义。当然，自我评价手段的划分只能是相对的，因为在自我评价的实际过程中这些手段是相互作用和密不可分的，例如自我观察中带有自我分析的某些因素等。然而，为了研究自我评价的过程，把这一过程适当加以程序化，把它区分为一定的阶段和程序也是允许的、适宜的。

（二）积极地接受自我

接受自我的方式有：

（1）确定你想改变或完善自我的地方。为了发生改变，你必须知道或明确什么地方是需要改变的。尽可能准确、具体、完整地描述你希望改变或完善自己的哪些方面。如果你为某件事情感到不快，或者不喜欢自己的某方面，确定下来并做出说明。例如，我不想让自己在公共场合讲话，我希望我的朋友把我当回事儿或者我想变得更有条理性。

（2）描述你为什么会对自己有这样的感受。是你自身的问题或缺点造成的，还是别人的原因？例如，许多学生不想读大学或不喜欢某个专业。他们读大学或者选择某个专业是因为他们的父母或朋友期望或迫使他们那样做。尽管这些学生中有许多人宁愿做其他事情,可是他们不敢表态或去做他们真正想做的事情。

(3) 做出要完善或改变的承诺。改变自我意识或自我的某些方面并不是那么容易。然而,任何事情都不会自己发生改变;如果要发生改变,我们必须全力以赴、倾心付出,并且相信变化一定能发生。

(4) 为自己设定合情合理的目标。你可能会决定在一夜之间就改变一些事情,但是其实可能需要长期的努力。例如,你可能认为每晚学习几个小时就能提高成绩,你可以开始新的学习计划,但是事实上提高成绩却需要更长的时间。

(5) 确定你要采取的具体行动。确定一项行动计划,该计划能导向你想要的结果。当然,不管你什么时候行动都有失败的风险,但是成功的人知道没有冒险什么都做不成。当知道了自己的缺点,了解了怎样去对付它们的时候,就相信并向自己保证要做出改变,然后采取相应的行动,你就能实现你的目标。重要的是,要认识到,改变自我意识不仅需要承诺和行动,而且是需要时间的。

(6) 尽可能和乐观的人接触。尽量和你喜欢或信任的人在一起。这会使讨论任何问题或寻求支持变得容易得多。当别人知道你想做什么的时候,他们会支持你,帮助你实现你想要的变化。

(三) 有效的控制自我

1. 自我设计

人作为主体,计划自己成为什么,从而自觉地向这个目标发展。费希特曾在纯粹精神性活动的意义上论述过自我设定自身。萨特则从存在主义的立场上提出所谓的自我设计。他认为人首先是碰到各种机遇,活动于这个世界,然后开始限定自己,人是一种具有主体生命的设计者,自我设计理论就是依靠自己所设计出来的理论,最后所得出的理论就是自我设计理论。人为设计理论,就是他人的智慧所截出来的理论。仅仅就人的主观意识来讲自我设计,显然是很片面的。未来成为什么样的人,在每个大学生心中都曾有过理想或设想,大学生自我设计就是在大学阶段,通过对自我今后做什么事先设想,然后按此标准去实现。自我设计是具有动力作用的,它作为一种激励手段,有效推动大学生进行自我完善。

2. 自我激励

从有关的调查中发现,大学生希望获得向着更高目标努力的激励。在大学生活中，大学生自我意识的发展将为人的全面发展奠定基础，人的自我意识也将得到更有效的发展。

3. 自我监督

自我监督是判明被执行的自我完善活动计划是否偏离原定计划并进行自我修正的能力。在计划执行过程中，不断将实际执行结果进行对比，从中发现问题，及时纠正，才能更好地避免偏离计划。所以，它对正确执行自我完善计划有着特别重要的意义。自我监督作为自我完善的手段，是根据个人监督自己任何活动的能力发展的。在心理学意识中，自我监督意识往往同自我调节、制订计划和活动的修正过程有关。在这一途径的实现过程中，自我监督起着稳定自我完善的作用，使具体过程服从于这种活动的职能。

总之，在自我完善过程中有意识地运用自我监督可以极大地稳定自我完善活动。认清自我监督是自我完善的手段，进一步提高它在实现自我完善计划中的矫正和稳定行动的作用。然而，自我监督仅仅是自我完善过程中的一个环节，它只有在和其他自我完善手段的相互作用下才能取得更好的效果。

4. 自我要求

自我要求取决于人的信念。符合个人主要生活目标和信念的自我命令，同违反个性方针及其基本任务的自我命令相比明显更有效。随着自我完善的出现，自我要求将被用于修正具体缺点和培养积极品质，据有关资料表明，约有四分之一的被试学生在青少年期的自我完善中已经把它用于这些目的。然而，自我要求并非任何时候都能促进自我完善计划的实现。意志薄弱型的人有时即使是一般日常生活中的自我命令也不能完成。这种人形成了一种对自我要求提出异议和在种种借口下不完成自我命令的消极习惯，自我要求之后必须紧跟着对决定的执行，在这种情况下自我要求才能进入动机斗争的范畴。自我要求的效能取决于个性的责任感水平。对完成自我完善计划的必要性缺乏坚定信念，就会促使个性不服从自我命令。这种情况表明，当一个人对自己提出新的理由来加强和充实执行原定计划的动机时，自我说服对完成意志努力具有重要作用。一方面，自我要求如果是在自我说服的基础上提出的，它就会更加有效；另一方面，如果自我说服由执行决定的自我命令来完成，它就会成为意志行动。大学生在自我完善的过程中自觉地运用自我要求有助于提高对执行的责任感。同时，对于未执行自我命令的事实的认识和感受又能激发大学生克服自己的缺点，加强自己的意志力和更好地运用自我要求，提高方式有：

（1）原地不动安静坐好。坐在椅子上，双脚平放在地上或盘腿坐在垫子上，背挺直、双手放在膝盖上。冥想时一定不能烦躁，这是自控力的基本保证。如果你想挠痒的话，可以调整一下胳膊的位置，腿交叉或伸直。看自己是否有冲动又能克制。简单的静坐对于意志力的冥想训练至关重要，你将学会不再屈服于大脑和身体产生的冲动。

（2）注意你的呼吸，闭上眼睛。要是怕睡着，你可以盯着某处看，比如盯着一面白墙，但不要看家庭购物频道。注意你的呼吸，吸气时在脑海中默念吸，呼气时在脑海中默念呼。当你发现自己有点走神的时候，重新将注意力集中到呼吸上。这种反复的注意力训练，能让前额皮质开启高速模式，让大脑中处理压力和冲动的区域更加稳定。

（3）感受呼吸，弄清自己是怎么走神的。几分钟后，你就可以不再默念呼吸了，试着专注于呼吸本身。你会注意到空气从鼻子和嘴巴进入和呼出的感觉，感觉到吸气时胸腹部的扩张和呼气时胸腹部的收缩。不再默念呼吸后，你可能更容易走神。当你发现自己在想别的事情时，重新将注意力集中到呼吸上。如果你觉得很难重新集中注意力，就在心里多默念几遍呼和吸。这部分的训练能锻炼你的自我意识和自控能力。刚开始的时候，你每天锻炼5分钟就行。习惯成自然之后，请试着每天做10~15分钟。如果你觉得有负担，那就减少到5分钟。每天做比较短的训练，也比把较长的训练拖到明天好。这样，你每天都会有一段固定的时间冥想，比如早晨洗澡之前。如果你做不到，可以对时间进行适当的调整。

（4）冥想不是让你什么都不想，而是让你不要太分心，不要忘了最初的目标。如果你在冥想时没法集中注意力，别担心。你只需多做练习，将注意力重新集中到呼吸上。

第三节　确立自我认同感

一、自我认同感概述

在自我意识发展的过程中，自我认同感是一个人自我认知程度的标志，是一个人情商高低的主要标志之一。只有建立了比较充分的自我认同感，才能有效建立信心和自尊。而信心和自尊是一个人获得成功和幸福的重要心理基础。自我认同感的缺失将会导致这一阶段出现的危机是角色混乱。正确认识自己是指一个人对自己的认识要与自己的实际情况相符合。苏格拉底把"认识你自己"作为人生的根本问题，并将其看成是个体人生的基础与核心。卢梭认为人类的各种知识中最有用而又最不完备的就是关于"人"的知识。大学生作为有理想有冲劲的年轻一代，即将步入社会更应该有这种责任和担当，然而现实生活中很多大学生忙于课业，忙于社团、忙于社会实践，却不愿抽时间了解自己，反思自己。

心理学家奥克斯和普拉格编制了一个自我认同感量表，可以测验一下自己，看一看这些问题是否符合自己的情况，根据下列标准给自己打分：

1分＝完全不符合，2分＝偶尔符合或者基本不符合，3分＝比较符合，4分＝非常符合。

（1）我不知道自己是怎样的人

（2）别人总是改变他们对我的看法

（3）我知道自己应该怎样生活

（4）我不能肯定某些东西在道义上是否正确

（5）大多数人对我是哪类人的看法一致

（6）我感到自己的生活方式很适合我

（7）我的价值为他人所承认

（8）当周围没有熟人时，我感到能更自由地成为真正的我自己

（9）我感到自己生活中所做的事并不真正值得

（10）我感到我对我生活的集体适应良好

（11）我为自己成为这样的人感到骄傲

（12）人们对我的看法与我对自己的看法差别很大

（13）我感到被忽略

（14）人们好像不接纳我

（15）我改变了自己想要从生活得到什么的想法

（16）我不太清楚别人怎么看我

（17）我对自己的感觉改变了

（18）我感到自己是为了功利的考虑而行动或做事

（19）我为自己是我生活于其中的社会一分子感到骄傲

记分时，先将（1）（2）（4）（8）（9）（12）（13）（14）（15）（16）（17）（18）题的回答结果转换一下，选择1计4分，选择2计3分，选择3计2分，选择4计1分。其他问题则保持不变。然后把19个问题的得分相加。奥克斯和

普拉格发现，大多数人的平均得分在 7~8 分的范围内。得分明显高于该分数的人，表明他的自我认同感发展良好；得分明显低于该分数的人，表明他的自我认同感还处在发展和形成阶段。

二、自我认同感的重要性

（一）自我认同感获得的重要性

大学生自我认同感的获得将是非常重要的方面。大学生个体的自我评价和自我定位统一表现在对自身的理解方面。自我认同感的获得是循序渐进的一个过程，不可能一步到位。大学生作为有理想有冲劲的年轻一代，即将步入社会，更应该有一种责任和担当，在现实生活中，应该看到更多的积极方面。

（二）自我认同感对心理健康的重要性

自我认同感对大学生心理健康也有着非常重要的作用。自我认同的本质体现了自我对社会环境的高度认同。达到自我认同阶段能够实现自我目标的人，对自己存在一种欣赏的态度，获得心理健康程度较强，有较大的发展空间。据以往的研究发现和分析，自我认同感低的人，他们不仅能够对自我进行研究分析，还能够正面认识自己欣赏自己和进行加工与包装自己，具有强烈的责任心。因此，这种人易建立良好的社会关系。

（三）自我认同感对学业的重要性

大部分学生由刚进校时信心满满到后来经常逃课、缺课。学生大面积逃课旷课的主要原因就在于无法正确认知自己的学习状态和学习方法。自我认同感低的人他们对大学生的学业和健全人格会带来很大问题。可见，自我认同感对大学生的学业以及人格健全发展有着深远意义。

（四）自我认同感对社会的重要性

自我认同是个体自身发展对社会群体的认同。良好的自我认同对社会群体的重要性也是不可忽略的。自我认同感是个体真实性自我认知的体现。自我认同感的缺失将是自我认同的重要组成部分，个体在人类社会环境中，接受教育，继承社会文化，成为合格社会成员的过程与其自我认同感的日渐成熟密不可分，而自我认同则是自我认同感中核心的自我调节系统。

三、自我概念不稳定

自我概念不稳定和自我认知能力发展不协调将会导致自身问题的出现，自我概念和认知能力的发展是自我意识的一个方面。它将会促进社会交往能力的发展和社会责任感的缺失。它是认知、情感、意志的综合体,是人心理发展过程中一个极为重要的方面。

健康人格的特征必然包含着自我的内容,能否充分了解自己、悦纳自己一直都是国内外公认的衡量心理健康的重要标准之一。从历代心理学家对健康人格的研究中,我们可以看到大量的自我意识的内容,具体来说,自我意识对心理健康的作用主要体现在以下几个方面:

(1) 有良好自我意识的人能更好地适应社会
(2) 有良好自我意识的人拥有更和谐的人际关系
(3) 有良好自我意识的人具有更稳定的情绪
(4) 有良好自我意识的人具有更强的行动力

四、确立自我认同感的方式

(一) 学校层面

作为教育工作者,必须充分认识和估量到新生个体对大学生自我意识发展的重要作用,作为教育工作者,我们要充分认识到新生个体的重要作用,自我认同感的缺失将是大学生自我意识发展的重要方面。

这就要求我们:一是尽可能地走入学生中间,去聆听学生的内心情感和愿望,真诚地分享与分担学生的情感;二是开展专题讲座,介绍这方面的理论和实践的基本常识和基本技能,引导学生正确看待和解决这一矛盾,妥善处理好二者关系,从而能够尽早从中解脱出来,产生积极愉快的心理体验,做到轻装上阵。三是鼓励学生积极参与丰富多彩的校园文化活动与社会实践活动。

(二) 自我体验过程培养

加强大学生自我认同感的培养,主要重在解决其自我体验过程。在大学生自我体验中我们应该加强对自我体验过程的培养。独立感是指个体摆脱他人监督和支配的一种自我意识倾向。追求独立人格是当代大学生自我意识的突出表现。他们不仅自觉长大成人,还有一种自我实现的感觉。但也有人喜欢把个人意见强加于别人身上,表现出盛气凌人的一面。与自我中心相反的是从众心理,过强的自我意识和过强的从众心理导致大学生缺乏独立能力和拥有较强的依赖性。过强的从众心理将会使大学生在体验过程中产生较强的自我认同感。

因此，高校教育工作者在教书育人、管理育人、服务育人的"三全育人"过程中，就应该积极努力地加强大学生的自我服务能力。既不要使其走向凡事都以自我为中心的极端，也不要使其凡事都是缺乏个人见解和控制力的盲目从众。一是注重培养学生自我监督、自我控制能力。二是在日常教育和管理过程中经常提醒、督促、检查他们，对他们的进步和成绩及时给以强化鼓励，培养其自我控制的能力和良好的意志品质。三是经常组织开展有益于学生身心发展的各种文体活动。

（三）健康自我意识培养

加强健康自我意识的培养，解决理想自我和现实自我之间的矛盾，树立正确的人生目标，培养学生积极健康的人生观。大学生自我意识的发展随着知识阅历的不断增多和认识水平的矛盾，在自我认知领域将会有一定的影响。这个理想自我包含着他所希望达到的美好愿望，因而也就不可避免地包含着某些难以实现的愿望。这个理想自我的实现将不自觉地把其视为真实自我，这样一来就同他实际现实自我发生矛盾和冲突。要想解决其根本矛盾，就需要独立于外界的评价，接纳现实自我，从而找到问题的根源。

（四）正确地认识自我

理性地认识自己，愉快地接纳自己。接纳自己并不是感觉自己十分完美，而是要让自己知道和了解自己的优势、劣势；性格特征、行为方式，最后把其当作优点去发扬。只有接纳了自己才会有更多的发展机会，认识自己不高估自己也不低估自己，愉快地接受自己是前提，然后就是增强自我效能感。最重要的还是要有一个连贯一致的目标，一心一意地去完成目标任务，在完成的过程中自我认同感会越来越强。

（五）积极地完善自我

首先要做好自己的专业。在工作中将自己所学专业知识努力应用到实践中，并且不断总结、不断更新，进而不断提升，使自己成为专业领域的佼佼者，这乃人生一件快事。因为这就是自己的生存之本，立业之本，做好它能够保证财务较为自由，没有后顾之忧。

其次去发展兴趣爱好。就是将自己喜欢的事情做好，让它成为自己的除了专业之外的特长，而且对它的应用以及理解程度可能会超过专业知识，因为兴趣所致。在保证立身之本之后，发挥自己的所长，让自己的精神与物质一样发达，甚至精神超越物质，只有这样人生才会变得有意义有价值，值得我们用一生去品味。

再次专业与兴趣相长。专业与兴趣自然不是独立存在的，他们可以进行相互渗透，相互交叉，相互弥补，使自己的专业能力更上一层楼，使兴趣所指变得更加有意义有内涵有价值。专业与兴趣在某种层面上的结合或许将会给其带来全新的视角，带来全新的机遇，碰撞出灵感，让你走向别人不可期冀的辉煌与高度。这就是专业与兴趣结合的好处，当然不排除那种专业与兴趣重合的情况，但是完全重合的情况少之又少，尽量使其多重合。

最后挖掘潜能，拓宽视野，寻找自己的另一些不为人知的能力，训练自己心理承受能力，抓好机遇，人格才会更加完善，成就才会更大。

五、相关量表

请仔细阅读下列题目后，根据自己的实际情况选择是或否。

（1）遇到难事，你想寻求帮助，但又不愿开口求人，怕被别人取笑或轻视。

（2）当别人遇到麻烦时，你常会有幸灾乐祸的感觉。

（3）你爱向别人夸耀自己的能力和光荣历史。

（4）你认为学习成绩、工作成绩是很重要的。

（5）你觉得入乡随俗是件困难的事。

（6）你觉得人的面子最重要，轻易认错是很失面子的行为。

（7）你害怕生人或陌生的地方。

（8）你常常自问"我是很行的人吗？"这类问题。

（9）你常常觉得自己是不利处境下的牺牲品。

（10）你觉得自己是个爱慕虚荣的人。

［评分·与评外］

是得1分，否得0分，统计一下你的总得分。

0~2分者：很有自信心，能与人和睦相处。

3~6分者：可能缺乏自信心，做事保守而缺乏魄力，但这也许能使你安于现状，生活在一种平静无事的环境中。如果你认真反思下，把你认为你能做的事和你想做的事列成表格，你会发现，事实上，你能做的事要比你想做的事多一些。

7~10分者：你有一种强烈的自卑感，即使在表面上你自信、自负或自傲，但你很可能在自信和自卑的两极来回徘徊。有时这种性格上的矛盾令你感到痛苦或害怕。你得想办法采取行动消除自己的自卑感了。

对很多人而言，自卑就像站在太阳底下的影子，总是如影随形，时刻影响着大学生的心理和行为。

第四章

大学生学习心理与能力、品格

第一节 大学生的学习心理

一、学习的概念

学习是一个十分复杂的过程,与多种认知过程相联系,而且还涉及个体的情绪、动机等。不同的学习有不同的表现形式,通常我们把学习分为广义的学习和狭义的学习。

学习压力是大学生中最基本也是最明显的一种压力。它对大学生的心理健康具有重要的影响。客观分析学习压力,正确调适学习压力,对大学生正常学习生活和身心健康和谐发展具有非常重要的意义。

(一)广义的学习

广义的学习是指个体在活动中,通过经验引起的行为或心理的相对持久的变化过程。它包含四个方面的含义:首先,学习必须是个体自身产生的外在行为的变化,且必须产生引起这种变化的活动过程,以及变化所获得的结果。其次,这种变化是由经验引起的,是一种后天习得的行为,而不是本能行为。感冒的病人会因为鼻子不舒服而经常擦鼻子是一种本能行为,而不是学习所获得的结果。个人在人生的发展过程中由于成熟或者衰老而引起的行为变化,也不属于学习的范围。再次,疲劳、疾病或者药物等也能引起行为的变化,如工作过度劳累会影响工作效率。这些行为的变化都是暂时的,一旦精力恢复或药力失效,行为又会恢复原样。因此,这些行为都不是学习。最后,这种变化既可以是外显的,例如表现在行为的变化上,也可以是内隐的,例如表现为心理上的变化,即认知变化和情感变化。

（二）狭义的学习

狭义的学习是指人类的学习,在人类社会生活实践中,以语言为中介通过思维活动,自觉地积极主动地掌握人类社会和个体积累的经验,进而产生行为心理倾向。狭义学习的特点有：

（1）它是在社会生活实践中,以语言为中介实现的；
（2）它是一个自觉的、积极主动的过程；
（3）它以掌握社会和个体积累的经验为主要目的；
（4）它引起的行为、能力和心理倾向的变化是相对持久的。

学生的学习是在学校教育情境中进行的,在相对集中的时期内,按照教学目标,在教师的教学指导下,有目的、有计划、有组织、有系统的学习,培养和开发学生的智力和个性。学生的学习是狭义学习的一种特殊形式。学生的学习特点主要有：第一,在学校这个特殊的教育情境中,统一在相对集中的期限内进行。第二,学生的学习是按照教学目标的要求,在教师的指导下,有计划、有目的、有组织地按事先规定好的步骤进行,它十分强调过程的目的性、有效性和高效性。第三,学生的学习是以学生掌握间接经验为主要任务,常常是在短时间内获得人类社会的历史经验。第四,学生的学习内容是多方面的,主要有知识经验的学习和技能的获得,行为习惯的养成和道德品质的培养。

大学阶段的学习是学生学习的一个特殊阶段,是指在大学校园这个教育环境中,在相对集中的时期内,按照教育目标,在高校教师的指导下,有计划、有目的、有组织地系统掌握科学知识和技能,开发智力,培养个性,形成一定的世界观和道德品质的过程。

学习是人类生活的重要主题,尤其是在这样一个知识爆炸的信息时代,学习已经不再局限于某一个具体时间和空间内,而是伴随着现代人终身的生活方式。法国著名成人教育家保罗·朗格朗（Paul Lengrand）首先提出终身教育的主张,认为教育应当是每个人一生的过程,在每个人需要的时候随时以最好的方式提供必要的知识。

二、大学生学习的特点

大学生的学习即狭义的学习。通常大学生需要在学校完成指定的学习任务,因为这个也是学习的一种特殊形式。大学生的学习不同于其他的学习形式，大学生学习具有以下特点：

(一) 大学生的学习以掌握间接的知识经验为主

大学生的学习往往是通过在学校以班级为单位进行的，在规定时间内完成短期高效的学习。大学生的学习方式决定了其只能间接地掌握人类已经积累的知识经验，与中学阶段的学习要求相比具有独有的特点。

大学阶段是学生掌握专业知识和技能、增加知识深度和广度的关键时期，大学阶段不管是从时间上还是课程任务难度上都要远胜于中学阶段，学生要在短时间内掌握更多的课程知识和专业技能，时间紧任务重。当大学生取得了一定的经验时，就应该以掌握间接知识经验为主的接受学习，在短时间内学习大量系统的知识、技能和减少时间的浪费，提高学习效率。

(二) 大学生的学习要求教师在有目的的指导下，有计划、有组织地进行，是一种有序的组织

学生要在短时间内掌握大量的间接知识经验，就必须要在教师的讲授指导下进行。一方面，教师的讲授有助于提高学生对知识的理解与接受，体现教师对学生学习的目的性和计划性的要求；另一方面，教师的指导体现了社会对学生学习的目的性、计划性的要求，学生学习的内容和形式必须符合社会目的，并且必须按照一定的社会计划进行，也更多地表现为自主性。

首先，教师在大学生的学习中扮演的角色重要性变低。大学教师不会再像中学老师那样，会根据学生对一个问题的掌握程度而反复进行练习和测试。虽然大学学习还是主要以课堂讲授为主，但是老师的讲解通常是比较开放式的讨论而不是固定知识的传达，这就要求学生必须主动进行课前预习掌握相关内容，否则无法融入课堂。而且因为大学学习的内容具有更大的难度和更强的专业性，要想对所学内容有比较好的把握，课前和课后的自主学习就变得尤为必要。其次，大学的评价方式也提高了对学习自主性的要求。这样就导致外部的激励学习方法起不到应有作用，更多的只能靠学生的自主性。最后，大学学习具有多元性。大学学习虽然仍以课堂讲授为主，但不是单一的课堂讲授，还需要通过课堂讲授之外的多种途径进行多方面的学习，来增加知识的来源渠道和提高学生学习的积极性，使学习变得丰富多彩、富有趣味性。

(三) 大学生的学习自学方式日益占有重要地位

大学生的学习方式有三种表现：第一，课程安排有较多的自学时间，使学

生有精力投入自己认为必要的或感兴趣的方面。第二，课堂教学中教师也会布置各种参考书供学生课后自学。第三，大学生撰写论文、参加科研工作都是在教师指导下依靠自己力量独立完成的。所有这些都要求大学生注意培养自学能力，独立自主地获取知识。另外，大学生还有固定的时间和地点进行学习。

（四）大学生的学习是在集体中进行的，学习效果受周围人的影响

大学生学习通常是以班级为单位进行的，学习氛围浓厚、同学间相处融洽的班集体能够促进学生更加积极的学习，而缺少学习氛围的班集体则会降低学生学习的积极性，大学生的学习是在集体中进行的，学习效果易受周围人的影响。

学生学习是人类学习的一种特殊方式，是随着人类文明进化逐渐演变而来的，在人类的发展史上具有重要意义。

三、大学生常见学习心理

大学生常见的学习心理主要表现在以下几个方面：

（一）学习动机

学习动机过强通常容易导致学习压力和心理上的困扰及其生理上的不适。学习动机是引起和维持个体进行学习活动，并使其朝一定的学习目标且满足其学习需要的一种心理状态。学习动机的强弱将会影响到学生的学习效果。比如学习可以提高自己的知识水平，成为一名学者或报效祖国；也可以是在解决问题的过程中获得成就感等情感体验。

1. 学习动机的作用

学习动机对我们的学习起着非常重要的推动作用，控制着我们学习的正确方向。学习过程中遇到的困难常常使我们感到焦虑不安，甚至会动摇克服困难的信心。学习动机是推动我们为达到一定的学习目的而努力学习的动力。例如，音乐专业的同学经常听各种风格的音乐，这样可为自己的学习和创作提供素材和灵感。英语专业的同学经常阅读一些英语杂志、小说等，这样可为自己增加语汇量，提高英语表达能力。

学习动机和学习效果是辩证统一的关系，学习能够产生学习动机，学习动机又能推动学习，两者相辅相成。动机具有加强学习的作用，高动机水平的学生，其成就也高；要有效地进行长期的有意义学习，动机是绝对必要的。动机过弱不能激发学习的积极性。动机过强也不能引起和产生较大的学习动机。在

比较容易的课题中，工作效率随动机的提高而上升，随着动机水平的出现和动机难度的增加，动机的最佳水平有逐渐下降的趋势。在难度不同的任务中，动机的强度影响解决问题的效率。教育实践表明，动机的强度和水平将会影响学习效果。要培养良好的学习动机，就应该培养学习兴趣、设置合理目标和进行正确的归因。

2. 学习动机不当的原因

（1）学习动机不足的原因分析。学习目标不明确，学习动机不足，社会责任感缺失，价值观念不强，学习态度不端正，学习毅力不足，对自我的期望较低，学习效能感低。

（2）学习动机过强的原因分析。学习效能感主要是和学习期望有关，学习效能感低、有较强的学习压力。个体的学习缺乏恰当的估计，缺乏有效的教学管理，学习能力不足，因而心理压力较大。渴望学业成功而又担心失败，因此造成学习强度过大，引起心理疲劳。

3. 学习动机不足的自我调整

一是正确认识学习的价值与大学的目标，重新规划学业与人生；二是调整心态，以积极的心态对待学习，特别是学习上遇到的困难和挫折，我们应该用自身的学业来提高学习效率，用自身的意志战胜惰性；三是改进学习方法，提高学习效率与学业自我效能感，提高学业的自我价值与社会价值。可采用以下几种方法：①创设问题情境，实施启发式教学，激发学生学习兴趣，维持好奇心；②根据作业难度，恰当控制动机水平；③充分利用反馈信息，妥善进行奖惩；④正确指导结果归因，促进学生继续努力。

4. 学习动机过强的自我调节

学习动机过强将会导致学习目标与学业期望受到影响。一是应该有效的调整学习动机，脚踏实地、循序渐进；二是转换学习动机和学习目标；三是端正学习态度，树立远大理想，保持旺盛的学习热情，坚持不懈，争取取得良好的学业成绩。一般情况下，人们认为，学习动机越强越好，但实验研究表明：适中的学习动机产生的学习效果更好一些，学习动机过低，被试过于轻松，则不能将注意力集中在学习任务上，而学习动机过高，被试太过紧张，也会降低学习效果，考试中晕场现象就是由于动机太强烈过度紧张导致的。

学习动机与学习效果的进一步关系，还可以用耶克斯—多德森定律来说明，该定律认为，就一般而言适中的学习动机，学习效率最高，对于简单的学习任务，达到最高学习效率的学习动机水平偏高，对于复杂的学习任务，达到最高学习效率的学习动机水平偏低。

（二）注意力不集中

注意是心理活动对一定对象的指向，具有指向性、选择性和集中性等特点。注意是人类学习的前提，没有注意就没有大学生的学习，注意在大学生学习中具有极其重要的意义。注意力不集中的主要表现：一是由于青年时期发展任务多，导致压力与心理冲突加剧，特别是恋爱、性幻想等，更容易引发注意力问题；二是生活事件导致心理应激，如重要亲人丧失、考试失败、家庭生活发生重大变故、经济困难、评优失败、失恋、宿舍关系不和谐等造成的思想负担过重，精力分散；三是学习动机不足、学习焦虑过低，缺少压力与紧迫感。

注意力不集中的自我调节：一是学会注意力转移，遇到生活应激事件与挫折，能够尽快从中解脱出来；二是适当强化学习动机，保持适当的学习压力与学习焦虑，并进行积极的自我激励与自我暗示；三是养成良好的学习习惯与生活习惯，保持旺盛的精力；四是选择理想的学习环境，减少与学习无关的活动，并进行适当的自我监控。

（三）考试焦虑

1. 考试焦虑及其表现

考试是一种复杂的智力劳动，是一种非常状态，要求考生的头脑清醒、情绪稳定。考试焦虑是一种严重影响考试水平发挥的情绪反应。考试焦虑的具体表现：一是情绪上表现出担忧、焦虑、烦躁不安；二是认知上表现为注意力不集中，记忆力下降，看书效率低，思维僵化；三是行为上表现为坐立不安，手足无措；四是身体上表现为头痛、食欲下降、恶心、心慌、睡眠不好等。

2. 考试焦虑的原因

（1）客观因素。造成大学生考试焦虑的客观因素主要有：一是考试本身；如考试的重要性、难易程度、竞争程度等。越是重要的考试，越容易产生考试焦虑；题目越难，越容易产生考试焦虑；竞争程度越激烈，越容易引发考试焦虑。二是学生学业期望；三是知识掌握程度；四是考试压力的传递。

（2）主观因素。造成考试焦虑的主要因素主要有四个方面：一是个性气质特点，具有敏感、易焦虑、内向、缺乏安全感和自信心、做事追求完美的人容易产生考试焦虑。二是考试经验，学生的考试焦虑也与考试经验有关，有过考试经验的人在面对各种考试的过程中更容易面对，不易出现过高的考试焦虑症状。三是知识掌握与复习准备，如果复习准备不足，对考试没把握，自然会产生考试焦虑。四是对考试外在价值的过分重视，学习成绩的好坏与学生的学业评定、荣誉的获得、政治前途如入党、学业前途如研究生保送等密切相关。因而学生对于学习学业看得比较重要，特别是学业优异的学生，更容易出现考试焦虑的症状。

3. 考试焦虑的调节

(1) 充分的复习准备。只有充分的学习准备才能带来更稳定的学习效果，80%的人考试焦虑是由复习准备不充分引起的，因此牢固掌握知识是克服考试焦虑的根本途径。

(2) 正确评价自我。确立恰当的学业期望，培养自信心，正确对待考试结果，不以一次成败论英雄，过于担心、焦虑不仅于事无补，而且还会影响水平的正常发挥。

(3) 学会放松。放松有许多方法，我们介绍两种：第一种：以舒服的姿势坐好，保持身体两边的平衡；用鼻子深深地、慢慢地吸气，再用嘴巴慢慢地吐出来。想象身体各部位的放松，放松的顺序：脚、双腿、背部、颈、手心。第二种：播放轻音乐，想象自己在轻松柔软的海滩上，想象自己被阳光普照，赤脚走在海滩上，吹着海风，听着海浪拍打的声音以达到放松的目的。

(4) 开展考前心理辅导。对一些敏感、焦虑，有心理障碍的学生，进行一些有针对性的心理辅导和减压训练，我们能够更好地提升自己，有针对性地对其进行集体辅导，以提高学生的考试成绩，提高考试技能，使学生客观的认识自己，提高心理素质，有效地化解外来压力，发挥出应有的水平。

第二节 常见学习心理问题的解决途径

一、个体

(一) 强化学习动机

学习动机是学生学习活动的主要意图，是推动学生进行学习的内在力量。苏联心理学家列昂节夫说：学生学习的自觉性是和动机分不开的。有的心理学家提出，学习动机正确与否，要以时代的道德标准来判断。一切从自私的、利己的目的出发的学习动机，是不正确的；一切从集体、社会、国家利益出发的学习动机，是正确的。

（二）培养学习兴趣

学习兴趣的培养是指积极探讨学习的目的和意义。在学习上，为了增加和维持大学生的学习动机，可以通过以下几种方式将外部动机转化为内部动机。兴趣是引起和维持注意的一个重要内部因素，是学习过程中一种积极的心理倾向。学习兴趣是可以在学习过程中逐步培养的：一方面教师要提高课堂教学质量，增加课堂趣味性；另一方面教师可以引导学生自己进行科研，将学生研究成果进行展示，提高学生活动的乐趣，再者帮助学生建立学习中提升个人能力的意识。

（三）端正学习态度

人类的每一项成功或者每一个进步，都是至关重要的，学习态度指学习者对待学习比较稳定的具有选择性的反应倾向，是在学习活动中习得的一种内部状态。学习态度是由认知因素、情感因素和意志因素三者组成的一种互相关联的统一体。学习态度的好坏决定了学习目标的达成。一个学生具有积极主动的学习态度，就是说他对学习的意义有明确的认识，懂得学习的重要性，在学习中能够不断体验到取得进步的愉悦心情，在学习上遇到困难或各种其他分心的事情时能够主动克服，坚持完成既定学习任务或目标。

（四）改善学习外部条件

针对学生学习动机缺乏和学习困难的外部原因，我们应该进行积极努力的改善。应通过多方努力改善良好的学习氛围，宣传、呼吁有关部门切实注意提高知识分子的社会地位和经济待遇，切实改进和提升学习方法，提高教学质量，注意更新知识，加强改进教学条件。

（五）学会正确归因

正确的归因不仅能使学生端正学习态度，激发学习热情，还会使学生产生愉快的情绪体验和积极地看待问题的方法。

心理学研究表明，不同的归因风格会对人们进一步行动产生深刻影响。例如，将成功归因于能力、努力等内部因素时，个体就会产生自豪、满意的情感；而将成功归因于任务容易、运气好坏等外部因素时，个体就会产生羞愧、内疚；相反，将失败归因于能力低，个体就会产生羞愧、内疚感；因此大学生在学习过程中要学会进行正确的归因。第一要正确看待失败。对于学习，失败的原因有很多，如能力、努力、任务难度和运气。不能仅仅将失败归因于自己的能力，在归因过程中我们应该更多的归因于自己内部，把失败看作是人生长河里不可避免的一件事情。只要自己努力了，不管是成功还是失败都是宝贵的人生经验。第二就是要防止自我诋毁。很多学生在自己微小的错误和失误中挖掘自己的问题，找出严重的否定自我的因素。这种归因倾向在心理学中称为自我损害偏向。这种归因是非常有害的，对自己的诋毁只会带来自卑和羞耻的情感体验，对未来的成功更加缺乏信心。

（六）正确认识大学的学习，学会克服不良情绪，避免学习疲劳

学习活动可以开发智力，开发潜能。正确认识大学生的学习，每个人的学习方式都是不一样的，每个人的学习潜能无限，这些潜能只有通过学习才能获得并得到开发。一个人的智力也是在学习过程中不断发展的，智力水平是心理健康的基础。学习能带来心理的满足感，使人体验愉快的情绪。对学习产生厌恶和烦躁的情绪，学习效率会降低。我们要学会科学的学习方法，要学会正确的认识学习的意义，注意劳逸结合。

（七）正确认识学习压力，有效控制压力

大学生应该学会放松自己，对学习压力进行有效的控制，学会适当的调试自己，对自己的学习要有明确的学习目标。压力及其反应并不是全都有害，适度的压力有助于开发人的潜能，同时，压力是生活的伴侣，是不可避免的。所以每一个人都应该学会排解不良情绪，减轻压力，提高自己的心理健康状况。

（1）学会认识身体健康状况，通常来说身体不健康状况表现为焦虑、疲劳、情绪波动的加剧。

（2）保持良好的生活习惯，避免陷入不健康的生活习惯当中。例如，靠吸烟、喝酒麻痹痛苦，服药或过量饮用咖啡，这样做只会更坏，毫无益处。

（3）平衡膳食，注重营养均衡。加强自身免疫系统，保持合理的营养需求，尤其是人到中年的时候，吃饭时要细嚼慢咽，多吃蔬菜健康常在，常吃大豆抗衰延寿，经常喝茶益处多多，多吃干果有利健康。

（4）学会享受生活，确保每天都有放松的时间。注重休闲娱乐，如许多人以郊外漫游、钓鱼、下棋、打牌、听音乐来放松。此外，每天要保证睡眠充足。

（5）建立良好的人际关系，面对纷杂的环境，要培养适应各种环境的能力。在感觉紧张时深呼吸对自己最有帮助，它既可以使你镇静，又可以恢复精神。

（6）选择合适的健身方式，运动可以改善人的精神状态。把锻炼当成生活

中的一部分，可以选择散步、游泳、打太极拳等刚柔兼济的健身方式。

（7）合理安排作息时间，对有些必须做的事情应该马上去做，不能拖拉，作息时间上要统筹安排。

（8）查找自己在学习中紧张的原因，要弄清楚为什么会紧张，要找准对自己和别人期望不一致的原因，工作中要制订现实可行的目标，对自己和别人的期望现实一些，不能总期望做事那么完美。

（9）遇事解不开时可以求助别人，征求别人的意见。不要钻牛角尖，一生中总会需要别人的帮助，苦闷时可以找知心人倾诉，排解不良情绪。

（八）掌握正确的学习方法，合理支配时间

大学生的学习与以往的学习有很大的不同：大学学习强调自学能力，大学生的学习具有较大的自主性；在学习策略和方法上更注重独立性、分析性，因此学习的成绩最终取决于个人的主观能动性。

二、家庭

外部原因：家庭不和睦、家长对学生学习不重视、家庭经济条件差等都会影响学生的学习态度，分散学生注意力，导致学习动机不足。

内部原因主要有以下四点：

（1）学习目标不正确：高中阶段以考大学为唯一的学习目标和学习动力，进入大学后，原目标已经实现，又没有确立起更为远大的学习目标，造成了考上大学之后感觉无所适从，无处着手；

（2）对大学学习生活不适应：大学学习需要学生由高中的被动学习转变为主动学习，但部分学生自我控制能力较差，在缺少教师监管的情况下放纵自我，容易受别人的影响；

（3）对所学专业不感兴趣：所学专业是父母选的或是调剂的，迫于无奈而学习；

（4）个性特征：过于自卑或自负、情绪不稳定、意志不坚定等都会影响学习的积极性和持久性。

三、学校

（一）引导大学生培养良好的思想政治素质

首先，作为考试的受体，大学生本身的道德素质和个人修养是十分重要的。

在大学中之所以会出现作弊现象，考生的素质不高是问题的主要原因所在。因此杜绝考试作弊现象我们要从硬手段和软手段两方面加强对学生的个人道德素质教育和考试有关教育。所谓硬手段即指相关部门要在考前让考生意识到在考试中作弊一旦被发现的严重后果，使之在心理上有一定的畏惧感，不敢越雷池半步。这虽不是最好的解决办法，但可以在一定程度上减少考试作弊的发生率。而软手段则是指对学生进行思想方面的教育，提高其自身修养，让他们能够在自我意识上摒弃作弊行为，树立正确的价值观，端正正确的思想方向。这是最理想也是最根本的方法。

（二）扩大学习心理教育覆盖面

开展心理健康教育课程是解决学生心理问题的核心。我们应该有针对性地从现代教育理论的观念出发，及时调整和补充教学内容，改进教学方法，提高实践应用能力；针对学生特质，要从现代教学观念出发，及时调整和补充教学内容，改进教学方法，提高实践应用能力。此外如果能够积极拓展课余学习领域，开阔眼界，开展心理健康教育等课程，就可以更好地进行社会实践，掌握生活和生存技能，并以学习为主要矛盾，结合专家、学者的意见指导，以学生的学习为主体，开设相关课程，提升学习效率。

（三）提高化解学习心理问题的效率

以人为本是一切教育的理念基础。应该从学生的需求出发，充分调动学生的主观能动性，结合教学评价和结果的优劣，积极探索最有效的教学方法。其中，心理咨询法强调的是双方的地位平等、互相尊重、善于倾听，这是长期实践得出来的最为理想的教学方法之一。此外，网络交际法也是相当流行的教学方法之一，它能够通过学生喜闻乐见的方式去了解学生的内心并以此解决他们的心理问题。

（四）加强化解学习心理问题的针对性

由于大学生的专业和个性的不同，在分析研究大学生的学习心理问题时应该采取不同的角度，加强对大学生的心理问题的研究，进行有针对性的辅导和击破，以提高心理辅导的效率。同时加强思想政治教育，引导大学生培养良好的思想政治素质。不断开拓多种途径，扩大化解学习心理问题的覆盖面。创新发展多种方法，提高化解学习心理问题的实效性。我们还应该加强和重视不同专业的特点，通过化解学习心理问题的校本研究等方式来解决大学生常见的学习心理问题。

(五）拓展课余学习领域

大学生的心理健康教育要求我们要积极拓展课余学习领域，努力开展心理健康教育，实践社会技能，加强校园安全教育。以安全教育、校园文化建设为主要活动形式，以教师为主导，以学生为主体，结合专业教育及相关从业人员的帮助采取多种形式有效地解决学生的心理问题。

（六）加强管控制度

加强对考试的管理，包括对考场的管理和对监考工作人员的管理。要特别注重对后者的管理工作，要对监考工作人员进行必要的培训，使其明确自己的职责，能够自如应对考场的偶发事件，明确考试违纪和作弊的认定，在考试过程中做到严格监考，维护考试的权威性、公平性和公正性。在监考过程中，一旦发现考生违纪或者作弊行为，一定要予以制止，不能姑息迁就。并对考生的违纪或者作弊行为要按照国家和学校的具体规定给予严厉的处罚。自国家颁布了《国家教育考试违规处理办法》后，更加规范了考试的有关制度，为以严治考、依法治考提供了有效依据，大大加强和提升了学生的考试技能，尽可能地提高考试成绩和维护考生的正当权益。

四、社会

学生要时刻与人交流，当在学习上遇到困难时可以寻求老师和同学的帮助，教师和同学是学习过程中最重要的支持系统。教师不仅是一座知识库，而且是学生的引路人和促进者，因此，除了老师的讲授以外自己一旦有什么疑问无法解答，最好向老师请教，值得注意的是，老师并不一定能给予满意的回答。在学习上，经常会遇到很多的困难和各种问题，作为教师要善于发现并与人合作，且善于找到问题的解决途径和办法，要善于从多个角度看问题，要善于发现生活中存在的问题，善于利用各种社会资源解决不同的社会问题。

第三节　大学生能力的发展

一、能力的概述

（一）能力

能力，是完成一项目标或者任务所体现出来的素质。人们在完成活动中表现出来的能力时会有所不同。能力是指顺利完成某一活动所必需的主观条件。能力直接影响活动效率，是活动顺利完成的个性心理特征。能力总是和人完成一定的实践相联系。离开了具体实践既不能表现人的能力，也不能发展人的能力。

（二）智力

智力是指生物一般性的精神能力。指人认识、理解客观事物并运用知识、经验等解决问题的能力，包括记忆、观察、想象、思考、判断等。这个能力包括以下几点：理解、判断、解决问题、抽象思维、表达意念以及语言和学习的能力。在考查动物智力时，智力的定义也可以概括为：通过改变自身、改变环境或找到一个新的环境从而有效地适应环境的能力。智力也叫智能，是人们认识客观事物并运用知识解决实际问题的能力。智力包括多个方面，如观察力、记忆力、想象力、分析力、判断力、思维力、应变能力等。智力的高低通常用智力商数来表示，特别需要指出的是智力不指代智慧，两者意义有一定的差别。

二、能力的分类

以能力所表现的活动领域的不同来划分。

（一）一般能力

一般能力是指在进行各种活动中必须具备的基本能力。它保证人们有效地认识世界，也称智力。智力包括个体在认识活动中所必须具备的各种能力，如感知能力（观察力）、记忆力、想象力、思维力、注意力等，其中抽象思维能力是核心，因为抽象思维能力支配着智力的诸多因素，并制约着能力发展的水平。

（二）特殊能力

特殊能力又称专门能力，是顺利完成某种专门活动所必备的能力，如音乐能力、绘画能力、数学能力、运动能力等。各种特殊能力都有自己的独特结构。这些要素的不同结合，就构成了不同的能力。

一般能力和特殊能力相互关联。一方面，一般能力在某种特殊活动领域得到特别发展时，就可能成为特殊能力的重要组成部分。例如人的一般听觉能力既存在于音乐能力之中，也存在于言语能力之中。另一方面，在特殊能力发展的同时，也发展了一般能力。观察力属一般能力，但在画家的身上，由于绘画能力的特殊发展，对事物一般的观察力也相应增强起来。人在完成某种活动时，常需要一般能力和特殊能力的共同参与。总之，一般能力的发展为特殊能力的发展提供了更好的内部条件，特殊能力的发展也会积极地促进一般能力的发展。

（三）再造能力

再造能力是指在活动中顺利地掌握前人所积累的知识、技能，并按现成的模式进行活动的能力。这种能力有利于学习活动的要求。人们在学习活动中的认知、记忆、操作与熟练能力多属于再造能力。

（四）创造能力

创造能力是指在活动中创造出的独特的、新颖的、有社会价值的产品的能力，它具有独特的特点，再造能力和创造能力相辅相成，具有独创性，这两种能力是相互渗透的。

（五）认知能力

认知能力是指个体接收信息、加工信息和运用信息的能力，它表现在人对客观世界的认识活动之中。认知能力的对象是认知信息。

（六）元认知能力

元认知能力是指个体对自己的认识过程进行的认知和控制能力，它表现为人对内心正在发生的认知活动的认识、体验和监控。活动对象是认知活动本身，它包括个人怎样评价自己的认知活动，怎样从已知的可能性中选择解决问题的确切方法，怎样集中注意力，怎样及时决定停止做一件困难的工作，怎样判断目标是否与自己的能力一致等。

（七）超能力

超能力又叫义同异能、特异功能，指心灵感应、透视、预知、念力、超自然能力，被归类于超心理学的范畴。最早源自阴阳学名词，古人认为一个人的能力就像宫殿里的不同房间，当需要发挥什么能力时其中的一个门就会打开，这和利玛窦的记忆宫殿很像，所不同的是除了记忆还包括很多其他的能力。

三、能力的个体差异

能力是个性心理特征之一，不同的人在能力方面是存在差异的，其差异一般表现在以下三个方面：

（一）能力类型差异

每个人所具有的能力是多方面的，对于一个人来说，在他所具有的多种能力中总有相对来说较强的能力，也有一般的能力和较差的能力，即每个人的能力都是由多种能力以特定的结构结合在一起的，表现为能力类型差异，由于不同人的能力结构不同，因而能力在类型上便形成了差异。如果进一步分析，每一种能力也有类型的差别。如记忆能力，有的人属于视觉型，即视觉识记效果较好；有的人属于听觉型，即听觉识记效果较好；有的人则属于运动型，即有动作参与时识记效果较好等。

由于能力类型的差异，因而人们在实践活动中处理和解决问题的方式方法常常各不相同，虽然完成的是相同的任务，但往往是通过不同能力的综合来实现的。例如，两个管理者都很好地完成了管理工作，都表现出了良好的组织能力，但甲可能是通过综合个人的技术能力、人际交往能力和演说能力从而较好地实施了管理；乙可能是通过综合调查的能力、分析的能力和正确决策的能力，从而圆满地完成了管理任务。

（二）能力水平差异

能力水平差异，是指人与人之间各种能力的发展程度不同，所具有的水平不同。例如，正常的人均具有记忆能力，但人与人之间的记忆力强度不同；正常的人也都有思维能力，但思维的广度和深度也不同。在心理学的研究中，有人把能力水平的差异分为四个等级。能力低下：轻者只能从事一些较简单的活动，重者即丧失活动能力，甚至连生活也不能自理；能力一般：即所谓中庸之才，有一定的专长，但是只限于一般地完成活动；才能：即具有较高水平的某种专长，具有一定的创造力，能较好地完成活动；天才：即具有高水平的专长，善于在活动中进行创造性思维，取得突出而优异的活动成果，达到常人难以达到的程度和水平。据调查，能力水平在人群中的分布是：能力低下者和天才极少，能力一般者占绝大多数，才能者较少。

(三) 能力表现差异

人们的能力表现在时间上是存在差异的。有些人在童年时期就在某些方面表现出优异的能力，即所谓的早熟。例如，我国唐初的王勃10岁能赋诗，少年时写了著名的《滕王阁序》。但也有些人的才能一直到很晚才表现出来，这就是所谓的大器晚成。例如，我国画家齐白石40岁才表现出他的绘画才能；达尔文在50多岁时才开始有研究成果，写出著名的《物种起源》一书。造成这种现象的原因是多方面的，可能是由于这些人在早期没有表现自己能力的机会；也可能是早期智力平常，但经过长期的勤奋努力，能力有了明显的提高。

另外，人们能力表现的方式也存在着差异。有些人所具有的某方面能力很容易表现出来，很容易为别人所了解；相反，有些人虽然具有某方面能力，但在他们从事这类活动之前，人们较难发现。造成这种情况的原因主要是人的气质和性格，一般来说，外向型的人所具有的能力较易被人发现；内向型的人所具有的能力则较难被人发现。

四、影响大学生能力发展的因素

大学生能力的形成与发展受多种因素的影响，既包括先天素质也包括后天因素，主要指对先天素质产生影响作用的环境、教育和实践活动等。实际上，能力就是这些因素交织在一起相互作用的结果。

(一) 先天素质的影响

先天素质是人们与生俱来的解剖生理特点，它包括感觉器官、运动器官以及神经系统和脑的特点。它是能力形成和发展的自然前提和物质基础。没有这个基础，任何能力都无从产生也不可能发展。听觉或视觉生来就失灵者，无法形成与发展音乐才能，也不能成为画家；早期脑损伤或发育不全的人，其智力发展会受到严重影响。神经系统的发展受诸多因素的制约，是素质教育的重要组成成分。它的特性（强度、灵活性、平衡性）对能力的形成是有影响的。如神经系统的强度水平影响人的注意力集中的程度和持续时间，并与学生的学习能力有关；神经系统的灵活性影响知觉的广度；神经系统的平衡性影响注意的分配。我们承认先天素质在能力形成中的作用，并承认先天素质具有遗传性，但并不能由此而得出能力（主要指智力）由遗传决定的结论。

第一，先天素质本身不完全是通过遗传获得的，有些是因为胎儿期母体环境的各种变异的影响，如孕妇的营养、疾病、药物和受到辐射等，都会给儿童的智力形成和发展带来危害。这些危害是先天因素造成的而非遗传因素。

第二，先天素质只能为能力提供形成与发展的可能性，并不能预定或决定能力的发展方向。例如，人的手指长短是由遗传决定的，手指长为学弹钢琴提供了良好的自然条件，但这不能决定将来就一定能成为钢琴家，因为成为钢琴家还需要许多主客观条件。又如，排球场上，个子矮的人不利于拦网，但如有较好的弹跳力，又灵活，就能补偿个子矮这一无法改变的先天素质条件而成为出色的拦网手。所以说，先天素质并不等于能力本身。

第三，同样的先天素质可能发展多种不同的能力，而良好的先天素质由于没有受到良好的培养和训练，能力也不可能得到应有的发展。

（二）环境、教育对能力形成与发展的影响

1. 产前环境与营养状况的影响

胚胎学的研究发现，人类神经系统发育的关键时期是妊娠最后3个月至出生后6个月。在胎儿大脑及神经系统的发育过程中，孕妇的营养直接关系到胎儿大脑和神经系统其他结构的发育。构成大脑的主要营养成分有蛋白质、脂质、碳水化合物、维生素B族、维生素C、维生素E和钙等。

2. 早期环境

如从5岁才得到最恰当的教育，那么就只能具有80分的能力；若从10岁才开始教育，就只能成为有60分能力的人。可见，发展能力要重视早期环境的作用。

3. 教育条件的影响

一个人能朝什么方向发展，发展水平的高低、速度的快慢，主要取决于后天的教育条件。如歌德小时候，歌德的父亲就对他进行有计划多方面的教育，经常带他参观城市建筑物，并讲解城市的历史，以培养他对美的欣赏和历史的爱好；他的母亲也常给他讲故事，每讲到关键之处便停下来，留给歌德去想象，待歌德说出自己的想法后，母亲再继续讲。歌德从小就受到良好的家庭教育，这为他成为世界著名的大诗人打下了基础。在教育条件中，学校教育在学生能力发展中起主导作用。

4. 实践活动的影响

实践活动是人与客观现实相互作用的过程，是人所特有的积极主动的运动形式。同样的道理，人的自学能力是在学习活动中形成与发展的；人的组织能

力也是在长期的社会实践中逐渐形成的。人的各种能力，脱离了具体的实践活动是无从提高和发展的。

5. 其他个性因素的影响

环境和教育是能力形成与发展的外部条件，外因必须通过内因起作用。一个人要想发展能力，除必须积极地投入实践之外，还要充分发挥自身的主观能动性。积极的个性心理特征，即理想、兴趣及勤奋和不怕困难的意志力。没有理想和信念，发展能力就缺乏强大的动力；高尔基说过，才能不是别的什么东西，而是对事业的热爱。勤奋与坚强的毅力也是能力得以发展所不可缺少的性格因素。歌德说过，天才就是勤奋。著名的物理学家爱因斯坦在向别人介绍自己的成功经验时写下了一个公式：$A=X+Y+Z$，A 代表成功，X 代表艰苦的劳动，Y 代表正确的方法，Z 代表少说空话。从这个公式看出，爱因斯坦把自己的成功归于多种因素的结合，但勤奋是最重要的因素，因此把它放在首位。综上所述，优秀的个性心理品质能促进能力的发展，因此，教师在注重发展学生能力的同时，还必须重视学生优良个性品质的培养。

五、大学生如何提高自身能力

（一）自学能力

自学能力必须在大学期间开始培养。能力是在不断地学习和实践活动中逐步培养起来的，这一活动需要敏锐的知觉、仔细的观察、准确的概括，比较和推理等认知能力的参与，尤其是从事创造性活动，使集体灵敏部位在大脑皮层区域增大，增加大脑皮层的有效刺激，增强胚层的神经机能，从而促进知觉、注意、观察、思维等认知能力的发展。

对每一个知识点，都应当多问几个为什么。事实上，很多问题都有不同的思路或观察角度。《礼记·学记》上讲：独学而无友，则孤陋而寡闻。

充分利用图书馆和互联网，培养独立学习和研究的本领。首先，大学生应该具备一定的学习能力，学会查找相关文献资料和学会处理相关问题，以便接触更广泛更多的知识和研究成果。读书时，应尽量多读一些英文原版教材。其次，在书本之外，互联网也是一个巨大的资源库，大学生们可以借助搜索引擎在网上查找各类信息。自学时，不要因为达到了学校的要求就沾沾自喜。21 世纪人才已经变成了一个国际化的概念。

（二）基础知识学习的能力

大学期间，大学生应该努力学好基础知识，认真学好各科知识，把握各项知识能力与水平，有效提升自己。以增强和巩固个体良好的社会品质。有助于培养个体良好的独立性和批判性。

（三）实践贯通的能力

大学生应该还要学会各种实践贯通能力，要学会各种本领，无论学习何种专业、何种课程，如果能在学习中努力实践，做到融会贯通，就可以更深入地理解知识体系，可以牢牢地掌握学过的知识。因此，建议同学们多选些与实践相关的专业课。我们只有在实践过程中通过与人合作，通过与他人建立良好的人际关系，在实践中学会与人合作，培养团队精神，这样才能既锻炼实践技能，又能培养团队精神，我们应该努力学会与人相处，如果有机会在老师手下做些实际的项目，或者走出校门打工，只要不影响课业，这些做法都是值得鼓励的。

以计算机专业为例，实践经验对于软件开发来说更是必不可少的。理由很简单：实践性的技术要在实践中提高。计算机归根结底是一门实践的学问，不动手是永远学不会的。因此，最重要的不是在笔试中考高分，而是实践能力。这些大学里的教学方法和课程的确需要更新。现在网上就可以找到许多实践项目。

（四）培养兴趣的能力

大学生应该努力培养学习兴趣，努力探索和探讨学习兴趣所在；不要把社会、家人、朋友他们认可的事情认为是自己的兴趣，我们应该把自己的兴趣放在自己能做的事情上，找到家人或者朋友认可的看重的事情，不要认为有趣的就是自己的兴趣所在，而是应该尽可能地体验并用自己的头脑做出决定，不要什么事情都当作一回事。

最好寻找兴趣点的方法是开阔自己的视野，接触众多的领域。只有更多地接触自己的兴趣点，找到兴趣所在，找到并更好地利用和把握自己的公众资源，才能更好地接触和把握时间。大学生应该花更多的时间和精力把握自己的未来，尽可能地找一些机会去实践或者践行自己的奋斗目标，或者努力去考自己感兴趣专业的研究生，重新进行一次专业选择。

除了选你所爱，大家也不妨试试爱你所选。在追寻兴趣之外，更重要的是要找寻自己终身不变的志向。例如，笔者的志向是使影响力最大化，多年以来，笔者有许多兴趣爱好，如语音识别、对弈软件、多媒体研究到开发的转换、管理学、满足用户的需求、演讲和写作、帮助中国学生等，兴趣可以改变，但笔者的志向是始终不渝的。

（五）积极主动的能力

积极主动的第一步是有积极的态度；积极主动的第二步是对自己的一切负责，勇敢面对人生，不要把不确定的或困难的事情一味搁置起来。但是，我们必须认识到不去解决也是一种解决，不做决定也是一个决定，这样的解决和决定将使你面前的机会丧失殆尽。对于这种消极、胆怯的作风，你终有一天会付出代价的。积极主动的第三步是要做好充分的准备：事事用心，事事尽力，不要等机遇上门；要创造机遇，把握机遇，要做好充分的准备，当机遇来临时，你才能抓住它。积极主动的第四步是以终为始，积极地规划大学四年。任何规划都将成为你某个阶段的终点，也将成为你下一个阶段的起点，而你的志向和兴趣将为你提供方向和动力。

（六）掌控时间的能力

大学生应该把握自己的一些好的学习习惯和学习能力，尽可能地把握和调控现在的学习机会，努力找到大学生活的制高点，安排时间并不意味着非要做出一个时间表来。

（七）为人处世的能力

大学生应该努力培养自己为人处世的能力，把握好每一个机会。努力培养自己的交流意识和团队合作精神，对自我发展有一个确切的计划和安排，大学生的学习才会变得有意义，各方面能力才能得到更好的发展，甚至才能更好地把握自己的未来。

第一，以诚待人，以责人之心责己、以恕己之心恕人。对别人要抱着诚挚、宽容的胸襟，对自己要怀着自我批评、有过必改的态度。与人交往时，你怎样对待别人，别人也会怎样对待你。这就好比照镜子一样，你自己的表情和态度，可以从他人对你流露出的表情和态度中一览无遗。最真挚的友情和最难解的仇恨都是由这种反射原理逐步造成的。

第二，培养真正的友情。如果能做到第一点，很多大学时的朋友就会成为你一辈子的知己。在一起求学和寻求自身发展的道路上，这样的友谊弥足珍贵。交朋友时，不要只去找与你性情相近或只会附和你的人做朋友。与人相处的方式和方法有很多，我们应该努力追求最适合自己的方法。

第三，学习团队精神和沟通能力。社团是微观的社会，参与社团是步入社会前最好的磨炼。在社团中，可以培养团队合作的能力和领导才能，也可以发挥你的专业特长。

第四，提高自身修养和人格魅力。如果觉得没有特长、没有爱好可能会成为自己提高人际交往能力的一个障碍，那么，你可以有意识地去选择和培养一些兴趣爱好。共同的兴趣和爱好也是你与朋友建立深厚感情的途径之一。如果真的没有什么兴趣爱好，那么，多读些好书丰富自己的知识也可以改进自己的人际交往能力，因为没有什么比智慧和渊博的知识更能体现一个人的人格魅力了。

（八）自我管理能力

良好的人格品质首先应该正确认识自我，培养悦纳自我的态度，扬长避短，不断完善自己；其次应该提高对挫折的承受能力，对挫折有正确的认识，在挫折面前不惊慌失措，采取理智的应付方法，化消极因素为积极因素。挫折承受能力的高低与个人的思想境界、对挫折的主观判断、挫折体验等有关。提高挫折承受能力应努力提高自身的思想境界，树立科学的人生观，积极参加各类实践活动，丰富人生经验。而科学的生活方式对于大学生心理健康来说也极其重要。一个内心有秩序的人才能是一个健康的人，生活方式对心理健康的影响已为科学研究所证明。

第四节 大学生人格的完善

一、人格的内涵与特征

（一）人格的内涵

人格是一种具有自我意识和自我控制的能力，是具有感觉、情感、意志等机能的主体，它可以离开人的肉体，离开人所处的物质生活条件，而独立存在于人类的精神文化维度里。即个人所具有的与他人相区别的独特而稳定的思维方式和行为风格，是具有一定倾向性的和比较稳定的心理特征的总和。

具有健康人格，是自己幸福生活的基础，也是能为社会做贡献的前提，是当代大学生应该追求的价值目标，也是经过努力可以达到的一种境界。健康人格的一般模式：健康人格是对人性持乐观的态度，能够超越生物本性和环境特征，能够扩展、丰富、发展和完善开发自身潜能。

大学生正处于身心急剧发展和自我意识由分化、矛盾逐渐走向统一的特殊时期，因此大学阶段仍然是大学生人格不断发展的重要时期。

人格是社会文化的产物，改革开放的社会背景和校园文化氛围使大学生有了更大的适应性、灵活性和更大的发展可能性，也为人格塑造提供了一个广阔的天地。在改革开放伊始，大学生强烈的主体意识显现为寻找自我、渴望成才，这是20世纪80年代大学生人格发展的显著特点。

（二）人格特征

1. 独特性

一个人的人格是在遗传、环境、教育等因素的交互作用下形成的。不同的遗传、生存及教育环境，形成了各自独特的心理特点，人与人没有完全一样的人格特征。所谓"人心不同，各有其面"，这就是人格的独特性。但是，人格的独特性并不意味着人与人之间的个性毫无相同之处。人格是共同性与差别性的统一，是生物性与社会性的统一。

2. 统合性

人格是由多种成分构成的一个有机整体，具有内在统一的一致性，受自我意识的调控。人格统合性是心理健康的重要指标。当一个人的人格结构在各方面彼此和谐统一时，他的人格就是健康的。否则，可能会出现适应困难，甚至出现人格分裂。

3. 功能性

良好健康的人格能够给人带来很大的积极影响，能够完善和巩固人的个性，能够修复人的个性特征。

4. 稳定性

个体在行为中偶然表现出来的心理倾向和心理特征并不能表征他的人格。俗话说，江山易改，禀性难移，这里的"禀性"就是指人格。当然，强调人格的稳定性并不意味着它在人的一生中是一成不变的，随着生理的成熟和环境的变化，人格也有可能产生或多或少的变化，这是人格可塑性的一面，正是因为人格具有可塑性，才能培养和发展人格。人格是稳定性与可塑性的统一。

二、影响人格形成发展的因素

（一）生物遗传因素

由于人格具有较强的稳定性特征，因此人格能够对人的发展起到至关重要的作用。遗传是人格不可缺少的影响因素。遗传因素对人格作用程度随人格特质的不同而异。通常在智力、气质这些与生物因素相关较大的特质上，遗传因素的作用较重要；而在价值观、信念、性格等与社会因素关系密切的特质上，后天环境的作用可能更重要。人格的发展是遗传与环境两种因素交互作用的结果。人既具有生物属性，又具有社会属性。

（二）社会文化因素

社会文化具有塑造人格的功能，这反映在不同文化的民族有其固有的民族性格，不同的地方有着不同的文化传统，不同的发展时期有着不同的文化认同，社会文化对人格的影响一直被人们所认可，它对人格的形成和发展起着重要的作用，特别是后天形成的一些人格特征，如性格、价值观等，社会文化因素决定了人格的共同特征，它使同一社会的人在人格上具有一定的相似性，如民族性格等。

（三）家庭环境因素

家庭是一个微观的社会单元，对人格的培养起着至关重要的作用，家庭是社会的细胞，家庭不仅具有自然的遗传因素，也有着社会的"遗传因素"，这种社会遗传因素主要表现在家庭对子女的教养作用，不同的教养模式可以影响不同人格的形成。家庭教养方式一般可以分为三类，第一类是权威型教养方式，这类父母在对孩子的教育中，表现得过于支配，孩子的一切由父母来控制，成长在这种教育环境下的孩子容易形成消极被动、依赖、服从、懦弱、做事缺乏主动性，甚至会形成不诚实的人格特征。第二类是放纵型的教养方式，这类父母对孩子过于溺爱，孩子多表现为任性、幼稚、自私、野蛮、无礼，独立性强。第三类是民主型的教养方式，这类父母对孩子关心爱护，了解尊重孩子的需求，孩子多表现为积极主动、乐观向上、有爱心、懂礼貌、做事独立有主见。由此可见，家庭对人格具有强大的塑造力，其中，父母的教养方式极大地影响了孩子人格特征的形成，形成家庭中的"社会遗传性"。

（四）早期童年经验

早期的亲子关系决定了行为模式，塑造出一切日后的行为。这是麦肯依有关早期童年经验对人格影响力的一个总结。中国也有句俗话：三岁看大，七岁看老。

为什么人格心理学家会如此看重早期经验对人格的影响作用呢，研究表明：早期安全依恋型的婴儿在长大后有更强的自信与自尊，确定的目标更高，表现出对目标更大的坚持性，且依赖性更小，容易与别人建立亲密的友谊。因此，有人提出弃子会使儿童产生心理疾病，孩子会形成攻击、反叛的人格特征。

（五）自然物理因素

生态环境、气候条件、空间拥挤程度等这些物理因素都会影响到人格的形成与发展。有很多研究说明了生态环境对人格的影响。另外气温也会提高某些人格特征的出现频率，例如热天会使人烦躁不安，对他人采取负面反应，发生反社会行为。总之，自然环境对人格的形成与发展会有一定的影响。在不同物理环境中，人可以表现出不同的行为特点。

（六）学校教育因素

学校是一种有目的、有计划地向学生施加影响的教育场所，是成长过程中重要的环境因素。教师、同学、同伴、班集体等都是学校教育的主要元素，对学生人格的形成具有巨大的影响，尤其是教师的公平公正。研究结果表明，学生极为看重教师对他们是否公正、公平，教师的不公正表现会导致中学生的学业成绩和道德品质降低。"皮格马利翁效应"说明了每个学生都需要教师的关爱，在教师的关注下，他们会朝着教师期望的方向发展，实验结果表明，如果教师把自己的热情与期望投放到学生身上，学生会体察出教师的希望，并努力奋斗，最后会走向成功。

（1）具有乐观向上的生活态度。对前途和生活充满希望和信心，对学习和工作抱有浓厚兴趣，并充分发挥自身潜能，勇敢面对困难和挫折，并设法克服困难，振作精神。

（2）具有健康、崇高的审美情趣。有正确的审美理想，审美态度和对美的正确追求，抵制低级趣味的各种腐朽思想的侵蚀。

三、人格的相关理论

（一）奥尔波特的特质理论

奥尔波特首次提出了人格特质理论。奥尔波特把特质分成共同特质和个人特质。共同特质是在某一社会文化形态下，大多数人或一个群体所共有的相同特质。在研究人格的文化差异时，可以比较不同文化中的共同特质。个人特质指的是个体身上所独具的特质。个人特质又分为首要特质、中心特质、次要特质。首要特质是一个人最典型、最有概括性的特质；中心特质是构成个体独特性的几个重要特质，每个人身上大约有 5～10 个中心特质；次要特质是个体的一些不太重要的特质,在一般情况下并不表现出来。往往只在特殊情况下才表现出来。

(二)卡特尔的人格特质理论

卡特尔用因素分析的方法对人格特质进行了分析,提出了基于人格特质理论的一个理论模型。模型分成四层,即个别特质和共同特质,表面特质和根源特质,体质特质和环境特质,动力特质、能力特质和气质特质。

第一层:个别特质和共同特质。这与奥尔波特的特质理论观点相同。

第二层:表面特质和根源特质。表面特质是从外部行为能直接观察到的特质。根源特质是制约表面特质的潜在基础,是人格的内在因素。

第三层:体质特质和环境特质。从根源特质可以区分出这两种特质。体质特质由先天的生物因素决定,如16PF中的兴奋性、情绪稳定性等。环境特质由后天的环境因素决定,如16PF中的忧虑性、有恒性等。

第四层:动力特质、能力特质和气质特质。动力特质具有动力特征,使个体朝向某一目标。包括生理驱力、态度和情操。能力特质表现在知觉和运动方面的差异,包括流体智力和晶体智力。气质特质是决定一个人情绪反应速度与强度的特质。卡特尔用因素分析的方法提出了16种相互独立作用的根源特质,从而编制了卡特尔16种人格因素调查表。他认为在每个人身上都具备这16种特质,只是在不同的人身上有不同的差异。所以可以对人格进行量化分析。

(三)艾森克三因素模型

艾森克依据因素分析法提出了人格三因素模型。这三个因素是外倾性、神经质、精神质。外倾性的表现是内外倾向差异;神经质的表现是情绪稳定性上有差异;精神质主要表现在孤独、冷酷、敌视、怪异等负面人格特征上。

四、健康人格

健康人格是指各种良好人格特征在个体身上的集中体现。心理学对人格的研究重点曾经放置在人性的疾病(心理疾病)方面,但现在更关心人性的健康(心理健康)方面。研究人性健康的目的是要打开并释放人的潜能,以实现和完善我们的能力。

一些心理学家根据他们的临床经验提出许多健康人格模式以及相应的心理健康标准。

（一）成熟者模式

美国著名人格心理学家奥尔波特在哈佛大学长期研究高心理健康水平的人，并把他们称作"成熟者"。从他们身上归纳出 7 个特征：6. 乐意给他们无条件关怀，

1. 自我效能感的扩展
2. 具有对别人表示同情、亲密或爱的能力
3. 有安全感，能接纳自我
4. 能够准确地、客观地知觉现实和接受现实
5. 能够客观地看待自己
6. 有多种技能，专注于工作
7. 具有统一的人生观，行为的动力来自长期的目标和计划

（二）机能充分发挥型模式

美国人本主义心理学家罗杰斯认为具有健康人格的人所表现的是真实的自我。他们认为幸福并不在于全都满足，而在于积极参与和持续的奋斗。机能充分发挥型的人具备下列 6 个特征。

1. 对个人的各种经验开放接受
2. 充分体验个人的存在
3. 充分相信个人的体验能够引导个人做出正确的决策
4. 有自由感
5. 具有创造性
6. 乐意给他人无条件的关怀，能与其他人高度协调

（三）自我实现者模式

美国心理学家马斯洛认为，具有最健康人格的人是自我实现的人。所谓自我实现就是个人的潜能得以实现，所有的能力得到了运用。马斯洛从自我实现者身上归纳出 15 种特点。

1. 能准确地认识现实
2. 能认同和接纳自己、他人和自然
3. 自发、单纯和自尊
4. 以问题为中心的态度
5. 有独处和独立的需要
6. 对自然和社会环境具有相对自主性

7. 高品位的鉴赏力
8. 有高峰体验
9. 关心社会
10. 能发展与他人的深厚友谊
11. 民主的性格特征
12. 能分辨目的与手段的区别，有明确的伦理和道德标准
13. 不带有敌意的幽默感
14. 有创造性
15. 不消极地适应现存的社会文化类型

五、人格的偏差与调试

大学生中常见的一些人格偏差包括偏激、自卑、嫉妒、孤僻、依赖等，这些不良的人格偏差会影响大学生的心理健康，严重的还会导致疾病，危害社会。

（一）大学生人格的偏差

1. 偏激

偏激在认识上的表现是看问题绝对化、片面性，要么全好，要么一无是处，偏激在情绪上的表现是根据个人的好恶和一时的心血来潮去论人论事，缺乏理性的态度和客观的标准，偏激在行动上的表现则是莽撞，行事不顾后果。偏激在大学一年级中更为常见。

2. 自卑

自卑感是对自己不满、鄙视、否定的情感。自卑是指不适当的自我评价所引起的自我否定、自我拒绝的心态。自卑这种消极的自我评价或者自我意识对心理健康和个性发展危害很大。怀有自卑心态的人对自己的能力和品格评价过低，看不到自己的长处或优势，处处觉得自己低人一等。有较强自卑感的人往往悲观失望，总觉得别人瞧不起自己，丧失信心，处事消极。

3. 嫉妒

这是一种忧虑、愤怒和怨恨他人优于自己的复合体验，嫉妒者总把他人在才能、地位、境遇或者相貌等方面的优越视为对自己的威胁，往往采用贬低甚至诽谤他人的手段来维护自己的自尊心和虚荣心，以求得心理上的平衡。

4. 孤僻

孤僻多见于性格内向的大学生，其主要表现是不合群，不喜欢交往，对周

围的人怀有戒备心理或厌烦情绪,平时喜欢独来独往,疑心较重,神经过敏。孤僻的学生不喜欢向同学和朋友倾诉自己的一些不良情绪,不断集聚起来之后就容易引起严重的心理疾病。

(二)大学生人格偏差的调适

1. 培养自立意识

从心理学的角度来说,自立是个体从自己过去依赖的事物那里独立出来,自己行动、自己做主、自己判断、对自己的承诺和行为负责任的过程。自立可以分为身体自立、行动自立、心理自立、经济自立和社会自立五种。

2. 增强自信心

自信是一个多维度多层次的心理系统,是个体对自己积极肯定和确认的程度,是对自身能力、价值做出正向认知和评价的一种相对稳定的人格特征。研究表明,成败经验是影响大学生自信的重要因素。他人成败经验与个体自身成功经验是导致自信水平高低不同的原因,坚强的自信心会带来顽强的毅力,可以使人们最大限度地发挥聪明才智,正视困难和失败。

3. 保持自尊

自尊是个人要求社会、集体和他人尊重自己,尊重自己的社会地位和荣誉带来的心理倾向,它和自我接受、自我肯定和自我赞许相联系,自尊是性格结构中的可贵品质。

4. 有自制力

自制力是一个人自觉调节和控制自己行为的品质,自制力强的人能理智地对待周围发生的事件,有意识地控制自己的思想感情,约束自己的行为,成为驾驭自己的主人。

5. 培养乐观向上的生活态度

人格健全的大学生一般都追求上进,有自己的目标并努力地去实现它,并在此过程中追求自我价值的实现。人格健全的大学生往往比较乐观,乐观是我们每一个人都应该有的生活态度。因此我们应该对前途充满希望和信心。

六、人格的障碍与完善

(一)人格障碍的分类

人格障碍的分类迄今尚无统一见解。世界卫生组织(who,1986)在国际疾病分类（ICD-10）中曾提出10类人格障碍，我国精神疾病分类方案（CCMD-2R）中的人格障碍类别除了未列入焦虑型和依赖型人格障碍外，其余类型与who基本一致，主要分为下述六类：

（1）偏执型人格障碍。偏执型人格障碍的特点是敏感、多疑、固执己见；偏执型人格障碍患者对别人无意，或是对别人友好的行为常常猜疑，误解为敌意，蔑视自己。对极小的侮辱、伤害不能宽恕，对挫折和遭人拒绝等行为过于敏感，过分自尊，追求权力，自我评价太高，嫉妒心强，常常猜疑周围人在利用他，对他人搞阴谋；自己多疑和固执很难被人说服，难以改变自己的想法和观点。偏执型人格很容易发展成为偏执性精神疾病。

（2）分裂样人格障碍。分裂样人格障碍的特点是患者的观念和行为表现奇特，与众不同；对人情感淡漠，缺乏亲密、信任的人际关系，无知心朋友；孤僻，好沉思幻想，总是单独活动；行为古怪，不修边幅，不能随和与顺应世俗；对别人的赞扬和批评无动于衷，很少表现强烈的情绪体验；缺乏进取心，回避竞争性处境；性生活表现冷淡。据调查，约有半数的精神分裂症病前是分裂样人格。

人格障碍包括三大类，A类、B类、C类。A类包括三种，偏执型人格障碍、分裂样人格障碍、分裂型人格障碍。B类包括四种，反社会型人格障碍、边缘型人格障碍、自恋型人格障碍，还有表演性人格障碍。C类人格障碍包括三种，回避型人格障碍、依赖型人格障碍和强迫型人格障碍。现在公认的美国DSM-5的标准是分为十大类人格障碍，当然这十大类中，A类的可以说是人格水平最低的，B类次之，C类人格水平相对要高一点。所以A类的比较难治，C类治疗相对容易一点。

（3）反社会型人格障碍：反社会型人格障碍，亦称"悖德型"、"违纪型"、"无情型人格障碍"属于人格障碍之一，多见于男性。它是一种犯罪型人格障碍，其特征行为是情绪的暴发性，行为的冲动性，对社会对他人冷酷、仇视、缺乏同情心，缺乏羞愧悔改之心，和不负责任的方式。

反社会型人格障碍是一类常见的精神障碍。它主要的特点是患者会故意违背法律。比如青少年期逃学、打架、喝酒斗殴等。长大以后就会出现一些反社会的行为，甚至犯罪、加入黑社会等。

（4）冲动型人格障碍。冲动型人格又称爆发型人格或攻击型人格，患者的主要特点是对事物往往做出爆发性反应，稍不如意就火冒三丈；易于爆发激情；行为无计划，不可预测，不考虑后果，行为爆发时不可遏制，心境反复无常；

易与他人冲突和争吵；不能维持任何没有即刻奖励的行为，经常变换职业和酗酒。

（5）表演型人格障碍。表演型人格又称癔症型人格，患者的特征是表情和动作有些做作和夸张，富于显示和表演色彩；暗示性强，思维、情绪和行为都易受别人暗示的影响；情感肤浅、脆弱、被动；以自我为中心，吸引别人的注意，渴望他人的同情和赞扬；喜欢要挟、操纵、挑逗和依赖他人；好幻想，以想象代替事实，理智易受情感蒙蔽，任性，不习惯用逻辑思维。

（6）强迫型人格障碍。强迫型人格障碍患者的特征是做事犹豫不决，思虑甚多；做事要求十全十美，反复核对，注意细节而忽视全局；过于严肃、认真、谨慎、缺乏幽默感；循规蹈矩，缺少创新与冒险精神；坚持己见，要求别人按他的规矩办事；焦虑和悔恨的情绪多，愉快满意的情绪少。

（二）完善大学生人格的做法

健全人格是知、情、意三个方面的统一，并强调健全人格是群性和个性的统一。由此可见，健全人格也表现为个体心理面貌的和谐与美好。大学生处于成年初期，是人一生中心理发展最为重要的时期之一，自我意识、自我评价有了很大的发展，心理走向成熟，人格趋于完善和稳定。

完善大学生人格，提升自我，可从以下四个方面引导：

1. 大学生积极完善自身

（1）培养良好的认知结构，全面地认识自我

要有自知之明，明智地对待和处理问题，对自己的生理状况、面貌、能力、兴趣、气质、经济状况、个人角色都要接受，实事求是的认可和对待。个人的需要、动机、信念、理想等都要以事实为基础，切不可想入非非，以免碰壁。

（2）丰富人生经验，提高认识水平，增强对挫折的抵抗能力

抵抗能力主要和人的认识水平有关，一个人对外部事件有充分理智地认识时，就可以相对减弱刺激的强度。人的生活经验也是认识的积累过程，因此丰富人生经验同样会增强这种抵抗能力。

（3）建立和谐的人际关系

人际关系最能体现一个人人格的健康程度。尤其是与拥有良好健康人格的人交友，对于大学生自身来说也是一种提高。孤独不利于心理健康，要搞好人际关系，要交几个知心朋友，积极参与校园文化活动，要在集体活动和社会活动中增强集体荣誉感，培养欢乐情绪和开朗性格。

（4）提高情商，保持良好心情

情绪控制管理能力，是衡量一个人情商高低的标准，当今时代，需要的是高情商的人才。提高情商有利于人际关系的发展，同时，良好的情绪控制管理能力有利于心理健康，健康的心理对于健全和完善人格很有必要。因此，提高情商，有利于大学生人格的发展。

（5）培养乐观向上的生活态度，积极主动

作为一名当代大学生，每个人都想追求健全的人格，人人都在努力塑造健全的人格。只有这样才能保持愉快、自信的心情，对生活充满希望。更重要的是具有管理自我情绪以及适应环境的能力，才能将个人的聪明才智发挥到最大限度，从而实现人生价值。只要坚持不懈，就一定能使自己的人格更加健康完善。

2. 重视心理卫生教育工作

高校开展心理卫生工作的目的，不仅是要发现、治疗和预防各种心理疾病，更是要指导大学生运用各种良好的方法培养其健康人格，以便能很好地适应复杂的社会环境。心理卫生工作要针对实际，适时、适当、适度。引导他们怎样控制自己的情绪，正确对待生活中的挫折。

3. 优化育人环境

校风是学校的风貌，是全校师生精神状况的集中体现，对人格的发展也有较大的影响。良好的校风，能随时为学生提供调节自己行为的信号。因此，学校应尽力地创造和谐优美的成长环境，为塑造学生健康人格创造外部条件。这就要求学校的全体人员都要在自己岗位职责内，有明确的教育目标和要求，尤其要把健康人格的培养目标纳入学校教育管理的总体规划之中，使之渗透到学校工作的各个方面，形成良好的教风、学风和校风。

4. 不断提高教师的自身素质

教师是教育过程的主导因素。学校教育对学生人格发展最直接的影响来自教师。优秀的教师人格应该是道德品质、意志作风、智慧能力三者的统一。教书育人，为人师表，教师应身体力行。教师，既要以学问教人，还要以道德育人。那么，如何提高自身素养？我认为应从以下方面努力：

（1）认真教学，提高自己的教育教学水平。教师的职责是传道、授业、解惑。要提高自身的师德修养，首先要提高自己的教育教学水平。

（2）丰富知识本领，提高师艺技能。思想家黄宗羲曾说：道之未闻，业之未精，有惑而不能解则非师。高超的知识本领和师艺技能，是教师高素质的集中体现。要想给学生一杯水，自己必须有一桶水。

第五章

大学生压力调控与情绪管理

第一节 大学生的压力

案例：

梁鹏是导演系的研究生，个子高高的，长得也很帅，但几年下来他有一个很悲观的想法：做导演需要出名，而真正出名的导演又有几个呢。而且自己家是外地的，从本科到研究生一路走来实在太累了，要协调各方面的关系，这种压力压得他喘不过气来。最终，他办理了退学手续。学校的老师、同学无不为他惋惜。

注解： 大学生现在面临的压力过大，造成心理的落差比较大，与整个社会发展的形势和家庭的影响是分不开的。首先是大学生的就业问题，大学的扩招，让一些学生在上学的时候就对毕业后的就业问题产生焦虑。其次，自己和家庭对学生前途所定的目标过高，有的学生有一种为家长读书的想法，想的是将来要怎样报答家长，有的是给自己定了一个不太符合实际的目标，那么都可能在最终结果上产生很大的心理落差。这需要学生找准自己的位置，要正确评价和认识自己，无论怎样，知足常乐是不变法则。另外，不要好高骛远，要脚踏实地一步步走好自己的路。

一、压力的定义

压力是心理压力源和心理压力反应共同构成的一种认知和行为的体验过程。压力（stress）是一个外来词，来源于拉丁文 stringere，原意是痛苦。现在所写的单词是 distress（悲痛、穷困）的缩写，有紧张、压力、强调等意思。压力会影响人们的身心健康,早已被公认。心理学家汉斯·塞尔斯(Han Selye)是第一个使用术语 stress(压力)的人。

压力源(stress)又称应激源或紧张源,是指任何能够被个体知觉并产生正性或负性压力反应的事件或内外环境的刺激。

精神性压力源包括错误的认知结构,不良经验,道德冲突,造成不良行为的个性心理特点,比如,悔恨、多疑、嫉妒。通俗地说,压力源是指引起压力反应的事件,比如,大学生毕业后,找不到工作,面对来自家庭、经济上的压力。心理学上指引起压力反应的因素,包括生物性压力源、精神性压力源、社会环境性压力源。

社会环境性压力源的种类包括:纯社会性问题和人际适应问题。

造成心理问题的压力源绝大多数是综合性的,在分析求助者心理问题的根源时,必须把三种压力源作为有机整体来加以考虑。往往在生物性压力源或社会环境性压力源的背后,还隐藏着深层的精神性压力源。

压力源的测评包括社会再适应量表(测量重大生活事件)、日常生活中小困扰的测量(测量日常生活小困扰以及日常生活中令人兴奋的事)、知觉压力量表(确定超越个体自己应对能力的事情)。

二、压力的来源

(一)个人的原因

1. 个性方面

如果大学生能够自觉锻炼坚强的品质意志,培养较强的应对挫折能力,那么,他们就容易变压力为动力,取得好成绩。

2. 认知方面

大学生的自我意识不健全,对自己缺乏正确客观的认识,往往自视过高或过低,不能准确地自我定位,对矛盾心理缺乏客观的分析和理解,这是造成大学生心理困扰的重要原因。对现实的不正确认知、理想过高,往往会让他们在很多方面受到限制,一旦在现实中遇到困难和挫折就会产生一定的心理问题,就会受到很大程度的限制,在工作中也就会遇到一定的问题。一旦现实中遇到挫折,不能很好地解决问题,就会自卑、自责和自负,甚至会自暴自弃。

3. 能力和应对策略方面

现在的一些大学生,当遇到某些难以处理的事情时,虽然能够对自己的心理变化过程及内外因进行一番分析，却不能积极应对。应对变化的策略和能力方面的欠缺，使他们不能有效地处理各种生活事件，不能很快恢复心理平衡，经常处于一种紧张的压力状态，容易导致心理障碍。

4. 情感困惑和危机

当前，大学生对自己情感方面的问题能否正确认识与处理，直接影响到他们的心理健康。影响因素主要有这几点：首先是大学生的性困惑问题，在性意识与自我道德规范的冲突中产生心理矛盾。其次是大学生因恋爱所造成的情感危机，这是诱发大学生心理变异的主要原因，有的人因此而走向极端，甚至造成悲剧。

（二）来自外部的压力

1. 来自社会的压力

当今世界正处于知识爆炸的信息时代。不论是什么人，稍不留神，就会落后于汹涌澎湃的信息潮流。大学生处于成熟与半成熟的时期，很多大学生承受了很大的精神压力，他们常常会很担心，会面临很大的困难和难题，也会让他们承担一定的经济压力。

2. 来自家庭的压力

随着经济的发展，下岗早已不是一个新鲜事物，因为父母下岗造成家庭生活的压力，生活在这种家庭的大学生将面临消费带来的压力，有些学生则因为父母下岗，整日忧心忡忡。他们的压力更多的来自成人感受，希望自己能早日帮助家庭，但又力不从心。

3. 生活压力

学生上学的费用一般来自家庭。由于近年来社会的发展和生活水平的变化，大学所需费用明显提高。特别是对于来自贫困地区的学生影响更大。在一些贫困地区甚至出现了高中生拖累全家，大学生拖垮全家的现象。这对于尚未自食其力的贫困生会造成更大压力。

4. 学校压力

首先，大学生心目中的大学可能会与现实大学有较大差距，无论学校的硬件或软件，现实中的这些东西和他们所想的不一致，由此产生心理落差。从高中进入大学，课程设置有很大区别，大学专业性相对突出，专业课程占据重要的地位，许多学生无法适应这一变化，觉得学习负担加重，感到压力很大。

5. 竞争、就业压力

竞争压力大，大学校园中有复杂的人际关系，大学生要面临各种各样的竞争。学习竞争、各种社会工作所要求的能力高低的竞争、班干部竞选、学生会、团干部等各种的竞争，会使每位同学感到压力就在身边。当今时代的一个重要特征便是竞争加剧：自主择业、竞争上岗、适者生存、不适者淘汰，整个社会处于激烈竞争之中。

三、压力的种类

压力按照强度分类，可分为一般单一性生活压力、叠加性压力和破坏性压力。

（1）一般单一性生活压力

在生活的某一时间段内，经历某种事件并努力适应而且其强度不足以使人们崩溃，我们称这类压力为一般单一性生活压力。一般单一性生活压力后效往往是正面的，大多有利于人们应对未来的压力。

（2）叠加性压力

同时性叠加压力：在同一时间内有若干可构成压力的事件发生，此时主体所体验到的压力称同时性叠加压力。

继时性叠加压力：两个以上能构成压力的事件相继发生，前者产生的压力效应尚未消除，后继的压力又已发生，此时所体验的压力称继时性叠加压力。

（3）破坏性压力

破坏性压力又称极端压力，包括战争、大地震、空难，以及被攻击、绑架、强暴等。破坏性压力的后果可能会导致创伤后压力失调（PTSD）、灾难症候群、创伤后压力综合征等。是在强烈的压力经历过去后一段时间才出现的压力反应，是一种延缓压力反应，常见情绪沮丧、易激惹、闪回、噩梦、注意力难以集中，以及人际关系疏远等。灾难症候群指遭遇强大自然灾害后的心理反应，可分为惊吓期、恢复期及康复三个阶段。

四、压力的冲突类型

压力源的存在是产生压力的必要条件。根据心理冲突产生的条件和引起的原因，压力又可分为以下四种冲突类型。

（一）双趋冲突或趋避冲突

双趋冲突或趋避冲突，即两个同样具有吸引力，又不相容的目标想同时实现，但由于当时条件的限制只能达到一个目标而产生心理冲突：鱼和熊掌。在日常生活中双趋冲突出现的情景很多，因为涉及内容的重要性不一样，所以对人的影响有大有小。

例如，去买衣服发现两条裙子都很喜欢，但因为身上带的钱只够买其中一条，选哪条裙子一时难以决定。一般来说，类似这样简单、轻度的双趋冲突并不会引起个体大的情绪变化，对个体的影响比较小，个体一般可以很快地做出选择。但是，在遇到如求职、升学、婚姻、家庭等重大人生问题时，这种双趋冲突的影响就会较大，会使得个体陷入比较强烈的难以取舍的心理冲突中。

人在面临双趋冲突时，往往两利权衡取其重。正如孟子所说："鱼，我所欲也。熊掌，亦我所欲也。二者不可得兼，舍鱼而取熊掌者也。生，亦我所欲也。义，亦我所欲也。二者不可得兼，舍生而取义者也。"[①] 一般说来，双趋冲突不难解决，只要稍增大其中一个目标的合意程度，就会使人趋向这一目标。但有的人并不是很清楚自己的价值判断，所以面临双趋冲突时有较长时间陷入左右为难的心理矛盾状态；或者是仓促做了选择之后，又为所舍弃的目标而惋惜后悔。如果长期陷入这种状态，则容易出现心理问题。

（二）回避冲突或避避冲突

回避冲突或避避冲突，即当一个人同时面临两件令人讨厌、都想避免的事情，但由于条件的限制不可能同时避免时产生的心理冲突：前有悬崖，后有追兵。回避冲突比双趋冲突对人的危害更大，而且也比较难于解决。在回避冲突中，人们往往会两害权衡取其轻。但也有人会对这样的情景无行动无决定。这类冲突给人的压力很大，使人找不到正面解决问题的办法。所以，有时人们会完全抛开产生冲突的情景，做出脱离现场的反应，这是得到解脱的另一种方式。一般而言，回避冲突比双趋冲突对人的身心健康危害更大，也更难以解决，回避冲突的解决有赖于其他外界因素的介入。

（三）趋避冲突

趋避冲突，即对同一目标既想达到又想回避时产生的心理冲突。而且当个体越接近目标物，趋近力越大，但同时逃避力也越大，冲突越激烈。趋避冲突在现实生活中最为常见，通常这类目标具有吸引力，须承担一定风险才能达到，如拔牙、结婚等。趋避冲突是最常见的心理冲突。如你喜欢巧克力但又怕吃了会长胖，想对暗恋的对象表白但又怕被拒绝，希望考试能得高分但又觉得读书

---

① 孟子正义［M］. 沈文倬，点校. 北京：中华书局，2007：783.

太辛苦，喜欢吸烟又害怕有害健康，孩子对父母又爱又恨，想看恐怖片又不敢看，等等。面临趋避冲突时，个体会判断和分析其中的利弊得失，对于利的一面个体会有趋近的动机，对于弊的一面个体会有回避的动机，当趋近动机和回避动机的强度相当时个体会处于彷徨和高度不安的状态。

趋避冲突心理调适方法有：①强化目标吸引力，弱化目标排斥力，从而使趋势的心理倾向压倒避势的心理倾向。例如，强化对目标优点的认知评价。②弱化目标的吸引力，强化目标的排斥力，从而使避势的心理倾向压倒趋势的心理倾向，强化对目标缺点的认知评价等。③利用饮酒或服用某些药物的方法降低或削弱回避的倾向；例如，服用镇静药或饮酒可以促使人做那些正常状态下原想做、但又避免做（由于担心不良后果）的事情。④对与原来目标类似的另一目标做出反应。例如，一位由于同男朋友发生剧烈分歧和矛盾而陷入趋避冲突中的女青年，可能会选择一位与原来男朋友类似但又不完全相似的新男友为伴侣，以摆脱心理冲突。

（四）双重或多重趋避式冲突

同时存在两种或两种以上的选择，都是既有利又有弊。如选择工作，确定治疗方案等。多重趋避冲突是最难以取舍的心理冲突。在生活中我们经常会遇到面临多个选择，但不论哪个选择都不可能是十全十美的，也即每个选择都包含吸引个体的因素，也包含个体想避开的因素。如在选择职业时，人们最期望的是能睡觉睡到自然醒，数钱数到手抽筋，但现实往往不可能两全其美，如果工作清闲，钱往往也赚不多，要想赚多点钱，往往也得像驴子一样没日没夜地拼命工作。

五、压力的调控

塞里提出，每一种疾病或有害刺激都有相同的、特征性的和涉及全身的生理生化反应过程，他将其称作一般适应性症候群，可分为警觉期、搏斗期和衰竭期三个阶段。警觉期：交感神经兴奋，促进新陈代谢，释放储存能量。搏斗期：生理指标表面恢复正常，内在心理及生理资源被大量消耗，个体变得敏感脆弱、易激怒。衰竭期：能量几乎耗尽，无法继续抵抗压力。塞里学说忽略了压力的心理成分。

一般大学生的压力来源很多，如果不能很好地进行压力调控的话，将在很大程度上影响大学生的身心健康，大学生的学习压力在很大程度上将给大学生的学习、生活带来很大影响。我们应该积极努力地调整和调控自己的情绪和压力，使之将压力尽可能最小化，化解压力带来的各种问题。

第二节　大学生常见的心理压力与调适

一、大学生常见的心理压力

（一）学习困难的心理压力

学习压力是大学生面临的最基本也是最明显的一种压力。它对大学生的心理健康具有重要的影响。客观分析大学生的学习压力，正确调适学习压力，对大学生正常学习生活的开展和身心健康的和谐发展具有非常重要的意义。

（二）情感困惑的心理压力

随着生活节奏的不断加快，社会期望的不断提高，学业就业竞争的加剧，当代大学生面临着很多压力，再加上他们正处在人生第二次"断乳期"，生理和心理层面都发生了很大的变化，情绪不稳定，易冲动，容易受到负面情绪的困扰。一般认为，适度的负面情绪是正常的，也是必需的。适度的自卑可以成为个体前进的动力，但强烈持久的负面情绪则会严重影响学生的身心健康和未来的发展。

（三）交际困难的心理压力

现在社会竞争激烈，给人际交往中的大学生带来了很大的心理压力。现代大学生的交际困难主要表现为不会独立生活、不知道如何与人沟通、不懂交往的技巧与原则。有的同学有自闭倾向，不愿与人交往；有的同学为交际而交际，不惜牺牲原则随波逐流。大学生在人际交往方面出现了一些心理冲突，大学生的人际关系将直接影响学生的个性发展和个体成长。目前，大学生的人际交往将会产生很大的问题，交际困难已成为诱发大学生心理问题的首要因素。

（四）家庭环境的心理压力

家庭及外界环境的不利影响也会成为诱发大学生心理问题的因素，例如，不当的家教方式、单亲家庭环境的负面影响、消费上的浪费攀比等。经济差距给部分大学生带来了精神压力，使其不敢面对同学，与同学相处敏感多疑，且采取逃避自闭的做法，有的甚至发展成孤独症、抑郁症而不得不退学。另外，强手如林的大学环境也让自信、好强、富于挑战的大学生产生严重的危机感和恐惧感，精神压力增大。

（五）就业困难的心理压力

就业心理指的是大学生在就业过程中的心理状态，是影响其正确择业和顺利就业的重要因素，它与毕业生的切身利益和日常生活密切相关，是毕业生价值观的具体体现。比如，有一些学生说：非北京、上海、深圳不去。可是现实就业岗位大多不像大学生所想象的那么美好，因此当发现现实与理想的差异较大时，就容易出现高不成、低不就的现象，产生偏执、幻想、自卑、虚伪等心理问题，并可能导致择业行为的偏差。

此外，由于来自大学生个体家庭背景的差别，家庭背景的差异一定程度上造成学生就业上的差异，形成就业机遇的差异。这对大学生造成很大的心理压力，许多心理问题也随之产生，如为自己的前途感到焦虑、担忧，感叹社会的不公，甚至产生怨恨以及报复社会等某些过激的行为。

二、进行压力评估，选择应对反应

面对压力，我们可能会手足无措陷入焦虑恐慌中一蹶不振，不管怎样请鼓起勇气判定分析一下到底是什么给你带来的压力。介绍一下认知行为治疗师唐纳德·梅简鲍姆（Donald Meichenbaum）提出的分为三个阶段的应激思想灌输法（Stress Inoculation）的第一阶段，人们首先要对他们的实际行为获得更多的认识，是什么引发了它，以及它的结果如何。那么怎样进行压力评估呢？最佳的方法是自我反省，最佳途径即记日记。在本子上列出你感受到的压力，以及这些压力是怎样出现的。当你能突破坏情绪的影响把你的压力写出来，其实已经治愈了一半。毕竟能写下来，就代表它能被你自己控制。如果自己实在没办法进行自我压力评估，也可以找信赖的人谈话沟通，通过对话去启发你进行压力评估。

当你对自己的压力有了了解后，就要选择怎样去应对这些压力了。进行应对的两条主要途径分别是问题指向应对，即直接面对问题；情绪指向应对，即减轻压力产生的不适。

问题指向应对指的是，你关注的焦点是要对付的问题和产生压力的事件。而这些压力经过你的评估，是由哪些可控制的应激源产生的。诸如，考试没考好是因为复习不到位带来的压力，你可以去面对它，下次好好复习考好点。

情绪指向应对指的是，当你无法找到改变外界的应激情景的方式时，你需要改变自己对于此事的感觉和看法。诸如，考试没考好是因为你的亲人逝世，这是你没办法改变的情景，只能通过改变自己的情绪来调节压力。

情绪指向应对可以延伸出很多应对压力的具体措施：①心理治疗。实在是压力太大了，自己没办法解决，请去看心理医生积极进行治疗。②转移注意力。做些其他的事情转移你的压力。诸如，旅游、运动、看电影、看书、手绘、做手工、购物、烹饪、听音乐、参加一些有趣有意义的活动（去幼儿园陪小孩子玩，去敬老院当义工，去摆地摊卖东西，去拍一个关于现代人压力的纪录片等），还可以参考韩梅梅《有些事现在不做，一辈子也不会做了》系列书籍，看这里面有哪些适合你自己的事情。

三、合理自我心理定位，降低目标解读压力

大学毕业生找工作、就业是其人生中所面临的重大抉择和重大转折，这对于他们今后事业的发展具有重要意义。从目前就业的严峻形势来看，情况也许不容乐观，历届毕业生中仍有不少人没有找到合适的工作。这当然有其社会方面的原因，但是，他们自身所存在的种种心理问题也是影响他们就业的一个不可忽视的重要因素。所以，对自我做一个合理的心理定位是很有必要的。有的毕业生存在过分的自卑心理，总认为自己技不如人，拿自己的短处与别人的长处去比，因而不敢主动推销自己。其实每个人都有自己的长处与短处，成功人生的诀窍就是经营自己的长处！因此，在人生之旅上一个人如果站错了位置，用他的短处而不是长处来谋生的话，他可能会在永久的卑微和失意中沉沦。故在选择职业时要注意发挥自己一技之长，把最能发挥你个人优势的职业作为首选，因为你若能发挥自己的特长，可以慢慢积累的；经营自己长处能给你的人生增值。所以，努力学习，全面发展自己，同时扬长避短是我们面对压力积极可靠的方法。

我们过去传统教育体制下培养的大学生常因为缺乏动手能力而减少了自己就业的机会，这其实也是对我们传统教育方法的一种挑战。发达国家很重视学生个人实际动手能力，虽然也讲学历，但是不唯学历。随着社会的发展和劳动力市场的客观导向，我国目前存在单纯强调学历、文凭的观念将逐渐纠正，而学历与技能并重的观念将会逐步被社会认可。用人单位需要的是既有理论知识又有较高操作技能的劳动者，故大学生需要不断学习，提高自己的操作技能，加强动手能力培养，使自己做到真正货真价实，以满足社会对我们的要求。

降低目标从表面上看起来当然极易达成，但如果没有任何行动，只单纯地降低目标，则导致自尊和幸福感的降低。有以下两种情况适宜以降低目标来缓解压力。

一种情况，给自己树立一个比自己极限能力更高的目标且为之奋斗，即便最后没有达成目标，但是可以归因于目标太高。这样的话，适当降低目标是合理的，不会降低幸福感。因为你比以前的自己进步了不少。另外一种情况，是由于出现了外部不可抗拒的突发事件，导致原定目标突然变得难以完成。这时，降低目标也是一个合理的选择。

对压力的解读最重要，把压力变成自己的朋友，我们的身体正在帮助我们，为迎接困难做好准备，压力时释放的催产素正是促进社交的关键荷尔蒙（它促使你去寻求他人的支持和帮助），同时催产素还会修复心脏的损伤。把这个压力倾诉给他人，当与他人一起分担恐惧的时候（社会性支持），催产素将会增加，帮助别人同样也会增加催产素的释放。所以压力促进了我们的社会联系，而更多的社会联系反过来促进了我们的健康。不要觉得压力是有害的，有压力意味着你想过有意义的生活。压力促进你去思考你的价值观是什么，用一种宏观、长远的视角看待现在面对的压力。压力很普遍，因为每个人都会面临压力。

四、大学生心理压力的调适与缓解

当代大学生是一个承载着社会、家长高期望的特殊群体，大学生在有着强烈成长、成才欲望的同时也面临着一系列重大人生课题，如大学生活的适应、专业知识的学习、交友恋爱、择业就职等。但由于身心发展尚未完全成熟，自我调节和自我控制能力不强，复杂的自身和社会问题，往往容易导致大学生强烈的心理冲突，从而产生较大的心理压力，甚至产生心理障碍或心理疾病。在这一形势下，了解一定的心理知识，学会正确面对心理压力，是十分有必要的。大学生的压力主要来源于学习压力、生活适应压力、人际关系压力、前途压力以及经济压力。在面对这些压力的时候，有些同学便自暴自弃，到最后也就失去了大学生活的乐趣。

作为大学生，我们应该明白大学阶段的压力来自多个方面并且不可避免，我们根本不需要去惧怕压力、逃避压力。相反，压力对于一个人在一定程度上也存在着积极的意义。适当地处理压力可以使我们提升自我修养、树立正确的人生观。

尤其是对于一直风调雨顺的某些大学生来说，在走上工作岗位之前就要有迎接挫折的心理准备！从学校刚走上社会时，大学生对社会有诸多的不适应，加上工作常常受挫，因而可能感到心理有很多的不平衡。其实，所谓的平衡都只是相对的和暂时的，而失衡倒是经常的。绝对公平是难以实现的，关键是看我们如何找到自我平衡点。

人类作为群居动物，大学生正处于身心全面发展的时期，良好的人际交往，融洽的人际关系对于他们的成长都有着非常重要的作用，交往手段也有很大的发展。这会使大学生的人际交往变得更方便、更快乐；交往距离更远，交往范围更广，努力用长处来提升经营自己。

面对激烈的社会竞争，我们应相信学好知识，打好扎实基础是十分关键的，只有具备足够实力，我们在选择工作时才能足够自信，才会有更多的选择机会。在大学期间，我们可以多看一些书，多学一点东西，提高自己的素养，培养独立思考能力，我想大学真正培养的是一种学习能力。只有慢慢养成这种能力，有了基础，今后不管是进一步深造还是职场奋斗都是十分重要的。

第三节　大学生的情绪管理

一、情绪的定义

关于情绪的定义，心理学家还有哲学家已经辩论100多年。情绪是指伴随着认知和意识过程产生的对外界事物态度的体验，是人脑对客观外界事物与主体需求之间关系的反应，是以个体需要为中介的一种心理活动。情绪有20种以上的定义，尽管它们各不相同，但都承认情绪是由以下三种成分组成的：

1. 情绪涉及身体的变化，这些变化是情绪的表达形式。
2. 情绪涉及有意识的体验。
3. 情绪包含了认知的成分，涉及对外界事物的评价。

情绪，是对一系列主观认知经验的通称，是多种感觉、思想和行为综合产生的心理和生理状态。最普遍、通俗的情绪有喜、怒、哀、惊、恐、爱等，也有一些细腻微妙的情绪如嫉妒、惭愧、羞耻、自豪等。情绪常和心情、性格、脾气等因素互相作用，也受到荷尔蒙和神经递质影响。无论正面还是负面的情绪，都会引发人们行动的动机。

情绪与情感是人的心理活动的重要组成部分，在人类的心理生活和社会实践中，有着很重要的作用。情绪是心理健康的窗口，情绪的稳定性是心理健康的典型特征，稳定者能善于控制负面作用情绪的反应强度和时间。用情绪衡量心理健康水平，就如同用体温来衡量人的生理状况那样被普遍认可。

情绪既是主观感受又是客观生理反应，具有目的性，也是一种社会表达。情绪是多元的、复杂的综合事件。情绪构成理论认为，在情绪发生的时候，有五个基本元素必须在短时间内协调、同步进行。

（1）认知评估：注意到外界发生的事件（或人物），认知系统会自动评估这件事的感情色彩，因而触发接下来的情绪反应。例如，看到心爱的宠物死亡，主人的认知系统会把这件事评估为对自身有重要意义的负面事件。

（2）身体反应：情绪的生理构成，身体的自动反应，使主体适应这一突发状况。例如，意识到死亡无法挽回，宠物的主人神经系统觉醒度降低，全身乏力，心跳频率变慢。

（3）感受：人们体验到的主观感情。例如，在宠物死亡后，主人的身体和心理产生一系列反应，主观意识察觉到这些变化，把这些反应统称为悲伤。

（4）表达：面部和声音变化表现出这个人的情绪，这是为了向周围的人传达情绪主体对一件事的看法和他的行动意向。例如，看到宠物死亡，主人紧皱眉头，嘴角向下，哭泣。对情绪的表达既有人类共通的成分，也有各自独有的成分。

（5）行动的倾向：情绪会产生动机。例如，悲伤的时候希望找人倾诉，愤怒的时候会做一些平时不会做的事。

二、情绪的分类

心理学家根据情绪持续的时间、强度和外在的表现形式，把情绪分为三种状态，即心境、激情和应激。

（一）心境

心境是指比较微弱、持久地影响人的整个精神活动的情绪状态，心境不是关于某种事物特定体验，而是具有弥散性的特点。心境有积极和消极之分，良好的心境使人精神振奋，有助于积极性的发挥和工作效率的提高；不良心境可以使人颓丧、悲观、烦倦、消沉，不利于学习和工作的顺利进行。因此人们必须把握自己的心境，使之经常处于良好的心境当中。

（二）激情

激情是一种强烈的、短暂的、有爆发性的情绪状态，如狂喜、愤怒、绝望等都属于这种状态。在激情状态下，人的理解力、自制力降低，甚至失去自我控制能力。激情有积极和消极之分，其中，积极的激情和理智、坚强的意志相联系，能激励人们克服困难、渡过难关。

（三）应激

应激是在出乎意料的紧迫情况下所引起的高度紧张的情绪状态。人们在遇到突如其来的应急事故时就会出现应激状态，人若长时间处于应激状态对健康是不利的，在生活中应尽量减少和避免不必要的应激状态，学会科学地处理对待应激。

三、情绪的功能

（一）情绪具有激励作用

情绪能够以一种与生理性动机或社会性动机相同的方式激发和引导行为。有时我们会努力去做某件事，只因为这件事能够给我们带来愉快与喜悦。从情绪的动力性特征看，分为积极增力的情绪和消极减力的情绪。

（二）情绪被视为动机的指标

情绪也可能与动机引发的行为同时出现，情绪的表达能够直接反映个体内在动机的强度与方向。所以，情绪也被视为动机潜力分析的指标，即对动机的认识可以通过对情绪的辨别与分析来实现。动机潜力是在具有挑战性环境下所表现出的行为变化能力。例如，当个体面对一个危险的情境时，动机潜力会发生作用，促使个体做出应激的行为。

（三）情绪情感的调控功能

情绪情感对于人们的认知过程具有影响作用，有积极作用也有消极作用。大量研究表明，适当的情绪情感对人的认知活动具有积极的组织功能，而不当的情绪情感对人的认知活动具有消极的瓦解功能。

（四）促进功能

良好的情绪情感会提高大脑活动的效率，提高认知操作的速度与质量。耶尔克斯·道森定律说明了情绪与认知操作效率的关系，不同情绪水平与不同难度的操作任务有相关关系。不同难度的任务，需要不同情绪唤醒的最佳水平。在困难复杂的工作中，低水平的情绪有助于保持最佳的操作效果；在中等难度的任务中，中等情绪水平是最佳操作效果的条件；在简单工作中，高情绪唤醒水平是保证工作效率的条件。总之,活动任务越复杂,情绪的最佳唤醒水平也越低。我们了解了情绪与操作效率之间的关系,就能更好地把握情绪状态,使情绪成为我们认知操作活动的促进力量。

(五) 瓦解作用

情绪对认知操作的消极影响,主要体现在不良情绪对认知活动功能的瓦解上。一些消极情绪,如恐惧、悲哀、愤怒等,会干扰或抑制认知功能。恐惧情绪越强,对认知操作的破坏就越大。考试焦虑就是一个典型例子,考试压力越大,考生考砸的可能性越大。一般来说,中等程度的紧张是考试的最佳情绪状态,过于松弛或极度紧张都会瓦解学生的认知功能,不利于考生正常水平的发挥。当一个人悲哀时,会影响到他的工作或学习状态,导致注意力不集中,易分神,思维流畅性降低等。

(六) 情绪情感的健康功能

人对社会的适应是通过调节情绪来进行的,情绪调控的好坏会直接影响到身心健康。常听人们叹息人生苦短,在一般人的情绪生活中,常是苦多于乐。在喜怒哀乐爱惧恨中,正面情绪占七分之三,反面情绪占七分之四。情绪对健康的影响作用是众所周知的。积极的情绪有助于身心健康,消极的情绪会引起人的各种疾病。我国古代医书中就有"怒伤肝,喜伤心,思伤脾,忧伤肺,恐伤肾"的记载。有许多疾病与人的情绪失调有关,如溃疡、偏头痛、高血压、哮喘、月经失调等。有些人患癌症也与长期心情压抑有关。一项长达30年的关于情绪与健康关系的追踪研究发现,年轻时性情压抑、焦虑和愤怒的人患结核病、心脏病和癌症的比例是性情沉稳的人的四倍。所以,积极而正常的情绪体验是保持心理平衡与身体健康的条件。曾有人说过,一个小丑进城胜过一打医生,就非常形象地说明了情绪对人身体健康的影响。

(七) 情绪情感的信号功能

情绪是人们社会交往中的一种心理表现形式。情绪的外部表现是表情,表情具有信号传递作用,属于一种非言语性交际。人们可以凭借一定的表情来传递情感信息和思想愿望。心理学家研究了英语使用者的交往现象后发现,在日常生活中,55%的信息是靠非言语表情传递的,38%的信息是靠言语表情传递的,只有7%的信息才是靠言语传递的。表情是比言语产生更早的心理现象,在婴儿不会说话之前,主要是靠表情来与他人交流的。表情比语言更具生动性、表现力、神秘性和敏感性。特别是在言语信息暧昧不清时,表情往往具有补充作用，人们可以通过表情准确而微妙地表达自己的思想感情，也可以通过表情去辨认对方的态度和内心世界。情绪的信号功能表现在个体将自己的愿望、要求、观点、态度通过情感表达的方式传递给别人以影响他们，它是非言语沟通的重要组成部分，在人际沟通中具有信号意义。如点头微笑、轻抚肩膀表示赞许；摇头皱眉、摆手表示否定；面色严峻表示不满或者问题严重等。

四、情绪的特点

（一）情绪的冲动性与复杂性

大学生有着丰富、强烈而又复杂的感情世界，情绪体验快而强烈，喜怒哀乐常常一触即发，表现出热情奔放的冲动性特点。心理学家常用急风暴雨来比喻这种激情性的情绪特征。这种冲动性的情绪尤其在群体中往往会变得更激烈。大学的学生有较强的群体认同感，喜欢模仿，易受暗示，容易受当时情境气氛的感染、鼓动，容易表现出比单个人时更大胆的举止。因为群体可以增强一个人的力量感，同时在群体中个人可以减少其相应的责任。

大学生的情绪冲动性是有其生理和心理基础的。由于性成熟，性激素分泌的旺盛，通过反馈影响下丘脑的兴奋性，而大脑皮层的调节作用一时还不能适应这种情况。因此在皮层和皮层之间出现了不平衡状态。心理发展的相对缓慢，心理调节机制的不完善，缺乏对外界变化的弹性和应变能力，缺乏对心理活动调节和支配的意志和能力，从而使得我们大学里面的学生生理和心理的发展出现了在某种程度的不平衡，从而影响了情绪的表现，使得情绪变得容易冲动。

（二）冲动性与爆发性

大学生的情绪特点还表现在情绪体验上特别强烈和富有激情。对任何事都比较敏感，有时一旦情绪爆发，自己则难以控制，甚至表现为一定的盲目狂热和冲动。在处理同学关系、师生关系的矛盾时，在对待学业生活中的挫折时，常常易走极端，给自己及他人带来伤害。

（三）波动性与两极性

大学生的情绪年龄正处于未成年人与成年人的转变阶段，在情绪状态上反映着两种情绪并存的特点。一方面，相对于中学阶段，大学生的情绪趋于稳定和成熟；而另一方面，与成年人相比，大学生的情绪带有明显的起伏波动性，容易从一个极端走向另一个极端。情绪有时会表现为大起大落，大喜大怒的两极性。

（四）内隐性与掩饰性

大学生的情绪表现，虽然有时也会喜形于色，但已经不像青少年时期那样坦率直露，不少大学生常会将自己的情绪隐藏和掩饰，体现为外在表现与内在体验不一致。这也无形中给大学生同学之间的相互交流带来障碍，使一些学生出现孤独和苦闷的情感困惑。

第四节 大学生常见情绪问题及调节

案例：

21岁的男生进飞，家庭经济情况比较困难。他无法很好地控制自己的情绪。原来情绪不好的时候，一两天就过去了，可这次已持续两周多了，特别难受，也很郁闷，做什么事都提不起劲，情绪很低落，不想见任何人，寝室里同学的说笑声也令他烦躁不已。他想每天快乐地生活，高效率地投入学习，可是做不到，很焦虑。

注解： 这是一个关于大学生不良情绪的典型案例。这是由于客观事物或情景不符合个体需要和愿望时，而产生的消极的、否定的情绪和情感困扰，即心理学上所说的负性情绪的典型案例。大学生常常体验到的负性情绪主要有：抑郁、焦虑、耻辱、内疚、悔恨、愤怒、悲观等。负性情绪会使人陷入一种继发性的焦虑之中。

一、大学生常见的情绪问题

（一）焦虑

焦虑是十分常见的现象，是一种类似担忧的反应，或是自尊心受到潜在威胁时产生担忧的反应倾向，是紧张、害怕、担忧混合的情绪体验。人们在面临威胁或预料到某种不良后果时，都有可能产生这种体验。

实验证明，中等焦虑能使学生维持适度的紧张状态，注意力高度集中，促进学习。但过度焦虑则会给学生带来不良影响。如有的大学生在临考前夜的失眠或考试时的怯场，在竞赛中不能发挥正常水平等，多是高度焦虑所致。被高度焦虑困扰的大学生，常常会感到内心极度紧张不安，惶恐害怕、心神不定、思维混乱、注意力不能集中，甚至记忆力下降，同时还容易产生头痛、失眠、食欲缺乏、胃肠不适等不良生理反应。

大学生常见的焦虑有自我形象焦虑、学习焦虑与情感焦虑。一是与自我形象有关的焦虑需要通过调整自我认知重新接纳自我，建立新的自我形象；二是与学习有关的焦虑如学习焦虑、考试焦虑，在学生情绪反应中最为强烈，我们要在大学生学习心理中专门谈及考试焦虑，以引起大学生的重视；三是与情感有关的焦虑多数是由于恋爱受挫而引发的自我否定，认为自己不具备爱人与被爱的能力，因而过度担心引起焦虑。

（二）抑郁

抑郁症不单指各种感觉，还指情绪、认知与行为特征。抑郁最明显的症状是压抑的心情，表现为仿佛掉入了一个无底洞或黑洞之中，正被淹没或窒息。其他感觉包括容易发火，容易感到愤怒，容易产生负罪感。抑郁常常伴随着焦虑，也伴随着个体思维方式的转变，这些认知改变可以是一般性的，比如，注意力不集中、记忆力衰退或者很难做出决定。在思考中可能有更多的心境转变，消极地看待世界、自我和未来。因此，抑郁的人很难回忆起美好的记忆，不由自主地责备自己，认为他人更消极地看待自己，对未来持悲观态度。

（三）愤怒

愤怒是由于客观事物与人的主观愿望相违背，或因愿望无法实现时，人们内心产生的一种激烈的情绪反应。心理学研究表明，当愤怒发生时，可能导致人体心跳加快、心律失常、高血压等躯体性疾病，同时还会使人的自制力减弱甚至丧失，思维受阻、行为冲动，甚至干出一些事后后悔的蠢事或造成不可挽回的损失。

愤怒是大学生常见的一种消极情绪，处于精力充沛、血气方刚的青年时期的大学生，在情绪情感发展上往往容易产生好激动、易动怒的特点。如有的大学生因一句刺耳的话或一件不顺心的小事而暴跳如雷；有的因人际协调受阻而怒不可遏、恶语伤人；有的因别人的观点或意见与自己相左而恼羞成怒。这种情绪对大学生的影响是极其有害的，因而有人说：愤怒是以愚蠢开始，以后悔结束。

（四）嫉妒

嫉妒是指他人在某些方面胜过自己引起的不快甚至是痛苦的情绪体验。嫉妒是自尊心的一种异常表现，在大学生中普遍存在。具体表现为当看到他人学识能力、品行荣誉甚至穿着打扮超过自己时，内心产生的不平、痛苦、愤怒等感觉；当别人身陷不幸或处于困境时则幸灾乐祸，甚至落井下石，在人后恶语中伤、诽谤。嫉妒是一种情绪障碍，它扭曲人的心灵，妨碍人与人之间正常真诚地交往。

（五）自杀

自杀是指主体蓄意或自愿采取各种手段结束自己生命的行为。自杀的原因是非常复杂的，但不管是哪种原因导致的自杀，其背后都有心理机制在推波助澜。社会因素、生物学因素、病理学因素等均须通过影响人的心理因素才能发挥作用。

二、影响情绪的因素

在现实生活中，影响人情绪的因素主要来自外界，特别是生活、工作的环境。这些是影响人的情绪的主要方面，也容易被人所认知。一般来说，一个健康的人应该学会对来自外部影响情绪的因素进行调适和控制。心理学家还发现，影响人的情绪还有一些非人为因素，而这些因素是人自己难以控制的。

（一）外部因素

1. 人体生物钟的影响

人体的生理活动不是恒定不变的，而是按照一定的节律起落变化，这就是生物钟。人体的血压、体温、脉搏、心跳、神经的兴奋抑制、激素的分泌等100多种生理活动都要受生物钟规律的支配，从而产生生理活动的高潮和低潮。高潮时期，情绪往往比较饱满，工作效率高。而低潮时期，情绪一般比较低落，容易表现出不耐烦等不良情绪反应，办事效率低下，容易出差错。

2. 天气变化的影响

一般来说，阴雨天气人们容易产生低落情绪；如果天气转晴，心情跟着也就好多了。特别是连天的阴雨，人们容易烦躁不安，对人对事都极不耐烦，处理事务也会欠考虑。有关专家建议，在满月的日子里对月光敏感的人工作不要太紧张，要多休息。

3. 颜色刺激的影响

一般来说，鲜艳的颜色能驱赶人的不良情绪，心情易于发生好转。所以草长莺飞的春天，人们的情绪往往非常好。不同颜色对人的生理和心理有不同的影响。通常蓝、紫色调最易引起眼睛疲劳，红、橙次之，黄绿、绿、蓝绿、淡青等色调引起视力疲劳的较少。红、橙、黄等色给人以温暖感、轻快感，青绿、紫等色给人以寒冷感、沉重感,而且它们的彩度越高,感觉越明显。

4. 不良生活习惯的影响

例如,睡眠不足。大脑消除疲劳的主要方式是睡眠,长期睡眠不足或质量太差只会加速脑细胞的衰退,人会变得萎靡不振。吸烟的老年人容易患有抑郁症,这既是香烟中的尼古丁影响神经传送途径,因而导致情绪失调,也是由于有抑郁症状的老年人利用吸烟来舒缓抑郁情绪所致。

5. 女人月经期的影响

女人处在月经期,往往情绪很不稳定,易暴易怒。有时遇到极细小的不顺心事情,甚至三言两语不对头,就容易发脾气、摔东西。在这个时期作为男人应该多忍让,尽量避免争吵。

(二) 内部因素

1. 缺乏目标

一个没有目标的人一定是一个对生活没有幻想的人。这种人的情绪也不可能好到哪里去。因此,要想改善情绪,就得先确立一个生活的目标,在追求的过程当中你就会寻找到快乐,心情自然也就好了很多。

2. 害怕失败

这类人不管做什么事情都缩手缩脚,总是害怕失败,也正是因为这样,他们每天总是一副提心吊胆的样子。要想改变这种生活,这类人得先增强自己的自信心。

3. 害怕被拒绝

这类人性格比较内向,害怕被别人耻笑,也害怕遭受打击,更害怕遭到当面拒绝。因此这类人的心态也总是处在低谷,很难有兴奋的时候。

4. 埋怨和责怪

这类人喜欢逃避责任,不敢面对困难,也不敢面对自我。只要一遇到问题就把责任归咎在别人头上。他们总是自我认识不够,也总以为自己是受害者,是应该被可怜的人。

(三) 个人因素

1. 否定现实

这是一种懦弱、胆怯和无能的表现。现实中的一切他们都不敢去面对,总是采取一种逃避的方式,并且也总是否定现实中的人,现实中的事,更为可悲的是还否定现实中的真情。

2. 半途而废

这类人经受不住一点痛苦的折磨，也根本不知道坚持后面是美丽的彩虹。只要一有磕磕碰碰，就选择放弃，不管如何，这也是没有信心和底气的表现。

3. 对未来悲观

世界在这类人的眼中，总有一天是要走向灭亡的，因此他们总是在担心，总是在悲观，认为一切终归要走向毁灭，所有的努力终归是白费的。因此，这类人一直非常消极，甚至是颓废。

4. 好高骛远

和缺乏目标的人不一样的是，这类人有很远大的目标。唯一不足的是，这类人的目标根本就不可能实现，是一种空洞的打算。因此，这类人在追求过程当中，注定要有很多的失败，情绪自然也就欠佳。

三、情绪对大学生的影响

情绪是作为个体愿望、需要和环境之间中介的一种心理活动。当客观事物或情景符合主体的需要和愿望时，就会产生积极的、肯定的情绪。当客观事物或情景不符合主体的需要和愿望时，就会产生消极、否定的情绪。人人都有情绪，有正面情绪，也有负面情绪，两者都与身心健康有着密切的关系。学生的情绪波动和心理活动与生理功能是紧密相连的，即所谓牵一发而动全身，心理状态会直接影响到身体的健康。

（一）积极情绪有利于学生的身心健康

积极情绪能够促进学生保持欢乐、愉快、高兴、喜悦的情绪体验。这些情绪的出现，能提高大脑及整个脑神经系统的活力，使体内各器官的活动协调一致，有助于充分发挥整个机体的潜能，有益于身心健康和提高学习、工作的效率。积极情绪能够促进学生增强机体活力，从而提高免疫力。良好的情绪可以减少和消除对机体的不良刺激，可以直接作用于脑垂体，保持内分泌功能的适度平衡，从而使全身各系统、器官的功能更加协调、健全。积极情绪能够提高主观幸福感。研究认为，所有积极情绪共享的一种表情符号即杜兴式微笑——嘴角上翘并伴有眼周肌肉收缩。

（二）良好的情绪和情感对大学生身心健康的促进

大学生若能经常保持心情愉快、舒畅、乐观、开朗，则人体免疫功能活跃，有助于激发潜能、提高学习工作效率，实现全面发展。健康的情绪情感可以增强思维活动的效果。关于这一点，有些心理学家认为，一旦没有了感情，思维、理解和记忆等一切认知机能会全部抑阻殆尽，哪怕非常抽象的思维没有感情也不能进行。研究表明，如果学生处于压力之下，其思维就会变得机械呆板，在解决问题的尝试与检验过程中，往往会变换方式，同时会限制、歪曲或混淆对问题的观察，时常不能把握问题的实质。由于他们没有对观察到的实质事实进行概括，也没有采取有效的方式进行组织和归类，所以他们的思想往往是杂乱无章的。有些大学生还因无法调试消除不良情绪，长期陷入苦闷压抑状态感到悲观、痛苦。这不仅严重影响了学习和生活，有的甚至还走上了自杀的道路。

（三）不良情绪对大学生身心健康的危害

所谓不良情绪是指持续的消极情绪和过度的情绪反应。例如，因不幸事件引起的悲伤抑郁持续数周数月甚至数年都不能消除。鲁迅笔下的祥林嫂因失去儿子悲伤忧愁过度而造成精神失常，《三国演义》中的周瑜虽智勇双全但情绪容易反应激烈，经不过诸葛亮的三气而断送了风华正茂的生命。有时即使是愉快的情绪，因反应不适度也可成为其不良情绪，如范进中举后的狂喜致疯，就是众所周知的例子。因此，不良情绪是大学生健康的敌人，它不仅会引起生理疾病，而且易导致心理障碍和心理疾病，危害极大。

（四）负面情绪不利于学生的身心健康

负面情绪影响学生的身体健康。负面情绪是人体心理的不良紧张状态，往往会因过分刺激人的器官、肌肉及内分泌腺而损害人的健康。学生面对快节奏的生活、紧张的学习和巨大的压力，容易产生一些负面情绪，如焦虑和忧郁。

四、情绪情感的自我调节

（一）正确评价自己，不要过高要求自己

正确认识自己、评价自己是个性发展的重要前提之一。自己对自己的认识、评价是在发展过程中逐渐培养起来的。对自己有正确的认识，做自己可以胜任的事情，对自己有个合理的预期和评价。同时培养独立的人格，减少他人评价的影响。认识自己的价值，明确应该坚持什么、反对什么，有明确的是非界限，且不能人云亦云，不要被周围所左右。

（二）改变不良认识偏差

不是事情本身使你不快乐，是你对事情的看法使你不快乐；做到坚强而自信，宽容而豁达，与其埋怨环境不如改变自己；我们怎么想就会怎么感觉，然后就会怎么做，影响我们的常常不是事件本身，而是我们对事件的看法。有时，让我们心情不好的，不是别人，也不是不顺心的环境，而是我们自己，那些内在的负面的自我对话遮住了我们的好心情。即善于在平凡中发现快乐，努力增加积极的情绪体验，笑口常开多幽默。

（三）多与人交流沟通，及时倾诉自己感受到的无助和不快

交流是释放压力的有效途径，交流的过程也是自我反思的过程。通过与他人交谈，获取心理支持，增强自信心。善于利用各种社会支持。任何心理成熟的独立的现代人，都需要他人的帮助，广泛的社会支持是缓解压力不可或缺的途径。家人是社会支持网络的重要组成部分。此外，平时需注意扩大自己的交际范围，从没有利益冲突的第三方寻求心理支持。

（四）从多维度审视自己，建立自我同一性

由于自我意识具有复杂性与多维性，青年需要在多维度中审视自我、调整自我，寻找自我意识的统一点，整合自我意识，向理想自我靠近。

五、有效的自我调节方式

情绪情感是一种巨大的精神力量，与人们的正常学习和工作密切相关，对人的影响和发展很大。因此必须学会对自我情绪情感进行有效调节，使自己经常处于一种健康的情绪状态之下。那么如何进行有效的自我调节呢？

（一）转换认识角度

情绪健康并非意味着人总是处于良好的情绪状态之下，对于各种消极情绪的情绪反应，只要反应适度，能加以适当的自我调节，就不会产生不利影响。情绪调节一方面在于学会保持愉快的情绪，保持良好的心境，另一方面在于能够合理调试不良情绪。正如美国心理学家艾利斯所说：人受困扰，不是由于发生的事实，而是由于对事实的观念。现实中人们的许多情绪困扰并不一定是由诱发事件直接引起的，而是由经历者对事件的非理性认识和评价所引起的，因此应主动调整认知，换一个角度去看待发生的事情，纠正认识上的偏差，就可以减弱或消除不良情绪。

（二）自我暗示

自我暗示是运用内部语言或书面语言的形式来自我调节情绪的一种方法，

暗示对人的情绪乃至行为有奇妙的影响，既可以用来松弛过分紧张的情绪，也可以用来激励自己，此法适用于自卑感较强的人，或有焦虑抑郁恐惧强迫观念的人。如在学习成绩落后、恋爱失败、生理上有缺陷或交往技巧缺乏等情况下，要使自己振作起来就要克服消极的心理定式，进行积极的自我调整和改变。此时，积极的心理暗示是很有必要的，如在心中默念：别人能行我也一定能行，努力挖掘自己的长处和优点，在很多情况下此法能驱散忧郁和怯懦，使自己恢复快乐和自信。

（三）调控希望值

调控希望值即对人、对事不要太过分苛求，期望值不要太高，需要是情绪情感产生的基础，需要愈强烈情绪情感反应也就愈强烈。在现实环境中对他人、对自己、对事务所抱期望值过高，势必在需求难以满足时产生不好的情绪反应，因此要在一定范围内学会知足，对自身的目标不要定的高不可攀，脱离实际，对人对事不要苛求十全十美，这样就不会因不满足而产生烦恼。

（四）合理宣泄

人的情绪处于压抑状态时应加以合理宣泄，这样才能调节机体的平衡，缓解不良情绪的困扰，恢复正常的情绪情感状态。如遇到挫折或者不顺心的事情，心情苦闷痛苦时可以痛痛快快地大哭一场，或者找亲朋好友倾诉一番，或者以写日记的方式倾吐不快，或者去心理咨询机构。

（五）转移注意力

当情绪不佳时可以通过转移自己的注意力来平静自己的情绪，如外出散步、听听音乐，打打球，找朋友玩、读书等。切记不要钻牛角尖，沉浸在不良情绪的陷阱中不能自拔。

（六）学会幽默

高尚的幽默是精神的消毒剂，是消除不良情绪的有效工具。当你发现遇到某些无关大局的不良刺激时，要避免使自己陷入被动局面或激惹状态，最好的办法就是以超然洒脱的态度去应对。此时，一句得体的幽默话，往往可以使你摆脱困境，使愤怒不安的情绪得以缓解，不要针尖对麦芒激发矛盾。

六、相关知识

（一）合理情绪疗法（RET）

合理情绪疗法（RET）是由美国心理学家阿尔伯特·艾利斯（Albert Ellis）

于 20 世纪 50 年代创立的。合理情绪疗法的治疗整体模型是 ABCDE，是在艾利斯 ABC 理论基础上建立的。

艾利斯认为人的情绪和行为障碍不是由于某一应激事件直接引起的，而是由于经受这一事件的个体对它不正确的认知和评价所引起的信念，最后导致在特定情景下产生消极情绪和引发不良行为后果，这就是 ABC 理论。A 是指诱发事件（Activating events）；B 是指个体在遇到诱发事件之后相应而生的信念（Beliefs），即他对这一事件的看法、解释和评价；C 是指在特定情景下个体的情绪及行为结果（Consequences）。人们通常认为情绪和行为后果的反应直接由应激事件所引起，即 A 引起 C，ABC 理论则认为 A 只是 C 的间接原因，B 即个体对 A 的认知和评价产生的信念才是直接原因。

（二）理性情绪疗法的实施步骤

1. 明确理性情绪疗法的结构，了解治疗要求

咨询员面对初次接受 RET 治疗的来访者时，首先要向他（她）讲解 RET 的基本原理，尤其是 ABC 理论。咨询员要努力说服来访者，使他们相信：理性情绪分析是有效、有用的。这种讲解要适合来访者接受能力，浅显易懂。另外，要告诉来访者 RET 治疗要做些什么，来访者有些什么任务（如阅读、思考、练习等），让来访者有所准备。

2. 查明非理性信念和自我思维

理性情绪疗法把认知干预视为治疗的根本。因此，从治疗一开始，在问题探索阶段，咨询员就以积极的、说服教育式的态度帮助来访者探察隐藏在情绪困扰后面的自动化的不合理信念，借此明确问题的根源。咨询员激励来访者去反省自己在遭遇应激事件后，在感到焦虑、抑郁或愤怒时对自己说了些什么。

3. 与非理性信念辩论

与非理性信念辩论是 RET 核心。咨询员运用多种技术（主要是认知技术）帮助来访者质疑这些非理性信念和思维，证明它们不现实、不合理之处，认识它们对于情绪的危害，进而产生放弃这些不合理信念的愿望和行动。

4. 得出合理信念，学会理性思维

在识别并驳倒非理性信念的基础上，治疗者进一步帮助来访者找出对于应激事件的适当的、理性的反应，找出理性的信念和实事求是的、指向解决问题的思维方式，以此来替代非理性信念和自我思维。为了巩固理性反应，治疗者要向来访者反复教导、证明为什么理性信念是合情合理的，它与非理性信念有

什么不同，为什么非理性信念导致情绪失调，而理性信念导致较积极健康的结果。

5. 使治疗效果迁移应用

RET积极鼓励来访者把在治疗中学到的客观、现实的理性态度，合理的思维方式，内化成个人的生活态度，并在以后的生活中，坚持按照RET的教导来解决新的问题。

（三）大学生情绪稳定性自我测验量表

情绪是身心健康的重要标志，一个人的情绪是否稳定反映了他的身心健康状况。那么怎样测量你的情绪是否稳定呢？请做一做下面这个测验。该测验共有30道题，每道题都有三种答案，可供选择，请你从中选择出与自己的实际情况最接近的一种答案，对测验题中与自己生活、身份不相符的情况，可以不予选择。

测试题：

1. 看到自己最近一次拍摄的照片，你有何想法？
   A. 觉得不称心　　　B. 觉得很好　　　C. 觉得可以
2. 你是否想到若干年后会有什么使自己极为不安的事？
   A. 经常想到　　　B. 从来没有想过　　　C. 偶尔想到过
3. 你是否被朋友、同事、同学起过绰号、挖苦过？
   A. 这是常有的事　　　B. 从来没有　　　C. 偶尔有过
4. 你上床以后是否经常再次起来一次，看看门窗是否关好？
   A 经常如此　　　B. 从不如此　　　C. 偶尔如此
5. 你对与你关系最密切的人是否满意？
   A. 不满意　　　B. 非常满意　　　C. 基本满意
6. 在半夜的时候，你是否经常觉得有什么值得害怕的事？
   A. 经常有　　　B. 从来没有　　　C. 极少有
7. 你是否经常因梦见可怕的事而惊醒？
   A. 经常　　　B. 从来没有　　　C. 极少有
8. 你是否曾经有过多次做同一个梦的情况？
   A. 有　　　B. 偶尔有　　　C. 极少有
9. 是否有一种食物使你吃后呕吐？
   A. 是　　　B. 否　　　C. 记不清

10. 除去看见的世界外,你心里是否有另外一种世界?
    A. 是　　　　　　　B. 否　　　　　　　C. 偶尔是
11. 你心里是否时常觉得你不是现在的父母所生?
    A. 是　　　　　　　B. 否　　　　　　　C. 偶尔是
12. 你是否曾经觉得有一个人爱你或尊重你?
    A. 说不清　　　　　B. 否　　　　　　　C. 是
13. 你是否常常觉得你的家庭对你不好,但你又确知他们的确对你好?
    A. 是　　　　　　　B. 否　　　　　　　C. 偶尔
14. 你是否觉得没有人十分了解你?
    A. 是　　　　　　　B. 否　　　　　　　C. 说不清
15. 在早晨起来的时候,你最经常的感觉是什么?
    A. 忧郁　　　　　　B. 快乐　　　　　　C. 讲不清楚
16. 每到秋天,你最经常的感觉是什么?
    A. 枯叶遍地　　　　B. 秋高气爽　　　　C. 艳阳高照
17. 在高处的你是否觉得站不稳?
    A. 是　　　　　　　B. 否　　　　　　　C. 偶尔是
18. 你平时是否觉得自己很强健?
    A. 是　　　　　　　B. 否　　　　　　　C. 不清楚
19. 你是否一回家就立刻把房门关上?
    A. 是　　　　　　　B. 否　　　　　　　C. 不清楚
20. 当你坐在房间里把门关上时,是否觉得心里不安?
    A. 是　　　　　　　B. 否　　　　　　　C. 偶尔
21. 当需要你对一件事做出决定时,你是否觉得很难?
    A. 是　　　　　　　B. 否　　　　　　　C. 偶尔是
22. 你是否常常用抛硬币、玩纸牌、抽签之类的游戏来测凶吉?
    A. 是　　　　　　　B. 否　　　　　　　C. 偶尔是
23. 你是否常常因为碰到东西而跌倒?
    A. 是　　　　　　　B. 否　　　　　　　C. 偶尔是
24. 你是否需用一个多小时才能入睡,或醒得比你希望的早一个小时?
    A. 经常这样　　　　B. 从不这样　　　　C. 偶尔这样
25. 你是否曾看到、听到或感觉到别人觉察不到的东西?
    A. 经常这样　　　　B. 从不这样　　　　C. 偶尔这样

26. 你是否觉得自己有超越常人的能力？
A. 是　　　　　　B. 否　　　　　　C. 不清楚

27. 你是否曾经觉得因有人跟你走而心里不安？
A. 是　　　　　　B. 否　　　　　　C. 不清楚

28. 你是否觉得有人在注意你的言行？
A. 是　　　　　　B. 否　　　　　　C. 不清楚

29. 当你一个人走夜路时，是否觉得前面潜藏着危险？
A. 是　　　　　　B. 否　　　　　　C. 偶尔

30. 你对别人自杀有什么想法？
A. 可以理解　　　　B. 不可思议　　　　C. 不清楚

计分与评价：

以上各题的答案，凡选 A 得 2 分，选 B 得 0 分，选 C 得 1 分。请将你的得分统计一下，算出总分。根据你的总分查下面评价表，便可知你的情绪稳定水平。

评价表

总分　　　情绪稳定水平

0~20 分　　情绪稳定，自信心强

21~40 分　　情绪基本稳定，但较为深沉、冷静

41 分以上　　情绪极不稳定，日常变化频率太多

第六章

大学生的人际交往与恋爱、性心理

第一节 大学生的社交情绪

不要让嫉妒的毒蛇钻进你的心胸，破坏你的内心。

——埃迪蒙托·德·亚米契斯

案例：

小 A 与小 B 是某艺术院校大三的学生，同在一个宿舍生活。入学后不久，两个人成了形影不离的好朋友。小 A 活泼开朗，小 B 性格内向、沉默寡言。小 B 逐渐觉得自己像一只丑小鸭，而小 A 却像一个美丽的公主，心里很不是滋味，她认为小 A 处处都比自己强，把风头占尽了，时常以冷眼对小 A。大学三年级，小 A 参加了学院组织的服装设计大赛，并得了一等奖，小 B 得知这一消息先是痛不欲生，然后妒火中烧，趁小 A 不在宿舍之机将小 A 的参赛作品撕成了碎片，扔在小 A 的床上。小 A 发现后，不知道怎样对待小 B，更想不通为什么她要遭受这样的对待。

小 A 与小 B 从形影不离到反目成仇的关系令人十分惋惜。引起这场悲剧的根源，关键是一个词——嫉妒。

注解：这是一个关于大学生社交情绪的典型案例。大学生的不良情绪主要表现为学习成绩下降，人际关系紧张，有自卑感、孤独感等。出现不适应的主要原因应该归结为不能正确地调整自己的情绪，并且在重新认识和评价自我时出现了问题。

所以，大学生要在开学初期尽快改变原有的生活习惯、思维方式，逐渐形成适应新环境的生活和方式。

一、社交情绪的概念

社交情绪又称社会情绪。它是指伴随个体在整个社会心理过程中产生的主观心理体验和心理感受，是个体在长期的社会交往中所体验到和表达出的情绪。个体在成长过程中不断地与周围人进行交往，并从中习得如何表达和体验情绪。在这一过程中，个体所在的社会环境、文化规范和道德信念等，均能成为情绪表达和理解不可忽视的影响因素。社会文化的内涵和意义附加到与生俱来的基本情绪中，形成相互交织和相互渗透的诸多复杂情绪，这就是社交情绪。

二、社交情绪的分类

（一）焦虑

社交焦虑是一种在与人交往的过程中，觉得不舒服、不自然，紧张甚至恐惧的情绪体验。严重情形是，每天的各种活动如走路、购物、社交甚至打电话，对社交焦虑症患者来说都是很大的挑战。他们不仅与权威人士交往困难，与普通人交往也会出现障碍。社交焦虑是一种消极的情绪体验，它的形成过程比较复杂。成长过程中经常受挫折、缺少社会支持、自我意识感强、自卑以及模仿与暗示都可能形成社交焦虑。美国心理学家的研究显示，社交焦虑是仅次于抑郁和酗酒外，第三大危害人类的心理健康问题。如何减少社交焦虑，是心理卫生专家要面临的一个巨大的挑战。

（二）嫉妒

嫉妒是与他人比较，发现自己在才能、名誉、地位或境遇等方面不如别人而产生的一种由羞愧、愤怒、怨恨等组成的复杂情绪状态。嫉妒情绪的特点：

1. 针对性

嫉妒总是针对具体的个体或群体。如果个体体验到自己与他人在某些他认为重要的方面（如才能、吸引力）的现实的或未来可能出现的劣势，个体就可能出现嫉妒情绪。

2. 持续性

嫉妒情绪一旦产生，就不容易摆脱。能持续影响个体的思想、情感和行为。

3. 对抗性

嫉妒者心胸狭隘，希望别人朝坏的方向发展。如果别人成功，他们就会不满和愤恨，甚至有可能用极端的手段来破坏或伤害他人。

4. 普遍性

嫉妒是人类普遍存在的社交情绪。人在现实生活中，或多或少都会体验到这种情绪。当然这种情绪也是可以克服的。

嫉妒心理是一种损人损己的病态心理，会严重影响自己的身心健康。克服的方法有：

（1）认清嫉妒的危害。嫉妒别人的人一方面影响了自己的身心健康，另一方面由于整日沉溺于对别人的嫉妒之中，会导致没有充沛的精力去思考如何提高自己。

（2）克服自私心理。要根除嫉妒心理，首先根除这种心态的自私。只有驱除私心杂念拓宽自己的心胸，才能正确地看待别人，悦纳自己。

（3）正确认知。客观公正地评价别人，也要客观公正地评价自己。

（三）羞耻与内疚

1. 羞耻

从心理上说羞耻是个体因为自己在人格、能力、外貌等方面的缺憾，或者在思想与行为方面与社会常态不一致，从而产生的一种痛苦的情绪体验。羞耻的个体往往会感到沮丧、自卑、自我贬损、自我怀疑、绝望等，认为自己对事情无能为力。公开的情境会易化羞耻感，所以减少羞耻最容易的一个办法就是自我孤立，让自己远离他人。人们也可以通过积极努力的改善自己的行为表现来减少羞耻感。

2. 内疚

内疚是个体认为自己对实际的或者想象的罪行或过失负有责任，而产生的一种强烈不安、羞愧和负罪的情绪体验。内疚往往有良心上和道德上的自我谴责，并试图做出努力，来弥补自己的过失。

总的来说，社交不是一般的交往，不是简单地与人交流，大学生的社交情绪不是生搬硬套，不是简单的自我交流。一定要有自己的见解，一定要有自己的主观判断。

第二节　大学生的人际交往

建立人脉关系就是一个挖井的过程，付出的是一点点汗水，得到的是源源不断的财富。

——哈维·麦凯（Harvey Mckay）

案例：

小莉，独生女，漂亮聪明，学习优秀，堂、表兄弟姐妹中数她最出色，集万千宠爱于一身，家庭经济条件好，很早就有了自己独立的卧室。到学校后，四人一间宿舍，她感到委屈和不适应，经常抱怨寝室同学，还耍小姐脾气，指使别人干这干那，好像是理所当然。就这样，其他三位同学开始逐渐疏远她，她感到十分孤单，却又不知道别人为什么远离她。

注解： 这是一个关于大学生人际交往的典型案例。大学生的人际交往问题主要表现为人际关系紧张，有委屈感、孤独感等。出现不适应的主要原因应该归结为不能适应集体生活，缺少正确与人交往的技巧，并且在重新认识和评价自我时出现了问题。

戴尔·卡耐基（Dale Carnegie）说过："一个人事业的成功，只有15%是由于他的专业技术，另外85%要靠人际关系和处事技巧。"可见，人际关系的好坏是一个人社会适应能力的综合体现。对于大学生来说，培养良好的人际交往能力是大学生活的需要，更是大学生走向社会的需要。

一、人际交往的发展阶段

社会学将人际关系定义为人们在生产或生活过程中所建立起的一种社会关系。心理学将人际关系定义为人与人在交往中建立的直接的心理上的联系。人是社会动物，每个个体均有其独特之思想、背景、态度、个性、行为模式及价值观，然而人际关系对每个人的情绪、生活、工作都有很大的影响，甚至对组织气氛、组织沟通、组织运作、组织效率及个人与组织之关系均有极大的影响。

根据欧文·阿特曼（Irvin Altman）和达尔马斯·泰勒（Dalmas Taylor）的社会渗透理论，从人际交往由浅入深的发展历程来看，可以把人际关系的建立和发展划分为四个阶段：

第一，定向阶段。即交往双方由零接触过渡到单向注意或双向注意。在这个阶段，由开始时的零接触状态逐渐实现选择性注意。这种选择可以映射出交往者的兴趣特征、心理特点和某种需要倾向。

第二，情感探索阶段。即由注意逐渐向情感沟通和探索的轻度心理卷入阶段发展。在这个阶段中，交往双方开始角色性的接触，如打招呼、聊天、学习和生活上的互相帮助。

第三,情感交流阶段。即由角色性接触向建立在基本信任基础上的较深情感卷入。在此阶段双方会谈论一些私人的问题,讨论各自家中的情况,诉说烦恼和分享快乐。

第四,稳定交往阶段。即交往双方由于逐渐接触,彼此的情感联系不断加强,心理卷入程度不断扩大,从而进入稳定交往阶段。

二、人际交往的类型与特点

(一) 大学生人际交往的类型

1. 师生关系

教师会是学生人际交往的重要对象,师生关系是学生人际关系的重要内容。师生关系会直接影响学生在学校的健康成长。教师是知识传授者,是大学生人格模仿的对象。

2. 同学关系

同学关系是大学生交往的基本关系,是与大学生联系最紧密的关系,也是大学生人际交往的主要对象。一方面,大学生年龄相仿经历相同、兴趣爱好相近,共同生活在一个集体、学习相同的专业,沟通交往容易;另一方面,大学生来自不同地域、不同家庭,家庭背景、生活习惯、个性气质有些许差异,再加上大学生空间距离小、交往密度高且自我空间狭小,对人际交往的期望较高,一旦得不到满足,容易采取消极退避的态度。

(二) 大学生人际交往的特点

大学生渴望友谊,渴望结交更多的朋友,交流更多的信息,接受更多的新思想。大学生人际交往呈现出前所未有的开放式交往趋势,表现出以下特点:

(1) 交往范围扩大。交往对象由以前的亲缘、朋友交往转向更广泛的社会交往群体。

(2) 交往频率提高和交往手段多元化。大学生交往由偶尔的相聚发展到经常的聊天、社团活动、体育活动、娱乐以及其他一些集体活动。

(3) 从交往方式看,以寝室为中心,社会工作和网络社交占主导。大学生由于时间、精力、生活环境、经济条件等方面的限制,交往的主要场所在校园,交往中心是学生寝室和教室,微信和微博等新型社交方式发挥着重要作用。

(4) 交往目的多样性。随着社会发展变化,大学生在选择什么样的人交朋友,并不纯粹是由于情感和志同道合,交往动机变得很复杂,越来越注重与自身社会利益相关的务实性，呈现出情感性交往与功利性交往并重的趋势。

（5）自主性增强范围广泛。人际交往是大学生身心发展的需要，随着身心的发育成熟，大学生的自我意识得到了迅速发展，在人际交往中，不愿顺从别人，希望独立自主，喜欢展现自己独特的见解和独特的性格。

（6）注重内容，注重形式。大学生校内外生活和实践丰富多彩，社团活动各具特色，人际交往的内容更加丰富。伴随新媒体的不断出现，人际交往的手段日渐多元化。电话、短信、QQ、微信、邮件，交往的形式越来越多，具有更多的开放和互动。

三、人际交往的障碍与原则

（一）人际交往的障碍

大学生在人际交往方面的困惑主要有羞怯心理、猜疑心理、自卑心理、嫉妒心理和自傲心理等。

1. 羞怯心理

羞怯心理是大学生人际交往中最常见的现象。大学生的羞怯心理包括两个方面：害羞和胆怯。

2. 猜疑心理

猜疑心理表现为总觉得周围的事情与自己有关，对他人言行过于敏感，认为别人看不起自己。猜疑经常导致无中生有，甚至曲解他人善意的言行，从而影响大学生的人际交往。

3. 自卑心理

具有自卑心理的人，往往情绪低落，学习效率较低，在困难面前畏葸不前，自我效能感较低，过分在意别人的评价和看法。待人接物过于敏感。

4. 嫉妒心理

大学生产生嫉妒心理是因为将自己与其他同学比较后，发现自己在学习成绩、能力特长、社交活跃程度或者家庭经济状况等方面不如别人而产生的一种由愤怒、怨恨、羡慕、羞愧等组成的复杂情绪。

5. 自傲心理

喜欢过高地估计自己，说话不注意分寸和方式，只从自我的角度出发，容易引起他人的攻击和反感。

(二) 人际交往的原则

1. 交互原则

心理学相关研究显示，每个人都是天生的自我中心者，每个个体都希望别人能承认自己的价值，重视自己的存在，支持自己、接纳自己、喜欢自己。由于这种追求自我价值被确认和情绪安全感的倾向，在社会交往中，人们更重视自己的自我表现，注意吸引别人的注意力，希望别人能接纳自己、喜欢自己。阿伦森（Aronson）的研究表明，人际关系的基础是人与人之间的相互重视、相互支持，对于真心接纳我们、喜欢我们的人，我们也更愿意接纳对方，愿意同他们交往并建立和维持关系。

2. 功利原则

心理学家霍曼斯（Homans）提出，人与人之间的交往本质上是一种社会交换过程，人们希望交换对自己来说是值得的，希望在交换过程中自己的得至少等于失。如果在交换中有所损失，则交换是没有理由去实施的，不值得交换的关系也没有理由去维持，所以人们的一切交往行为及一切人际关系的建立与维持都是根据一定的价值观进行选择的结果。

3. 自我价值保护原则

自我价值保护是指个人对自身价值的意识与评判。在人际交往中，每一个个体为了保护自我价值的确立，在心理活动的各个方面都会有一种防止自我价值遭到他人否定的自我支持倾向。

4. 平等与尊重原则

平等和尊重是建立良好人际关系的基本前提和条件。大学生人际交往过程中，无论你的学业成绩多好，相貌多英俊，父母的地位多高，家庭多富有，只有与他人平等相处，尊重对方，才能与别人进行正常的来往，建立和谐的人际关系。尊重包括尊重他人和自尊两个方面，一个心理健康的大学生应该既尊重别人，又懂得自尊。尊重他人包括重视他人的人格、习惯与价值，尤其是隐私的尊重。自尊就是在各种场合自重自爱，维护自己的人格。尽管受到主、客观因素的影响，人们在气质、性格、能力、知识等方面存在差异，但在人格上却是平等的。只有尊重他人才能得到他人的尊重。

5. 真诚原则

真诚待人是人际交往中最有价值、最重要的原则。同时，真诚也是做人的重要原则。在人际关系交往中，只有抱着真诚的动机和态度，双方才能互相理解、接纳和信任，思想和感情上才能产生共鸣，交往关系才能得到发展和深化。如果一方虚情假意，言行不一，甚至欺骗对方，就不可能得到对方的信任，交往也就无法顺利进行。以诚待人是人际交往得以延续和深化的保证。

6. 宽容原则

宽容，容许别人有行动和判断的自由，对不同于自己或传统观点的见解的耐心公正的容忍。这是对宽容的定义。为人要心胸宽广，不要太斤斤计较，尤其是在人际交往中，别太计较，也别太精打细算。不要揪住他人的一点小事，穷追不舍，也不要给人恩惠之后，常常挂在嘴边。人无完人，学会包容他人的缺点，欣赏他人的优点，凡事看远点，想开点，做一个宽容豁达之人。这也是人际交往中最基本的原则。宽容就是保持开放的心态：能够接受不同的观点和思路，不偏不倚，不以自己的观念为准则，而是以和平的方式去尊重他人的想法和行为。宽容之于为人：宽容首先要宽容自己，只有宽容自己的人才可能对别人宽容。所谓"天下本无事，庸人自扰之"。人的烦恼有大半是源于自己的。画地为牢，作茧自缚者从古有之。宽容还应该要善待自己。我们每个人的一生都不是一帆风顺的，在这段短暂的旅途中，难免会跌倒，但是我们要懂得宽容这必然的坎坷，在逆境之中要懂得为自己释怀。当我们把失意、委屈、愤懑放下时，我们即刻又能够勇敢地站起来。就在我们放下的那一瞬间，会得到一种新的体悟，同时心灵与智慧也会得到自由、宽慰与成长。

7. 理解原则

金玉易得，知己难寻。所谓知己，即能够理解和关心自己的人。相互理解是人际沟通、促进交往的条件。"己欲立而立人，己欲达而达人。""己所不欲，勿施于人。"（《论语》）当你在交往中，善解人意，处处理解和关心他人时，相信别人也不会亏待你。理解不等于知道和了解。就大学生人际交往而言，大学生不仅要细心了解他人的处境、心情、特性、需求，还要根据彼此的情况，主动调整和约束自己的行为，尽量给他人以关心、帮助和方便，多为他人着想。

8. 信用原则

人际交往要讲究一个信字。一是言必信，即说真话，不说假话。如果一个人满嘴胡言，尽说假话骗人，到头来就连真话都不能使人相信了。二是行必果，即说到做到，遵守诺言，实践诺言。如果一个人到处许诺而不去做，必然会引起人们的反感和唾弃。要信任，不仅要信任别人，而且要争取赢得别人的信任。三是不要轻易许诺，即不说大话，不做毫无把握的许诺。四是要诚实，即自己能办到的事一定要答应别人去办，办不到的事要讲清楚，以赢得对方的理解。

五是要自信,即要有一种自信心,相信自己能行,给人以信赖感和安全感。

四、影响人际交往的因素

(一) 认知因素

对自己、他人和人际交往过程本身的认知偏差是影响大学生人际交往,造成交往障碍的关键原因。比如,过高评价自己会引起自负,导致交往中的盛气凌人并不屑交往;过低评价自己会引起自卑,羞于与他人平等交往,导致交往中的恐惧感。大学生由于社会阅历有限,心理上也不成熟,人际交往中常常带有理想的模型,然后据此在现实生活中寻找知己,一旦理想与现实不符就会产生交往障碍。

全面认识自我。人贵有自知之明。一是通过分析他人对自己的评价来认识自我。这是自我认识的一条重要途径。二是通过与他人的比较来认识自我。三是通过自我比较来认识自我。四是要积极而准确地评价自我。五是要正确对待挫折和失败。一个人在成长过程中,难免会有失败,要有勇气面对挫折,认真总结教训,树立不达目的不罢休的决心。

(二) 个性因素

个性意识是影响大学生能否成功地进行交往的重要因素。有些大学生的人际交往障碍源自其不良的个性品质,如不尊重人、缺乏责任感、情绪无常、放纵自己、过分苛求他人、行为怪异、虚伪、冷淡、自私等。

(三) 交往能力和技巧因素

有些大学生不能与人成功交往,往往与其交往能力不足有很大关系。这些同学中有相当一部分是所谓的读死书、死读书的人,他们的一贯作风是只顾埋头读书,很少注意与他人沟通和交往。

(四) 社会环境因素

价值多元化对正在形成自己人生观和价值观的大学生带来了巨大冲击,许多大学生在交往中带有很强的功利性。其中,拜金主义和价值主义让大学生之间的交往不再单纯,不少大学生为了当选班干部而请客吃饭等;游戏主义让一些大学生追求过程,而不在乎结果,这在异性交往中尤为突出;互联网的普及让一些大学生沉迷于网络,并在网络上寻找人际安慰,完全忽略了或者不重视现实环境中的人际交往。社会上的这些负面因素正在侵蚀着大学生的正常交往。

（五）家庭环境因素

家庭经济状况的好坏也是影响当代大学生人际交往的一个重要因素。有些经济状况好的大学生不太愿意和经济状况差的学生交往。经济状况差一些的大学生对于生活和前途关注较多而对人际关系关注不多。

五、人际交往的应对方法

（一）克服消极心理

人际交往是人类基本的心理需求，有助于塑造个体的人格，有利于个体的身心健康和社会化。大学生应对人际交往的困惑，应该克服以下五种消极心理：

1. 克服羞怯心理

可以从三方面着手：首先，要培养自信，消除消极的自我暗示，学会肯定自己。其次，不要过于考虑别人对自己的看法，患得患失。最后，要学习必要的交往技巧，进行心理训练和实践锻炼，提高自身能力。

2. 克服猜疑心理

首先，要培养面对问题时理智处理的能力。其次，要学会客观全面地认知他人和客观事物，不要以短暂的交往经验就做出结论，避免以偏概全。最后，要拓宽胸怀，人际交往中产生误会和隔阂是正常现象，要学会主动与他人沟通。

3. 克服自卑心理

首先，要自尊自爱，正确看待自己，评价自己，欣赏自己，不断完善自我，增强人际吸引力。其次，寻求他人帮助，如向心理咨询师倾诉求助。最后，学会自我调控，积极参加活动和适量运动，逐步培养自信心。

4. 克服嫉妒心理

一是正确认识嫉妒心理的普遍性，并相信这种情绪可以克服。二是改变认知，见贤思齐，让自己的心胸逐步变得开阔。三是转移注意力，化嫉妒为动力，努力提高自己。四是学会自我宣泄，找他人开导。

5. 克服自傲心理

首先，学会发现他人的优点，尊重他人，每个人都渴望被肯定被尊重。其次，要有同理心，己所不欲勿施于人，在人际交往中，不断地自我觉察，不断地自我反省。再次，培养群体意识，在集体的活动中，在与他人的交往中，不断融合，不断适应，克服自傲的心理。

（二）正确看待自己

正确看待自己，就是要客观地认识自己，有积极健康的自我体验，悦纳自己。具体来说，就是要客观地认识自己，评价自己，同时要接受自己，喜欢自己，满意自己，有自豪感、成功感、顺心感和愉快感；能确定适度的奋斗目标，有积极的自我体验，开朗、乐观，对生活充满憧憬；能够冷静地、积极地对待自己的得与失，充满信心地认定自己的长处与短处，既不夜郎自大，也不盲目自卑，在人际交往中，确定自己的角色，摆正自己的位置。

（三）加强自身人际交往能力的培养

大学生希望自己生活在良好的人际关系氛围中。如何搞好人际关系，如何加强人际交往能力，是每一位大学生迫切希望解决的问题。大学生应该增强自身的人际吸引力。一个人是否具有较强的人际吸引力，也是人际交往能否成功的重要因素之一。根据社会心理学的观点，人际吸引力的产生归结为多方面的因素，比如，人的内在品质如精神风貌、性格特点、类型等；人的外在条件如衣着打扮、行为举止、职业地位等，都可以影响人际吸引力，并因此影响人际交往和效果。同时，人际交往也是一种复杂的社会互动，有着独特的交往原则和技能技巧。只要有可能，就要努力提高自己，改进自己。每个人身上都有很多值得学习的东西，大学生要善于学习别人的优点，在与其他同学的交往中，不论是水平比自己高的，还是水平比自己低的，我们都能够从他们身上吸取一些有益的东西。

（四）客观了解别人

大学生在与别人接触时，对别人的印象并不完全是直接获得的，而往往是间接推断的结果，间接推断往往会带有不少主观因素，需要我们加以注意。首先要尽量避免人际交往中认识偏差的影响，充分认识它们的规律；其次要积极对待他人的情绪，用心去倾听他人的心声，感同身受，将心比心。

（五）积极自我暗示

在交往中，如果发现自己出现不良交往情绪，可以对自己进行积极的自我暗示。比如，我不过是这么多同学当中普普通通的一员，不会有谁对我特别留意；或者告诉自己天生我材必有用。这时候做些简单重复性的熟练工作和事情，不给自己的心理增加过重的负担。对于那些较麻烦的、令人感到为难的事情，尽量在情绪高昂的时候去处理，这时饱满的工作热情和良好的心态，会使你淡化困难,甚至会产生知难而上的挑战欲和成就欲。

(六)努力完善自我

自我完善是个体在认识自我,认可自我的基础上,自觉规划行为目标,主动调节自身行为,以适应社会要求的过程。一是确立正确的理想自我,二是努力提高现实自我。当然,如果自己身上存在明显的缺点,理应努力克服和改正。大学生在人际交往中不断审视、认识自己和他人,不断领悟人生,这才是人际交往的内涵所在。

(七)加强大学生人际交往的管理工作

为创造良好的校园文化环境,学校要采取多种形式,积极为大学生提供更多、更有益的交往空间。高校开设一系列心理健康教育课程,通过教学使学生学会正确认识大学生在人际交往中常见的心理问题及其表现形式,掌握增进心理健康的方法,提高心理调适能力。同时学校要充分发挥心理咨询的作用,对有人际交往障碍的学生通过专门的心理辅导或咨询,帮助他们正确认识自己,找到问题症结,增强调适人际关系的能力。

表6-1 题号及对应分值

题号	1	2	3	4	5	6	7	8	9	10
	0	2	0	2	0	2	0	0	0	2
	1	1	1	1	1	1	1	1	1	1
	2	0	2	0	2	0	2	2	2	0
题号	11	12	13	14	15	16	17	18	19	20
	0	2	0	2	0	2	0	2	0	2
	1	1	1	1	1	1	1	1	1	1
	2	0	2	0	2	0	2	0	2	0

下面的测验题目可帮助你更好地了解自己的社会适应能力。

1. 我最怕转学、转班级、换单位,因为每到一个新环境,我总要经过很长一段时间才能适应。( )

2. 每到一个新的地方,我很容易同别人接近。( )

3. 在陌生人面前,我总无话可说,以致感到很痛苦。( )

4. 我最喜欢学习新知识、新技术,它给我一种新鲜感,能调动我的积极性。( )

5. 每到一个新地方,我第一天总是睡不好。就算是在家里,只要换一张床,有时也会失眠。（ ）

6. 不管生活条件有多大变化,我也能很快习惯。（ ）

7. 越到人多的地方,我越感到紧张。（ ）

8. 在正式比赛或考试时,我的成绩多半会比平时差。（ ）

9. 我最怕在会上讲话,大家都看着我,心都快跳出来了。（ ）

10. 即使同学、同事对我有看法,我仍能正常同他（她）交往。（ ）

11. 老师、领导在场的时候,我做事情总有些不自在。（ ）

12. 和同学、同事、家人相处,我很少固执己见,乐于采纳别人的意见。（ ）

13. 同别人争论时,我常常感到语塞,事后才想起该怎样反驳对方,可惜已经太迟了。（ ）

14. 我对生活条件要求不高,即使生活条件很艰苦,我也能过得很愉快。（ ）

15. 有时自己明明把考试内容背得滚瓜烂熟,可在考场上还是会出差错。（ ）

16. 在决定胜负成败的关键时刻,我虽然很紧张,但总能很快使自己镇定下来。（ ）

17. 我不喜欢的东西,不管怎么学也学不会。（ ）

18. 在嘈杂混乱的环境里,我仍能集中精力学习或工作,并且效率不减。（ ）

19. 我不喜欢陌生人来家里做客,每逢这种情况,我就有意回避。（ ）

20. 我很喜欢参加社交活动,我认为这是交朋友的好机会。（ ）

［评分与评价］

根据上表,可以计算出每一项的得分,累计即为自己的总分。

［分数含义］

38~40分：社会适应能力很强。你能很快地适应新的学习、工作、生活环境,与人交往轻松、大方,给人的印象良好。你无论进入什么样的环境,都能应付自如,左右逢源。

34~37分：社会适应能力良好。你能较好地适应环境的变化,态度积极,乐于与外界交往,有较强的调适能力。

29~33分：社会适应能力一般。当你进入新环境后,经过一段时间的努力,基本上就能适应。

23~28分：社会适应能力较差。你习惯于依赖较好的学习、生活环境，一旦遇到困难则怨天尤人，甚至消沉、退缩。

22分以下：社会适应能力很差。你在各种新环境中，即使经过一段时间的努力，也不一定马上能够适应，常常感到与周围事物格格不入而十分苦恼。在与他人的交往中，总是显得拘束、羞怯、手足无措。

如果你在本测验中得分较低，也不必忧心忡忡，因为一个人的社会适应能力是随着年龄增长，知识、经验的丰富而不断增强的。只要你有信心，努力学习，加强锻炼，一定会成为适应社会的成功者。

第三节　大学生的恋爱心理

一、大学生恋爱的发展阶段与心理特点

案例：

吴某（男）和李某（女）是同班同学。刚开始，在班上寥寥无几的女生当中，吴某也就是看李某比较顺眼，因此关注她也就相对多点。后来知道李某喜欢班上另一个男生，吴某对此虽然不是很开心但也并没有表现出什么。事情不知道是怎么发展的，李某和那男的并没有在一起。转眼到了下学期，吴某和李某两人的接触渐渐多了起来，又加上两边朋友的一些议论，两人互相喜欢的事实就这么被爆料出来。就这样，两个人谈起了恋爱，他们每天一起吃饭，一起散步，一起看书，他们相处得也很好，似乎并没有什么问题。直到另外一个女孩的出现，她是吴某在认识李某之前认识的，因为各方面条件的限制，吴某从没想过和她会有可能，可戏剧化的现实就是这样。那个女孩没想到吴某这么快就有了女朋友，她难受极了，一切来得那么偶然，那么不经意，那些天吴某一直处于矛盾纠结之中，长时间处于这个恋爱失败的痛苦之中。他不知道他的心里到底是爱着谁，他对两个女孩都有感情，谁也放不下。好在坦诚，他把事情告诉了李某，他第一次感觉到李某是那么爱他，他哭了，哭得那么伤情。

注解：这是一个关于大学生恋爱交往的典型案例。大学生的恋爱问题主要表现为恋爱关系出现问题，有委屈感、愤怒感等。出现不适应的主要原因应该归结为对爱情缺少正确的认知，不能正确对待和处理好这种恋爱受挫现象，来愉快地走向新生活。不能及时排解这种强烈的情绪，导致心理推移，性格反常。所以，大学生恋爱，要把自己放在一个正确的位置，适当控制自己的情绪，即使恋爱失败了，也只能说可能彼此不是最适合的，而且，还可以通过失败的恋爱吸取经验，从中学会怎样和异性交往。

一、大学生恋爱的发展阶段与心理特点

恋爱是两个人互相爱慕，行动的表现。在不同的时代有不同定义，现代定义为无论性别的两个人基于一定的物质条件和共同的人生理想，在各自内心形成对对方的最真挚的仰慕，并渴望对方成为自己终身伴侣的最强烈、最稳定、最专一的感情。

根据恋爱的基本特征和恋爱的发展阶段，恋爱分为以下阶段：

第一阶段无知期：不明白恋爱的意义也不明白什么是感情，行为导向根据内心的好奇或老师家长反对的叛逆。表现行为：①对有好感的人嘲笑、作弄、欺负；②默默关注，在同时在场的情况下能离多远离多远避免发生交集；③喜好对方的喜好，喜欢在一起玩。

第二阶段虚荣期：是无知期的延伸，不明白恋爱的意义也不明白什么是感情，行为导向根据内心的好奇或老师家长反对的叛逆，或是对性的渴望。表现行为：①注意形象外表，耍酷，打篮球，玩街舞，吸烟，打架，模仿明星；②喜欢鹤立鸡群，做怪异的事情从而希望得到异性关注；③脚踏多条船，得到即分手。

第三阶段懵懂期：本阶段在恋爱或感情中已产生需求，或安全感，或提款机，或排解寂寞，或生理需要多数人并不自知。表现行为：①乐于接触异性，乐于参加社团、社交活动；②愿意付出，讨好异性，只要能建立情侣关系；③不易分手，依赖对方，要求多且奇葩。

第四阶段渴求期：此阶段人群对恋爱及结婚有明确定义，恋爱为了结婚，结婚为了不受长辈亲友逼迫或是自己身边出双入对，从而羡慕嫉妒渴求或是想通过结婚改变生活质量。此阶段人群目的性更强，价值观受普世价值观影响严重，女方重视对方相貌、身高、学历、收入、家庭背景，男方则希望女方貌美如花、身材苗条、上得厅堂、下得厨房且唯自己马首是瞻。

第五阶段成熟期：此阶段人群对恋爱及结婚有明确定义，且不受普世价值观的影响，对另一半的内在要求更高（指与自己价值观相契合）。表现行为：①不骄不躁，宁可单身，绝不凑合，绝对的宁缺毋滥；②拿得起放得下；③不轻易确定关系,但步入婚姻后普遍幸福度较高。

爱情是人类永恒的话题,也是大学校园内一道亮丽的风景线。正值青春期的大学生,生理趋于成熟,卸下了高中学业的重压,免除了老师家长的约束,由于情感的需要及周围环境的影响,大学生们渴望爱情,想谈恋爱已成为一种较普遍的心理。对于文化水平较高,情感体验较为丰富的大学生来说,校园爱情是他们大学生活中重要的一课。

爱情无疑是大学生最为关注的话题之一。而大学生恋爱早已不再是犹抱琵琶半遮面,它是那样的具有魅力,拨动同学们的心弦,令人寻觅和向往。然而,恋爱问题恰恰又是大学生最感困惑的问题之一,严重影响到他们的学习、生活乃至人格的健康发展。因此,关注大学生恋爱心理,培养大学生正确的恋爱行为,成为大学生心理健康教育工作的一项重要内容。

二、大学生恋爱的特征与类型

(一)大学生恋爱的特征

在恋爱的过程中,大学生的爱情生活多姿多彩,他们或者通过老乡会、各种社团相识,或者通过网络或电话传情。但总体而言,大学生恋爱心理有如下四大特征:

1. 恋爱动机简单化

更多的大学生在恋爱中没有过多地考虑过将来能否走到一起,他们看重恋爱的过程轻视恋爱的结果,他们恋爱,是因为需要爱和被爱,多是出于本能的喜欢和吸引。"不求天长地久,只求曾经拥有"是大学生较普遍的一种恋爱心理。

大学生注重恋爱过程,这种心理有利于恋爱双方互相了解、加深认识,也有利于恋人之间培养感情、增加心理相容度。这种恋爱思想同时也反映出大学生恋爱没有太强的功利色彩,他们目的单纯,刻意追求爱的真谛。但从另一方面来说,只注重恋爱过程,强调爱的"现在进行时",不考虑爱的"将来完成时",缺乏爱情的责任意识。还有一部分大学生恋爱出于从众或虚荣心理,把恋爱当作一种充实课余生活,解除寂寞,填补空虚的手段,这些都是恋爱心理不成熟的表现。

2. 自控力与耐挫力较弱

曾经有一项关于爱情和学业的调查,在对待学业与爱情的关系上,43.6%

的大学生认为学业高于爱情；49.6%的大学生认为同等重要；只有6.8%的大学生认为爱情高于学业。调查结果说明绝大多数大学生能够正确看待学业与爱情的关系，希望学业和爱情双丰收，具有理智的爱情观。但很多事实表明，很多大学生缺乏理智处理感情事件的经验和心态，一旦陷入热恋中，往往不善于控制自己的情感，缺乏理智的驾驭能力，对恋爱对象过分依赖，稍有波折就痛苦万分。

3. 爱情呈现出不成熟与不稳定性

当前恋爱的大学生，低龄化人数呈上升趋势。很多大学生一进大学就开始谈恋爱。这些低年级学生，由于社会阅历浅，思想单纯，很多学生对于自己的人生目标和需求，还没有一个很清楚的概念，对待恋爱问题简单、幼稚、不成熟。在择偶标准上，往往重外表，轻内在；在恋爱方式上，往往重形式，轻内容；在恋爱行为中，往往重过程，轻结果，重享乐，轻责任。这种恋爱问题上的不成熟性，加之经济上尚未独立，恋爱过程中感情和思想易变，缺乏妥善处理恋爱中情感纠葛的能力，极易造成恋爱的周期性中断，或对恋爱对象的选择漂泊不定，恋爱的成功率较低。

4. 恋爱观念开放，传统道德淡化

随着时代的发展，当代大学生的恋爱观念日益开放，传统道德逐渐淡化。在大学生中流行这样一句话：恋爱是大学的必修课，如果你在大学期间，没有谈过恋爱，那你就不算是一个合格的大学生。于是，在教室、食堂、操场、道路等公共场合中随处可见一双双、一对对大学生恋人的身影。在恋爱中，一些同学也抛开了应有的矜持与含蓄，表现得越发投入与大胆，投身于轰轰烈烈的恋爱洪流中去。在教室、食堂、操场等公众场合旁若无人，这种表现在师生中间产生了不良的影响，破坏了大学生的良好形象。

（二）大学生的恋爱类型

在大学的校园中，一对一对的情侣并不少见。根据资料报道，目前全国高校有85.6%的大学生已经实施或准备涉足爱河。下面，将从三个不同的恋爱类型进行简单描述。

1. 志同道合型（理想型或事业型）

这种恋爱类型是建立在共同的理想、信念和事业的基础之上的。双方为了维系爱情的发展，不使对方失望，则往往对自己要求更高，学习和工作更勤奋。这种类型的情侣还会把对方看成是自己的竞争对手，从而每天都会比没恋爱时更加刻苦地看书学习,以某一天超过对方或不被对方赶超为目标。而且,这类的恋人,往往是在一起探讨问题,互相为自己的目标奋斗,久而久之,日久生情而走到一起的。这类的恋情往往比较牢固,分手较少。

一项对全国14个省市26所全日制高校5472名在校大学生的调查发现:这种类型的恋爱人数占17%左右,但是其成功率非常高,往往毕业以后能携手走出校园。

2. 情投意合型(情感型)

这种恋爱类型主要以共同的兴趣、爱好为基础,一般感情专一、互敬互爱,遇到困难能够共同分担。校园里常能看见他们成双成对地走在一起,共同探讨人生的悲欢。这种类型的恋人走到一起一般都是在日常生活中互相关心,有点像兄弟姐妹一样,腻在一起,最后郎情妾意,你情我愿,成为恋人。这类的恋情一般成功率也比较高。这种恋爱人数占19%左右,成功率也是比较高的,达到86%。

3. 跟风攀比型(从众型)

大学生因为心理发育还不成熟,在决定做事之前往往缺乏慎重考虑。对待爱情也是一样,常常为了攀比,满足虚荣心而行动。同宿舍的几位同学,一旦有人恋爱了,其他人也不示弱,陆续谈起来,忘了考虑是不是真正的爱情。还有部分大学生尤其是男生认为谈恋爱或被异性追求就是有本领有能耐,反之则是无能的表现。在这种虚荣心的促使下,一些人为了显示自己不比别人差,于是就匆匆加快了求爱的脚步,而根本是没有感情基础的。

三、大学生恋爱的心理问题

由于大学生多数是初涉恋爱,而且情感问题一直以来都是让人既向往又担忧的问题。尽管许多人会因某些理由而不去谈恋爱,但对周围同学的恋爱大多还是持肯定态度的。现在的社会环境对大学生的要求更高,需要应付各种各样的压力,这个时候,大学生谈恋爱是件非常正常的事情,这也是一种交际能力的锻炼。下面就将从认知、行为、态度三个方面来谈谈大学生的恋爱问题。

(一)认知方面

在认知方面存在错误主要有以下六大方面。

1. 无爱无生活

来到大学有些人认为就像进入了象牙塔,有一种大一玩、大二耍、大三学、大四找工作的想法，于是，暂时没有什么目标理想，加上身心的发展成熟，开始追逐爱情。由于有了一两段短暂的爱情，后来在爱情路上又遭受几次挫折，逐渐有了以爱情为主，无爱无生活，没有爱生活就没有意义的错误观念。有位学生曾坦言："进入大学以来，我的思想很消极，什么目的也没有，终日无精打采，仿佛人生一点儿意义都没有，头脑一片空白。"这一坦言，反映了很多大学生心中的苦闷，缺少学习动力、目标，于是转到谈情说爱，借以消磨时光，寻求快乐。

2. 从众心理

由于上了大学后，想到大家都开始寻找伴侣，自己年纪也不小了，如果大学四年都没有谈过恋爱的话，就是剩下的，即所谓的剩男剩女。所以，迫于各方压力，产生"怎么着也得找个人才行"的错误观念。

3. 错误的择偶观

在找什么样的人作为恋爱对象的问题上，有人为了显示自己的魅力、能力，非有钱的、有姿色的、家里有势的等各方面都很突出的不要。而不是找适合自己的人。

4. 排斥异性

总感到自己缺乏被爱的吸引力，常有一些人会为自己还没有恋人而自卑，认为自己对异性没有吸引力，认为别人瞧不起自己，不敢坦然与异性交往，更怕在异性面前失误，只好用回避与异性接触的办法保护自尊心，并极力掩盖内心深处的痛苦与失落。

5. 能做恋人的异性朋友难寻

陷入这种恋爱心理困境的原因主要在于对友情和恋情的认识还很肤浅，并缺乏对社会中人际关系的科学认识，也更证实了他们的性心理发育的确滞后于性生理的成熟。当然，也不排除由于社会的快速发展与观念更新所形成的复杂人际关系对大学生的影响及心理冲击。

6. 不知如何面对婚前性行为和试婚现象

这除了与大学生性心理发育的成熟及角色的特殊性相关外，一方面受西方性自由、性解放的影响，另一方面也与我国在学校性知识教育上的薄弱、大众媒体宣传的不适当有关。对于大学生这种恋爱心理问题，辅导的重点在于优化大学生对婚恋与性科学知识的认知和对社会的认知，强化大学生的责任意识，即对自己、对朋友、对父母、对社会和集体应承担不同内容与程度的责任。

（二）行为方面

行为方面的不雅，在大庭广众之下，举止行为过于亲昵；不考虑后果，偷吃禁果，又没有任何保护措施，酿下难以收拾的后果，面对自己无力面对的场面；消费方面，为了在恋人面前显摆，没有钱也要撑住面子，出入一些奢侈场所，大吃大喝，约会基金完全超出自己可以承受的范围，还不断伸手向父母要；为了陪恋人，花费了大量时间，耽误了学习，成绩一落千丈，平时跟朋友在一起的时间也大大减少，忽略了朋友，一旦和恋人的感情告终，就会异常地难过、孤独、想不开，各方面的心理问题就出来了。这些不合理的行为，也是有待改进的地方。

（三）态度方面

有一部分人抱着玩一玩、试一试的态度去恋爱，满足与异性交往的欲望，寻求刺激、填补精神上的空虚，甚至发生了婚前性行为，他们见一个爱一个，玩一个丢一个，完全是一种游离于婚姻之外的享受和消费。为了和身边的人进行比较，以显示自己的魅力、实力、能力而恋爱；不考虑以后，只顾当前满足，认为爱情和婚姻是两码事，要求以后结婚的人是个绝对纯洁的人，要求对方没有感情史，而自己可以胡来；而有部分人则认为恋爱就一定会影响学业，于是坚决抵制在上学期间恋爱，对异性的追求不敢正视，担惊受怕，不懂得正确处理。

四、大学生恋爱心理问题的纠正

大学生恋爱中心理问题很多，如何应对和克服这些问题，保持心理健康是大学生面临的一个重要问题。具体地说，应从以下方面入手。

（一）树立正确的恋爱观

1. 提倡志同道合的爱情

在恋人的选择上，最重要的条件应该是志同道合，思想品德、事业理想和生活情趣等大体一致。应该是理想、道德、义务、事业和性爱的有机结合。一般情况下，异性感情的发展是沿着熟人、朋友、好朋友、知己、恋人这一线索发展的，当一个男生成为一个女生心中任何其他人都不能代替的角色时，爱情就可能降临。在分享快乐和痛苦、共同成长的过程中，爱情就会产生和发展。

2. 摆正爱情与事业的关系

大学是正值人生的青春年华，是学习的大好时期，应该把事业放在首位。

青年学生进入大学后,专业方向基本确定,未来的事业逐步开始清晰,他们所面对的压力是显而易见的。绝大多数大学生能够正确看待学业与爱情的关系。他们赞成学习是学生的天职,大学阶段应以学习为主,爱情应当服从学业,或者希望学业和爱情双丰收,既渴求学业有成,又向往爱情幸福。但是我们发现也有不少同学一旦坠入情网就无法自拔,学习受到严重影响。有的大学生整天沉浸在卿卿我我的甜言蜜语中;有的大学生中午、晚上不休息,加班加点谈恋爱,致使上课时倦意甚浓,无精打采;有的大学生干脆逃课,一心一意谈恋爱,成为恋爱专业户。让爱情逐渐成为生活的唯一追求。可见,摆正学业与爱情的关系,是大学生难以控制而又必须正确处理的问题。大学生应该把学业放在首位,不能把宝贵的时间都用于谈情说爱而放松了专业学习。摆正爱情与事业的关系,毕竟学业才是大学生价值感的主要支柱。

3. 懂得爱情是一份责任和奉献

爱情意味着责任,要对自己和别人负责。只有正确地认识爱情,才能更好地面对爱情。爱情是相互给予而不仅仅为了得到,恋人之间彼此分享快乐、幸福和悲伤等。爱是责任,所有的爱情都包含一份神圣的责任,这种责任不是义务,不是外界强加的,而是内心的自觉,即为自己所爱的人承担风险,而不只是感官上的愉悦与寂寞时的陪伴。爱是彼此尊重,真诚的爱是建立在双方平等与理解基础上的。

(二) 发展健康的恋爱行为

恋爱中的大学生应该从这几个方面要求自己,使自己的恋爱行为文明。首先,恋爱言谈要文雅,讲究语言美。交谈中要诚恳、坦率、自然,不要为了显示自己而装腔作势,矫揉造作;不能出言不逊,污言秽语,举止粗鲁,否则只会使对方厌恶,伤害感情。其次,恋爱行为要大方,避免粗俗化。高雅的亲昵动作能发挥爱情的愉悦感和心理效应,粗俗的亲昵动作往往是引起情感分离的消极心理效果,不仅有损于爱情的纯洁与尊严,也有损于大学生的形象,同时对旁人也是一种不良的心理刺激。再次,恋爱过程中要平等相待,相敬如宾。不要拿自身的优点去和对方的不足比较,以此炫耀抬高自己,戏弄贬低对方。也不宜想方设法地考验对方或摆架子,这些都可能挫伤对方的自尊心,影响双方的感情。最后,善于控制感情,理智行事。恋爱中引起的性冲动,一方面要注意克制和调节,另一方面要注意转移和升华,参加各种文娱活动,与恋人多谈谈学习和工作,把恋爱行为限制在社会规范内,不能越轨,要使爱情沿着健康的道路发展。

(三) 培养爱的能力与责任

爱不仅是一种艺术，更是一种能力。我们只有先塑造自己，培养迎接爱的能力、拒绝爱的能力、发展爱的能力，然后才有能力给人以爱，才能更好地爱别人。

1. 迎接爱的能力

迎接爱的能力包括施与爱的能力和接受爱的能力。爱是一种奉献，而非索取，一个人心中有了爱，在理智分析之后，要敢于表达、善于表达，这是一种爱的能力。一个人面对别人的施爱，能及时准确地对爱做出判断，并做出接受、谢绝或再观察的选择，这也是一种爱的能力。大学生要具有迎接爱的能力，就应懂得爱是什么，有健康的恋爱价值观，知道自己喜欢什么，需要什么，适合什么。

2. 拒绝爱的能力

拒绝爱的能力是指遇到自己不愿或不值得接受的爱应有勇气加以拒绝。拒绝爱要注意两个方面：一是在并不希望得到的爱情到来时，要果断、勇敢地说不，因为爱情要不得半点勉强和将就。如果优柔寡断或屈服于对方的穷追不舍，发展下去对双方都是不利的。二是要掌握恰当的拒绝方式，虽然每个人都有拒绝爱的权利，但珍重每一份真挚的感情是对他人的尊重，也是一种自珍，同时也是对一个人道德情操的检验。不顾情面，处理方法简单轻率，甚至恶语相加，结果使对方的感情和自尊心都受到伤害，这些做法是很不可取的。

3. 发展爱的能力，培养爱的责任

发展爱的能力是指我们要有无私的品格和奉献精神，善于处理矛盾，有效地化解恋爱和家庭生活中的纠纷。苏联著名教育家马卡连柯曾说："爱的力量只能在人类非性欲的爱情素养中存在。他的非性欲的爱情范围愈广，他的性爱也就愈为高尚。"发展爱的能力，并不是非要具体到对某一异性的爱，可以是更广泛意义上的爱。我们的亲人、同学、朋友、祖国和人民，都值得我们去热爱。发展爱的能力，就是要培养无私的品格和奉献精神，要培养善于处理矛盾的能力，有效地化解消除恋爱和家庭生活中的矛盾纠纷，为恋人负责，为社会负责，才能创造出幸福美满的婚恋。

绝大多数大学生因为不能正确面对恋爱观，盲目恋爱，导致失恋后无法正确处理。不要由于从众才去恋爱，不要只为了恋爱而去谈恋爱，也不要只为了简单的生理需求或者心理需求就去盲目地恋爱，两个人在一起就要一起努力，共同向上。所以要提倡志同道合的爱情，正确处理爱情和学业之间的关系，恋爱要严肃认真、感情专一，恋爱过程中要相互理解、信任和宽容，相互尊重，共同进步。要追求高尚的爱情，摒弃庸俗的爱情。

4. 提高恋爱挫折承受能力

恋爱对于每个人都是难忘的，恋爱中的关心体贴、互帮互助和激励安慰会让每个人都体会到恋爱的美好。然而，越是美好的东西，失去之后的伤害越大。失恋正是如此，当你全身心地投入一个人身上之后，那个人又转身离开，所有的依靠一下都没了，就好像全世界只剩下你一个人一般。

大学生的恋爱受到多种因素的影响和制约，因而在追求爱情的过程中遇到各种波折是在所难免的。前面所提到的相思、爱情错觉、失恋等恋爱心理挫折对大学生的心理承受能力就是一种考验。大学生失恋后应当学会自我调节。失恋学生要能够明白，爱情固然重要，但并不是生活的全部，爱情只是生活中点缀的部分，有爱情的生活可以更完美，但没有了爱情并不代表生活就没有了色彩。要学会思维转移，把失恋的痛苦升华为学习中奋发向上的一种动力。正所谓"天涯何处无芳草""莫愁前路无知己"。任何事物都有其正反两面，失恋虽说是一次失败的恋爱，但同样有其独特的积极意义，比如，失恋能避免以后的婚姻失败；失恋能增长阅历和耐挫能力；失恋能认识自我的爱情观；失恋能让人学会珍惜、尊重和宽容等。

5. 充分认识到恋爱要受法律法规的约束

作为当代大学生，应具备一定的法律意识和法治观念，法律基础是高校大学生的必修课，从法的角度来讲，修改后的《婚姻法》增加了关于禁止重婚的规定，在总则中则增加规定夫妻应当相互忠实、相互扶助。在法律责任中，重婚追究其刑事责任，因一方重婚而导致离婚的，无过失的一方有权请求损害赔偿。不难看出，国家法律加大了对重婚的处罚，目的就是规范婚姻关系。对于恋爱中的一些过激行为，大学生应该有一个清醒的认识，大学生应该意识到，规范和约束自己的行为，不仅仅是社会主义道德的要求，同时也是社会主义法律的要求。

第四节 大学生的性心理

一、大学生性心理及其特征

（一）性心理

性心理是指在性生理的基础上，与性征、性欲、性行为有关的心理状态与心理过程，也包括了异性交往和婚恋等心理状态。性生理是性心理发展的生物学基础，性生理发育的障碍或缺陷，会使性心理的发展出现偏差。

世界卫生组织对性心理健康所下的定义是：通过丰富和完善人格、人际交往和爱情方式，达到性行为在肉体、感情、理智和社会诸方面的圆满和协调。性心理健康是人类健康不容忽视的重要组成部分，近年来越来越受到人们的重视。

（二）性心理发展阶段

科学研究表明，直接影响性生理成熟的是大脑脑垂体前叶分泌的性激素。性激素的激活唤醒了性意识的觉醒。所谓性意识觉醒，是指个体意识到自己的性别，两性之间的关系，以及对待两性的态度和行为规范。在一岁半到四岁的时候，人就能从外部特征分辨周围人的性别，但都认为性别是可逆的，学龄前儿童已经懂得男女性别是不可逆的。但在第二性征未发育前，孩子都处于性无知期，虽知道男女有别，但仍旧两小无猜。

青春期，性意识的发展一般可分为四个时期：

1. 异性疏远期

青少年在第二性征出现后的 1~2 年内，朦胧地意识到两性差别。

2. 异性吸引期

对异性产生好感和爱慕，一般发生在女孩 12~13 岁，男孩 13~14 岁以后。这时的少男少女开始表现自己，并对异性表示关心、体贴，乐于帮助异性同学，以博得异性的好感。但是少男少女毕竟还不懂得应当怎样与异性相处，接触和交往多半没有专一性和排他性。

3. 向往异性期

15~16 岁之后的青少年向成人过渡加快，在对异性产生好感的基础上各自形成一个或几个异性的"理想模型",并在众多的男女生交往中,逐渐由对群体异性的好感转向对个别异性的依恋,萌生恋情。

4. 择偶尝试期

高中毕业进入大学的青少年,对异性的爱慕和向往有了比较严肃的选择和排他性,自然而然地进入恋爱择偶尝试期。男女双方从内心深处都感到异性存在的美好,并渴望用各种方式接近异性,引起特定异性的注意和好感。大学生追求爱情,渴望恋爱是在性生理成熟的基础上的性心理需要。性生理成熟是性心理发展的基础。

(三) 大学生性心理特征

1. 性生理成熟与性心理不成熟之间的矛盾

目前,我国大学生普遍年龄在18~24岁,也就是说,大学生已经是成人社会的一分子,虽然在法律上和生理上已经成人,但是在心理上,他们对于性仍然是懵懂的。

2. 性意识的不断强烈和羞愧感之间的矛盾

当前大学生性意识在不断加强,由于一些影视作品和非法光碟的影响,当前大学生对于性的渴望日益增强。但是由于传统思想、社会道德和法律的约束,许多大学生羞于表达自己的性意识,同时他们的性欲望也无法得到满足。性的道德性与性的压抑性之间的矛盾日益加深。

3. 本能性与诡秘性

大学生的性心理,尤其是低年级大学生的性心理缺乏深刻的社会基础。生理上的日趋成熟,导致了他们心理上愿意接近异性的需求不断加强,但由于性心理还不具有深刻的社会性,基本上是一种由生理上的急剧变化而带来的本能作用。往往是怀着好奇心,秘密地探求性知识,对异性的兴趣、好感及爱慕也比较盲目和单纯。

4. 强烈性与不稳定性

大学期间的性心理发展,由朦胧纷乱的性心理变化逐渐发展为性意识的强烈。其显著特征是闭锁性,导致了其性意识的强烈性与不稳定性。如思维比较活跃,对性问题敏感、好奇,但性意志和性伦理道德观念却相对薄弱。

5. 男女性心理存在差异

学生性心理因性别的不同而有所差异。女性性意识比男性成熟更早,而男性获得某些性感的体验在年龄上要比女生早。在对异性感情的流露上,男生较外显和热烈,女生则含蓄深沉;在内心体验上,男生多新奇、喜悦、神秘,女生则常常是惊慌、羞涩和不知所措;在表达方式上,男生一般较主动,女生往往采取暗示的方式;此外,男生的性冲动容易被视觉刺激唤起,女生则易在听觉、触觉刺激下引起兴奋。

二、大学生常见的性心理现象

(一) 性困惑、性紧张和性压抑

性困惑:指对第一、二性征的发育而出现的心理的不适应,发育程度的困惑。

性紧张:性欲能量逐渐积累而得不到释放的心理紧张状态。

性压抑:性冲动无法缓解,强行以理智和意志去压制性冲动,久而久之会产生精神疾患。

(二) 性吸引、吸引力缺乏与单相思

人类对美的追求开始于远古时代,对自身美的追求更是包含在内。在不同的时代和不同的文化传统中,人们通过形式多样的方式来展示性的魅力,给人以美的享受。大学生的长相、发型、化妆、服装固然可以增加大学生的性吸引力,但这些都只是外在的,更重要的是还应该与他们内在的品质、个性等相结合。大学生的性吸引主要包括了品质吸引、人格魅力吸引、心理相容吸引、神秘感等。

吸引力缺乏,随着年龄增长,由于雌性激素逐渐降低,女性会在中年这个阶段迎来自己的更年期。在此期间,女性情绪波动很大,可能因为一点小事就会发脾气,就会暴跳如雷,其实她们也知道随便发脾气不好,但就是控制不住。

单相思,也叫单恋,它是指人与人之间只有单方面的爱恋思慕,若对方一直不回应你则只会以痛苦收场。也比喻双方中只有一方有愿望或热情。单相思是一种进入爱情的准备阶段,也很有可能完全停留在这样的状态之中而无法得到必要的发展。单相思也是大多数人都经历过的一种心理状态。单相思算不得病,可过分地单相思会导致严重的心理失调,成为单思病。

(三) 性意识的冲动

从生物学的角度来看,性冲动是一种正常的生理现象,从生理发育水平来看,大学生正处于婚配生育年龄,有性冲动并不是一件可怕的事情,但这种欲望过于频繁就会影响正常的学习和工作,以及与异性的相处。

（四）性别认同困扰

据调查发现，大学生平时有性冲动的占87%，对自己的性冲动感到羞愧的占36%，感到自责的占33%，感到苦恼的占26%，感到困惑的占22%。大学生一方面是性的自然冲动，另一方面是对性冲动持否定态度，于是形成了深刻的矛盾和心理困扰。极少数大学生发生过婚前性行为，但由于婚前性行为不为社会道德所接受，因而容易受到和引起心理上的冲突，一旦被人知道就会羞愧难当。尤其一旦怀孕，男女双方就会惊恐不安，不知所措。

（五）性骚扰的恐惧

常见的性骚扰有故意擦撞别人身体的某个部位，故意贴近别人身体，故意谈关于性的问题，用色情语言进行挑逗，用暧昧的眼光打量别人，强行要求发生性行为等。由于缺乏自卫意识，一些大学生在面对性骚扰时常常惊慌失措，恐惧万分之后，长时间自责，认为自己不干净，心理上的困扰长时间不能解脱。

（六）失恋

失恋是指一方否定或中止恋爱后给另一方造成的一种严重的心理挫折。失恋可以说是大学生最严重的挫折之一，会引起一系列的心理反应。如难堪、羞辱、失落、悲伤、孤独、虚无、绝望和报复等。这些不良情绪如果得不到及时的排除或转移，很容易导致失恋者产生忧郁、报复乃至自杀等不良心理和行为。

三、大学生性心理问题的原因

（一）性知识缺乏

大学生经过多年的教育，掌握了不少科学知识，但对性知识的了解，却与他们的整体知识结构严重失调。调查显示，大学生对性知识的了解不容乐观。

造成这一现象的原因，一方面是由于现行教育体制的不完备。长期以来，基础教育阶段对性教育采取欲说还休的姿态，使中小学生了解性知识的途径减少。这种状况到大学后并没有得到改善。在一项"你了解性知识的途径"调查中，71.4%的大学生回答是来源于媒体，24%的大学生回答是来源于同学，有10%的女生回答是来源于母亲。由此可见，家长和老师在性教育中的作用微乎其微。另一方面是因为我国传统主流文化长期回避性话题，而一些私下场合获得的性知识缺乏严肃性和科学性，有的甚至是荒诞的。

（二）性道德和性冲动矛盾困扰大学生

性知识的匮乏造成了大学生性心理的障碍，但由于正常的性活动本身不仅是个体行为,还是一种社会行为,因此必然会受到社会道德的约束,不可能为所欲为。当代大学生对此缺乏足够的理解,造成性心理活跃和性冲动增加与性道德的冲突,形成了一些性心理问题。

当代大学生性心理活跃和性冲动增加的主要原因有:第一,营养改善。营养的改善使青少年生理发育水平和性成熟期提前,身体素质与第二性征提前达到标准,必然导致性心理活跃和性冲动增加。第二,性文化接触增加。国内关于性的书刊、音像制品增加,西方关于性的开放态度以及色情文学,网上黄色信息的传播,都对大学生这个善于获取各方面信息的特殊群体产生了巨大影响。第三,社交活动增加,监督减少。步入大学后,学习的压力相对减小,大学生与异性交往增多,同时家长、学校的监督管制减少,也会促使他们性心理活跃,性冲动增加。

(三)恋爱中的困扰

男生、女生到了一定年龄,异性之间相互吸引是很正常的现象。大学生刚刚脱离早恋的束缚,对恋爱有渴求的心理,因此恋爱在大学生中普遍存在。但恋爱中缺少理智和经验却可能给他们带来极大的痛苦。

(四)性知识的渴求与教育的滞后

随着人们物质生活水平的不断提高,青少年的发育期已大大提前。调查显示,我国青少年目前成熟年龄普遍比20世纪70年代提前4~5岁,婚前性行为呈现出低龄化的趋势。也就是说,青少年发育期已经大大提前了,但在许多成年人眼里,还是把他们当作完全不懂事的孩子。一直用自己当年成长的眼光看待问题。

四、解决大学生性心理困扰的对策

要解决大学生性心理发展过程中的困扰及问题,就要使大学生掌握性知识,端正性态度,加强性道德。要实现这三个目标,必须从家庭、社会、学校及大学生自身的性教育着手。

(一)家庭

从家庭角度来讲,父母是每个人性教育的启蒙者,要求父母用科学的态度回答子女提出的性困惑,正确处理性游戏,忌用无耻下流的字眼;有一个和谐良好的家庭环境,从而增强大学生的自制力和责任感,并减少外出寻求性刺激,防止性犯罪。

（二）社会

随着经济、文化的发展与社会的进一步开放，人们接触来自外界的性观念和性信息有了更多的机会。当今的大学生对涉及性方面的知识了解程度，大大超过了以往任何一个时代的同龄人。生活在今天的社会里，来自电影、电视、书刊及网络等渠道的有关信息，对他们形成了强烈的刺激，那些性方面的宣传已经让大学生迷失了自我。在这样强大的外在刺激下，大学生的性意识迅速地萌芽、生长和成熟起来，由于得不到正确客观科学的认识，这样就容易地激发他们的好奇感。如果有机会或者他们有了合适的条件就很容易发生性越轨，这种行为往往又不被社会主流舆论所容忍，因此害怕受到来自社会、学校、家庭的压力。就社会而言，一要加强法治建设，净化大众传媒；二要宣传普及科学的性知识，提倡正确的性观念。

（三）学校

学校方面，包括开展性教育课程，性健康教育报告，设立专门的咨询室用于解答大学生性心理发展时期的困惑。进行人生价值观和伦理道德教育是进行性教育的基础。进行人生价值观的教育主要是使大学生充分认识到大学时代是人生最宝贵的时期，认识到自己对社会和国家担负的责任，通过刻苦学习、努力奋斗使自己各方面达到要求，以适应未来工作的需要，实现自己的人生价值和理想抱负。过早的恋爱和性体验都有害身心的健康，沉溺于情爱中不能自拔必然导致光阴虚度、学业荒废。一些教育专家指出，由于我国基础教育阶段的生理卫生课大多只是敷衍了事，甚至略过不讲。教育的缺失和认识上的误区，导致了我们对大学生性教育的缺失。

（四）大学生自身

大学生应增强自我的约束能力，不要刻意地压抑，也不要单纯地仿效，学会注意力的转移和升华。

1. 科学地掌握性知识，开展科学的性教育

作为大学生应该对性有一个科学的认识。性是一门综合性的科学。它包括性生理学、性心理学、性社会学、性伦理学、性美学等。大学生一方面要认识性的自然属性。食色，性也。性是我们生活的一部分，面对性要坦然，要科学地看待，树立正确的性观念，端正性态度，同时也要努力学习和掌握性科学知识，避免性无知，消除把性仅仅看作是生物本能的片面认识。另一方面也要认识到性的社会属性，性是自然属性和社会属性的完整统一，因而人的性观念、

行为应符合社会规范。大学生一般缺乏规范的性健康教育，加强以塑造健康性心理为核心的大学生性心理健康教育，对大学生的全面发展乃至社会的文明进步至关重要。

2. 培养健康的人格

性是人格的完成。性，不仅仅决定于生物本能，一个人对待性的态度，反映了一个人人格的成熟程度。人自身的尊严感和对他人是否尊重，都会在两性关系中充分体现出来。具体表现为：要自爱自信、要对性行为负有社会责任感和要培养良好的意志品质。

3. 积极进行自我调节

性欲是正常的和健康的，而且性欲是可以控制的，首先要正确调控性冲动，通过投入学习、工作和参加各种文体活动以及男女正常交往等多种合理途径，陶冶个人情操，同时要尽量避免影视、报刊、网络上的过强的性信息刺激，抵制黄色书刊的不健康影响。其次，要克服遗精恐惧和月经焦虑。男生要正确对待遗精，经常清洗床单、内裤和性器官，保持个人卫生。女生要了解月经期规律，减少经期中的不良精神和身体刺激，努力调控自己的情绪，愉快度过经期。第三，要正确对待手淫、白日梦和性梦。不必因为手淫而自责，但是过分沉溺于手淫，只靠频繁的手淫来缓解性紧张是不健康的表现，应当通过丰富多彩的精神生活和恰当的异性交往来平衡自己的性心理。对于白日梦和性梦不必担心，应当通过追求更高层次的需要，来缓解自己的性心理，减少白日梦和性梦。

4. 文明适度地与异性进行交往

异性交往有益于扩大信息、完善自我，对个人的恋爱婚姻及个人的成长发展具有重要的作用。但大学生在与异性交往时要把握分寸，注意场合，规范行为，处理好友情与恋爱的关系。

5. 对性骚扰的自我保护

首先，大学生应当维护自尊、自重、自爱的自我形象，做到举止大方、行为得体、作风正派、衣着打扮不轻浮。其次，大学生应当学会自我保护。女生尽量晚上不要单独外出，更不要单独在男性家中或住所长时间停留。面对异性的非分要求，不要畏惧，要勇敢地说不，要以严厉的态度制止和反抗性骚扰，必要时向别人呼救或向公安部门寻求帮助。

6. 寻求心理咨询

建立系统、完备的性教育体制非一朝一夕就能完成，加之众多大学生存在个体差异，因此若要理想地解决大学生的性心理问题，开展心理咨询是较为简捷有效的方式。据不完全统计，在大学生们前来咨询的问题中，与异性的交往问题占据了其中一半以上的比例，其中大部分或多或少都涉及有关性的困惑。当你遇到性困扰时，你可以坦然寻求心理咨询。

第七章

大学生的网络心理与职业生涯规划

第一节 大学生的网络心理

信息化社会在当今最突出的表现就是社会网络化。网络已成为现代社会的重要交流媒体之一,因此网络也演绎出了一个个千奇百怪、悲欢离合、恩怨情仇的故事。网络上有信息、有知识、有文化、有情有爱、有商机,也有陷阱,网络不单给人们交流和工作生活带来方便,更给众多的普通人带来一种神秘感,大学生群体中也有很多人对网络情有独钟,由此也带来了很多的网络心理问题。

一、大学生的网络心理特点

（一）猎奇心理

猎奇心理是青年大学生的个性特点,很大一部分大学生上网的目的是猎奇。网络资源的丰富、内容的刺激更催化了大学生的猎奇心理。因特网作为最大的广域网,把数以万计的局域网连接起来,成为全球最大的图书馆和信息数据库,政治、经济、科学、文化、教育、艺术、生活无所不有。这大大拓宽了大学生的视野,为他们带来了全新的生活体验。

（二）尝试心理

与传统的传播媒介相比,网络的区别是明显的,它的平等、开放和互动,激励了当代大学生的尝试心理。网络的出现彻底改变了传统媒介下接受者没有更多的选择余地,只是简单地处于被动地位的境地。不管大学生身处何地,只要进入了互联网,他们就可以在统一的平台上,以互相平等的方式从事信息文化的创造、利用和交流。对于崇尚民主、自由和平等的大学生来说,网络世界无疑是一个崭新的空间。

(三) 娱乐心理

网络具有传播速度快捷、彻底打破地域、拉近传播者与受众之间距离的优势,被誉为继报刊、广播、电视之后的第四媒体。网络受众可以随心所欲地点击所需要的信息。在网上参加游戏、聊天、听音乐、看在线播放电影、读娱乐性文章,这些是大学生网上娱乐的重要方式。网络传媒的特征和功能与大学生好奇、浪漫、喜欢惊险刺激,对新事物、新知识反应迅速的心理特征相匹配。

(四) 减压心理

社会竞争的激烈和就业压力的增大,使大学生承受越来越大的心理压力。面对求学或就业中的竞争、矛盾、冲突和挫折,会让大学生对社会环境和校园生活中的许多不完善的方面感到不满。网络的隐匿性、开放性、互动性和便捷性的特点,给大学生适时适地转移、倾诉和宣泄自己的不良情绪提供了场所和机会。通过网络,大学生宣泄被压抑的不良情绪,在一定程度上缓解了心理压力,获得一定的心理治疗效果。

(五) 价值心理

社会心理学认为,为了使自己的人生具有价值,获得明确的自我价值感,大学生既需要了解别人,也需要别人了解自己,需要爱与被爱,需要归宿和依赖,需要有机会展示自己的优点和专长。网络这个虚拟环境为当代大学生满足自己的价值感提供了便利条件。原本陌生的人可以相见、发展友谊甚至产生爱情,在互联网上形成一种理性而持久的亲密朋友关系。当自我价值得到确立时,在主观上就会产生一种自信、自尊和自我稳定的感受。

二、网络对大学生的影响

(一) 网络对大学生心理的积极影响

1. 有助于大学生建立良好的人际关系

网络使得人们的交往范围扩大,人际沟通的便利性、时效性和准确性也得到不断提高,有利于大学生心理的健康发展。但要有正确的网络心理健康意识和观念。一个心理健康的人要具有正确的心理健康意识和观念,认识到心理健康的重要意义和现实价值,能够运用正确意识指导自己的心理和行为,同时,作为网络心理健康的意识还应该包括对网络有正确的认知和态度。网络为人们创造了"另类生存空间",但同时由于网络上的朋友多数是不会和日常生活轨道发生重叠的,网友往往不会有实物性或利益性的交换,因此就在一定程度上造成网络人际关系的易碎性,即网友的关系无法脱离网络,一旦走出网络就会用现实生活的标准去衡量和判断,就会使双方在网上建立的关系破裂。

2. 完善大学生人格构建

在网络交流中,人格不再被理解为一个相对固定的结构,而是一个交流中产生的临时的结构。与其说有一个较为固定的人格,不如强调在交流中产生意义,交流中的结构决定了人的行为方式,这是网络心理学产生的一个新观念。能够保持在线时和离线时的人格统一,在线时能够积极主动地接受和处理信息,离线后能够迅速地从虚拟情境中走出来,而不是仍然沉溺于虚拟情境之中。

3. 为不良情绪的宣泄提供途径

网络的匿名性为大学生不良情绪的及时宣泄提供了新渠道。大学生可以方便地在网上找到自己忠实保密的聊天对象,为郁闷、焦虑、愤怒等不良情绪找到宣泄的出口。同时,网络的虚拟性使得真实的自我有了表现的机会,这对成长中的青年学生是有益的。

4. 满足大学生实现自我价值的愿望

在中学到大学的改变与适应过程中,只有少数人能够保持原来中学时的中心地位和重要角色,大多数学生由于成绩平平、缺少特长,在学校的各种文体活动中难以获得成功,而成为校园中的普通一员。一些大学生不能够很好地适应这种角色的转变,导致自信心缺乏,其价值感和成就感便无从谈起。但在网络虚拟社区里,在游戏中,每升一级或者是打过一关,都会产生一种愉悦感和高峰体验,可以找回辉煌的自我。而在现实社会中许多需求是很难轻易得到满足的,需要付出艰苦的努力和奋斗。

5. 正确而谨慎地看待和处理网恋

现在大学生谈恋爱已经是司空见惯的事情了,一些年轻的大学生也在网络的虚拟情缘中流连忘返,网络为我们讲述一个又一个浪漫的爱情故事,然而,网络只是一个虚拟的世界。当人们只剩下精神交流的时候也掩盖了其他真实的面孔,容易陷入情感泥潭而不能自拔。网络上的隐蔽性、不担负责任正可以满足大学生的交友需求。

6. 培养广泛的兴趣爱好和优雅的网络情趣以及审美格调

大学生必须保持优雅的网络情趣并提高自己的审美能力,提升自己的审美格调。在网络环境中,我们应该保持高昂的情调、高雅的格调、高涨的激情和较高的审美能力。拒绝使用格调低俗的语言,不要观看内容庸俗的信息,不要发表不堪入目的言论等。大学生应该提高对网络图片、文字信息等在内的信息的正确认识,做一个真正的"性情中人"。

(二) 网络对大学生心理健康的消极影响

1. 人际交往范围缩小,交往能力下降

迷恋网络使大学生参加集体活动、社会实践等社交的机会大大减少。热衷于虚拟交往使得许多大学生疏远了现实中的人际交往,对现实生活中的人际沟通缺乏耐心,造成了他们的现实人际关系障碍和角色错位,人际情感逐渐萎缩和淡化,生活越来越封闭,人际交往能力越来越差,继而产生对现实人际交往的逃避和恐惧,严重影响了他们的学业和生活,并诱发心理疾病的产生。

2. 网络可能引发各种心理障碍

网络人际交往中普遍存在的人际信任危机可能影响大学生在现实中的人际交往态度,从而诱发各种心理障碍。

3. 逻辑思维能力下降,产生厌学心理

网络快捷性的特点,使得大学生在面对许多问题时,只需要点击鼠标,而不需要思考。如果大学生经常和计算机打交道,不仅会使自己的思维活动受到极大抑制,长此以往,思维也会变得迟钝单一,从而影响他们思维和想象力的健康发展。

4. 引发安全焦虑感

据《华尔街日报》报道,中国已经成为继美国和韩国之后网上黑客活动最多的国家,黑客、病毒、网恋等缺乏安全感的网络环境构成对网民心理健康的直接威胁。随着网络犯罪和网络攻击的增多,网络安全焦虑已成为笼罩在网民头上挥之不去的阴影。

5. 引发感情纠葛,产生情感问题

失恋、多角恋、婚外恋等都是网络生活中容易出现的情感问题,由此带来的精神创伤时时危及人们的心理健康。

6. 影响了大学生奋发向上、积极进取的前进动力

在网络这个虚幻的世界里,随着上网次数的增多,成功的心理体验也会不断得到满足。尽管这是一种转瞬即逝的极度强烈的幸福感,甚至是欣喜若狂、如痴如醉、欢乐至极的心理感受,也会让他们在虚拟的网络世界中体验到比现

实世界要多得多的快乐和自我成就感。这使他们沉湎于此而不能自拔，更加依恋网络世界的虚拟生活。

7. 网络游戏人生

互联网的出现，为人类爱情的天空增添了一道靓丽的风景，把许多远隔千山万水的男女同学连接起来，虚幻中不乏真实，时尚中含有游戏，不接触、不解脱。美丽文静的女孩可能变得很泼辣，且满嘴的土话、脏话，粗犷剽悍的男生也可能变得乖巧可爱，含蓄羞涩。一些大学生沉溺在网恋浪漫、虚幻的情调中，对现实生活采取回避的态度。不敢正视学习和生活中的困难，心理上极度依恋网恋中的对象，有的甚至背叛自己和家人，有些学生难以承受失望的打击，容易出现厌学甚至掩饰情绪，轻生自杀者也不乏其人。有的学生甚至带着玩一玩的态度，并没有对对方投入真情。甚至有些人还带着一种欺骗的人生态度，也并没有投入真情。

8. 西方思想渗透和文化侵蚀

发达资本主义国家利用其掌握的先进信息技术，在网络上大肆宣传他们的意识形态，宣扬他们的文化价值观，宣扬拜金主义、享乐主义和个人主义，对我国大学生的价值观和理想信念将产生不可低估的负面影响。

三、大学生常见的网络心理障碍

网络心理障碍是指因上网过度而引起的心理疾病。包括三个方面的内容：一是上网者的心理或行为偏离了社会公认的规范或适宜的行为方式，表现在心理或行为上的失常或反常、失调或无序；二是上网者的社会价值观与现实社会价值观错位；三是上网者适应环境的能力缺失，社会适应能力低下。大学生上网过度引起的网络心理障碍主要有以下四种：

（一）认知过程障碍

上网过度引起的大学生的认知过程障碍主要有感知觉障碍、注意障碍、记忆障碍和思维障碍。

1. 感知觉障碍在这里主要是指幻觉，这种幻觉是由于长时间激烈的网上游戏、聊天等刺激而产生的虚幻的知觉。实际上是大脑皮层感受区异常兴奋所引起的，与感觉器官无关。

2. 注意障碍主要为注意品质的异常，它表现在注意的强度、广度、稳定性和持久性等方面。如长时间上网沉醉在虚拟世界，病态地对网上图片、游戏、图像等过分注意所表现出不应有的过高的警觉性,即所谓的注意增强。

3. 记忆障碍是指记忆力减退。上网过度的大学生,长期不学习专业知识,大脑的记忆力就不能得到充分的锻炼,会出现明显的记忆力减退。

4. 思维障碍是指思维僵化,自学能力和语言表达能力差。表现为听课、读书抓不住要领和重点,不会举一反三、触类旁通,不善于归纳和总结等。迷恋网络的学生,会长期处于疲劳状态,违背了人的生理规律,不注意科学用脑,没有科学地掌握记忆规律,逻辑思维能力得不到锻炼,容易导致思维过程障碍。

（二）情感过程障碍

双相情感障碍（BD）又名双相障碍,是一种既有躁狂症发作,又有抑郁症发作（典型特征）的常见精神障碍,首次发病可见于任何年龄。

当躁狂发作时,患者有情感高涨、言语活动增多、精力充沛等表现;而当抑郁发作时,患者又常表现出情绪低落、愉快感丧失、言语活动减少、疲劳迟钝等症状。其临床表现复杂,其复杂性体现在情绪或低落,或高涨,反复、交替、不规则呈现,且伴有注意力分散、轻率、夸大、思维奔逸、高反应性、睡眠减少和言语增多等紊乱症状。严重时会出现幻听、被害妄想症、精神高度紧张等精神病症状。其病因多形演变,发作性、循环往复性、混合迁徙性、潮起潮落式病程不一而足,比如,3个抑郁期跟着2个躁狂期。间歇期或长或短,间歇期社会功能相对正常,但会损害大脑功能,反复发作后,会出现发作频率越高、病情越复杂的情况。

（三）意志行为障碍

上网学生的意志行为障碍主要包括意志增强、意志减退和意志缺乏。

1. 意志增强表现在由于长时间网络游戏,学生不顾疲劳持续用各种方法攻战,企图取胜过关的病态意志。

2. 意志减退是指终日沉醉于虚拟世界的上网学生,经常在上课和做作业时情绪低落,对老师讲课、做作业不感兴趣以致意志消沉,对学习产生厌恶感,并逐步失去信心。

3. 意志缺乏是指学生对除上网以外的任何活动都缺乏动机,对工作、学习无自觉性,个人生活极端懒散,行为孤僻、退缩。

（四）人格障碍

人格障碍一般是指没有认知过程或智力障碍的情况下,人格显著偏离正常。其突出表现是在特定的文化背景中,具有一种根深蒂固的适应不良的行为模式。

这些行为模式相对稳定，对行为及心理功能的多个重要环节有影响，致使对环境适应不良。常常伴有主观的苦恼或精神痛苦以及社会功能和行为方面的问题。网络人格障碍主要有反社会型人格障碍和依赖型人格障碍。

1. 反社会型人格障碍，是以行为不符合现实社会规范为主要特点的人格障碍。互联网上不同国家之间的文化传统、思想道德观念和生活方式大不相同，其冲突十分激烈。而网络的重要特点是具有共享性和匿名性，自由性和开放性。

2. 依赖型人格障碍，是对亲近与归属有过分的渴求，在生活中会不断演变扭曲，这种渴求是强迫的、盲目的、非理性的，与真实的感情无关。依赖型人格的人宁愿放弃自己的个人趣味、人生观，只要他能找到一座靠山，时刻得到别人对他的温情就心满意足了。依赖型人格的这种处世方式使得他越来越懒惰、脆弱，缺乏自主性和创造性。由于处处委曲求全，依赖型人格障碍患者会产生越来越多的压抑感，这种压抑感阻止着他为自己干点什么或有什么个人爱好。

四、大学生网络心理障碍的成因

造成大学生网络心理障碍的原因有外在的环境因素，但更重要的是大学生的自身因素。大学生网络心理障碍产生的内因主要有：

（一）生理变化的影响

长时间上网会使大脑中的一种叫多巴胺的化学物质水平上升。这种化学物质会使上网者呈现短时间的高度兴奋，从而沉溺于网络的虚拟世界中不能自拔，之后会带来严重的颓废感和沮丧感。

（二）心理准备的错位

网络社会硬环境的有序性和软环境的无序性造成信息时代人类的焦虑和不安。大学生渴望独立思考，又常常对网络虚假信息深信不疑，本想获得新知识，又不能对错误的东西进行判断和甄别，这是造成大学生网络心理障碍的根本原因。

（三）人际交往的利弊

很多大学生网民利用电子邮件、聊天室、BBS 等同远在异地的亲朋好友加强联系，由于上网时间过长，参加社会活动和日常人际交往的时间被剥夺，引起了社会退缩行为，导致心理健康水平下降。

(四)信息不足的错觉

1. 理想与现实的差距

理想与现实的差距让大学生选择逃避现实，沉迷网络。部分大学生痴迷网络的原因，就是在虚拟世界中获得成功的机会远远高于现实生活，从而获得心理满足。电脑游戏为他们的这种心理提供了一个很好的表现渠道。因此，能让他们乐此不疲，达到痴迷的程度。

2. 渴望交往与闭锁性的矛盾影响大学生交往心理

对于处于青春期的大学生来说，生理发育正走向成熟，渴望与异性交往。但在现实的交往中，由于心理的不成熟、交往经验和技巧缺乏等原因，大学生在交往过程中往往会出现一系列的心理问题。

3. 性冲动与自控力的矛盾影响大学生的性好奇心理

大学生正处在性意识觉醒的阶段，且时常被性冲动所困扰。在互联网上，充斥着各种与黄色、暴力相关的内容。

第二节 大学生网络心理障碍的调适

一、正确地认识网络

在网络空间中待久了就会产生各种各样的心理困惑和冲突，从而导致消极的情感体验。究其原因主要就是网络空间和现实社会的不统一、不协调。因此要求大学生对网络情感进行调适。

二、加强大学生网络道德的塑造和培养

现代大学生谈恋爱已经是司空见惯的事情了，一些年轻的大学生在网络的虚拟情缘中流连忘返。这种网络恋爱是很危险的，我们应该加强对大学生网络道德的塑造和培养，加强网络道德意识的教育，养成健康的网络习惯。

三、转移注意力，培养良好的网络习惯

把自己的注意力从消极上网转移到积极的大学生活中来。当不良的想法出现时，可以采取转移注意力的方法寻找一个新的刺激，激活新的兴奋点，使不

良想法逐渐消失。当大学生出现网络成瘾的时候,我们应该想办法让其转移注意力,应该引导其向其他方面发展,帮助养成良好的网络习惯。

四、树立以人为本的理念,改善高校网络环境

大学生必须保持优雅的网络情趣,提高自己的情趣和审美格调。在网络环境中,我们应该时刻保持高昂的情调、优雅的格调和高涨的激情,拒绝使用低俗的语言,不要观看庸俗的信息。

当出现网络心理问题倾向时,首先,寻求学校的专业心理咨询机构的帮助。其次,要积极寻找其他老师和同学的帮助,由于大学生大部分时间住校,远离家人,因此需要借助同学、老师和学校的帮助,为其营造一个好的环境。

良好的网络环境能培养健全的人格,而恶劣的网络环境则会造成人格的缺陷。为了保障大学生网络心理健康发展,社会、学校等多方力量要共同关注大学生的成长,优化网络环境,为大学生提供一个良好的发展平台。我们要积极地参加关于增进人际关系的沟通与技巧的课程或活动,使自己能够更好地提高沟通能力,并增强人际沟通方面的自信,多方面拓展自身的人际关系圈,形成健康的人际关系,在现实世界中寻求社会支持。

(1)加快网络信息控制技术的研究,净化网络环境。网络信息的控制在于对信息的过滤、选择。通过对信息的过滤、净化,从技术上保证大学生免受互联网上非法内容的侵害,为网络心理健康发展提供技术保证。净化网络环境是指对网络及其信息进行有效的管理,从技术上解决网络管理的难题。

(2)积极组织优秀网络文化。随着国际互联网的发展,东西方文化将会产生全方位的撞击、冲突、交流和融合,这将对大学生原有的价值观念产生重大影响,使其产生认知偏差和心理矛盾。因而要用优秀进步的思想和文化教育影响大学生网民,塑造出健康成长的大学生。

(3)改进高校教育和管理。高校要着重培养大学生辨别是非的能力,积极开展各种网络活动,使大学生学会自觉地维护和保护自己的身心健康。各高校应该帮助建立各种团体,在大学生参加团体组织的活动中满足他们被接纳、归属和关爱的需要。

(4)开展网络心理健康教育,预防网络心理障碍,加强挫折教育。重视对大学生的网络心理健康教育,使他们认识到过度接触网络会对自己的心理和行为产生消极影响,甚至会导致对网络的依恋或成瘾。

第三节 大学生职业生涯规划及其心理调适

高校大学生是社会未来的职业者、主力军。他们的职业素养和职场工作能力关系到个人发展、社会稳定乃至整个国家的精神面貌。职业生涯伴随着每个人的大半生，成功的职业生涯是实现幸福人生的前提。职业生涯规划可以让我们认识自身的特质，发挥自身的优势和潜力，引导我们不断实现自己的人生目标。

大学阶段是职业生涯发展的重要阶段，但往往由于缺乏职业生涯规划的意识与有效的指导，面对激烈竞争的就业局面，大学生在困惑、徘徊、焦虑的同时，还陷入诸多职业心理误区。这种状态若不能得到及时的调整与改进，将会使大学生就业更加困难。

一、大学生职业生涯规划

（一）职业生涯规划

职业生涯主要是指一个人一生在职业岗位上所度过的，与工作活动相关的连续的经历。职业生涯是一个动态的发展过程，它反映了职业选择、职位变动、个人职业理想得以实现的整个过程。

（二）大学生职业生涯规划的意义

职业生涯规划是指个人把自身发展与组织发展结合起来，对决定个人职业生涯的个人因素、组织因素和社会因素等进行分析，从而制订个人在其一生的事业发展上的战略设想和计划安排。虽然每个人在进行职业生涯规划时所考虑的个人因素、组织因素和社会因素都不同，但是在整体上来说，职业生涯规划有一些共同的特点。

1. 有利于大学生建立科学的择业观

不管承认与否，大学生的第一份职业从广义上讲就是择业的结果，但这种择业很大程度上可能只是父母的意愿、学校的推荐、社会单方面需求的结果，与大学生自身的条件（职业兴趣、职业目标、职业能力）可能并不完全相符。而我们提倡的是科学择业，即求职者按照自己的职业期望和兴趣，凭借自身的能力挑选适合自己的职业，使自身能力素质与职业需求特征相符合。

职业的工作性质是什么，需要什么样的知识和技能，自己当前还存在什么样的欠缺，该职业未来的发展方向是什么，对目标职业进行解读，一方面能再次判断自己是否适合该职业，另一方面为以后制订具体的职业发展规划提供依据，可以有针对性地提高知识技能，改善不足。

2. 有利于发展自我潜能，增强个人实力

一份行之有效的职业生涯规划将会：①引导大学生正确认识自身的个性特质、现有与潜在的资源优势，帮助大学生重新定位自己的价值并使其持续增值；②引导大学生对自己的综合优势与劣势进行对比分析；③使个人树立明确的职业发展目标与职业理想；④引导大学生评估个人目标与现实之间的差距；⑤引导大学生前瞻与实际相结合的职业定位，搜索或发现新的或有潜力的职业机会；⑥使大学生学会如何运用科学的方法采取可行的步骤与措施，不断增强大学生的职业竞争力，实现自己的职业目标与理想。

3. 有利于增强发展的目的性与计划性，提升成功的概率

职业生涯发展要有计划、有目的，不可盲目地撞大运，很多时候我们的职业生涯之所以受挫就是由于职业生涯规划没有做好。好的计划是成功的开始。根据国内各大城市举办大型人才交流会的统计，多数学生参加人才交流会都有一种赶集的感觉，没目标、没准备、全凭运气碰，结果造成了有意向的没信心，而有信心的又准备不足，导致人才交流会对接成功率一般在30%左右。

4. 有利于提升应对竞争的能力

当今社会处在变革的时代，到处充满着激烈的竞争。物竞天择，适者生存是一条自然生存规律。职业活动的竞争非常突出，尤其是在我国加入世界贸易组织后，要想在这场激烈的竞争中脱颖而出并保持不败之地，就必须设计好自己的职业生涯规划。这样才能做到心中有数，不打无准备之仗。

（三）大学生职业生涯规划的流程

要做好职业生涯规划就必须遵守职业生涯设计的流程，认真做好每个环节。职业生涯设计的具体步骤概括起来主要有以下六个方面：

1. 自我评价

自我评价要求大学生要全面了解自己。大学生职业生涯设计首先要从正确认识自己开始，正确认识自己包括三个方面：认识自己的气质特点；认识自己的能力特长；认识自己的兴趣爱好。

2. 确立目标

确立目标是制订职业生涯规划的关键，通常目标有短期目标、中期目标、

长期目标和人生目标之分。对目标职业进行解读，一方面能再次判断自己是否适合该职业，另一方面为之后制订的职业发展规划提供依据，可以有针对性地提高知识技能。

3. 环境评价

职业生涯规划还要充分认识与了解相关的环境，评估环境因素对自己职业生涯发展的影响，分析环境条件的特点、发展变化情况，把握环境因素的优势与限制。了解本专业、本行业的地位、形势以及发展趋势。

4. 职业定位

职业发展方案的制订要结合自己的实际情况，积极主动地用好身边的资源。职业定位应注意：

①依据客观现实，考虑个人与社会、单位的关系；

②比较鉴别，比较职业的条件、要求、性质与自身条件的匹配情况，选择条件更合适、更符合自己特长、更感兴趣、经过努力能很快胜任、有发展前途的职业；

③懂得取舍，看主要方面，没有十全十美的职业；

④审时度势，及时调整，要根据情况的变化及时调整择业目标，不能固执己见，一成不变。

5. 实施策略

实施策略即要制订实现职业生涯目标的行动方案，又要有具体的行为措施来保证。没有行动，职业目标只能是一种梦想。要制订周详的行动方案，更要去落实这一行动方案。

6. 评估与反馈

在进行职业方案设计的过程中，要学会进行职业生涯规划设计。只有在进行职业生涯规划过程中才能发现问题，并解决相关问题。

二、大学生职业生涯规划及其心理调适

（一）心理调适定义

心理调适是使用心理科学的方法对认知、情绪、意志、意向等心理活动进行调整，以保持或恢复正常状态的实践活动。既适用于自己进行心理调适，也适用于帮助别人。心理调适是实现心理健康的手段。大学生如果能在自己遇到心理困惑时，充分运用心理调适进行自我调节，就能正确认识自己，促使其身

心健康发展。

（二）心理调适与大学生职业生涯规划的关系

心理调适与大学生的职业生涯规划有着密切的联系。职业生涯主要是指一个人一生在职业岗位上所度过的、与工作活动相关的连续的经历。职业生涯规划是指个人把其自身的发展与组织的发展相结合，对决定个人职业生涯的个人因素、组织因素和社会因素等进行分析，从而制订个人职业发展计划。心理调适是大学生职业生涯规划的前提和保障。

（三）心理调适在大学生职业生涯规划中的作用

1. 心理调适有助于大学生在职业生涯规划中树立正确定位

心理调适有助于大学生进行职业生涯规划时树立正确的目标。我们要进行积极的职业生涯规划设计，就要进行正确的定位。因为很多大学生在进行职业生涯规划时对自己认识不清，不知道自己想干什么，适合干什么，盲目自信。这时就应该进行有效的心理调适。

2. 心理调适有助于引导大学生确立个性化的职业生涯规划

大学生职业生涯规划的主体是学生，每个学生都应该进行积极的心理健康调适，每个学生都应该发挥自己的特长和个性特点，都要充分发挥自己的兴趣爱好。要引导大学生确立个性化的职业生涯规划就必须以学生为中心充分尊重个体身心特点。心理调适对于帮助大学生确立积极的个性化的职业生涯发展规划有着积极的意义。

（四）心理调适在大学生职业生涯规划中的运用

1. 确定目标可以帮助消除职业规划忧虑

大学生职业生涯规划要有正确的价值观，同时也要有能制订出个人目标和职业生涯规划的意识。家庭矛盾、情感挫折、生理疾病、网瘾困扰、学习和就业压力以及经济压力都真实存在。但是对大学生来说最首要的目标是如何实现成功就业，如何从经济上独立生存，从心理上独立发展，就业目标的不明确是很多忧虑的根源。做个积极的择业者，选择和塑造自己的职业基金。要想做出正确的选择就必须回答一些问题：自己适合做什么的？喜欢做什么？各种行业是做什么的？各种职位是做什么的？怎么区别企业的优劣？应聘职位需要什么技能？在职业生涯的过程中只有知己知彼才能成功。

回归到积极的择业心态，能够给求职者创造差异化的竞争优势。这种优势会在简历和面试中充分表现出来。求职者不需要华丽的简历和无关的证书，不需要海投简历。无论就业竞争如何激烈，即使不是出身名校和热门专业仍然会成功就业。

2. 积极的心态可以正确分析职业选择

伟大的商界领袖哈默说过："成功的第一个原则是什么？那就是用积极的心态去做生意。当别人都在做什么的时候你看一看自己不做行不行？当别人都不做什么的时候你再看看自己做的行不行？"笔者认为，成功源于正确的就业和职业观念。即使经济形势好，找到理想的工作也不是一件容易的事情。这是由人口因素和经济增长模式决定的，是未来长期都会存在的问题。经济危机只是让这个问题更加突出而已。所以，祈祷自己毕业时能赶上经济形势好或者等待经济形势好转是消极的就业心态。

专业是大学生重要的就业资本之一。放弃专业实际是把自己放在被动的竞争地位上。职业生涯是一个漫长的过程，很可能从一个行业转到另一个行业，从一种职位转到另一种职位，转换成本很高。求职者在转换前要考虑清楚。自己的目标和理想明确吗？改变是否符合自己的目标？改变是否符合自己的性格？改变需要多少时间和金钱？投资能否承受转型的成本和风险？

3. 补充心理营养增强职业成功概率

人们开始重视心理问题。社会上也有各种心理咨询和辅导机构，但是作为成熟过程我们要学会给自己补充心理营养。在学生生涯中尤其是在毕业阶段，竞争的压力、选择的迷茫、挫折的应对都会使毕业生产生紧张、焦虑、恐惧、自卑、压抑等消极情绪。首先，我们要补充和增进心理营养，以增强职业成功概率。学校和社会要维护公开、公道、公平的择业原则，消除毕业择业中的不正之风，使每个毕业生都能够参与平等的竞争和拥有展示自我优势的机会，帮助学生调整他们在择业方面对自己、对职业、对社会的一些不恰当的认识，协助去掉非理性认知对自己情绪的困扰。其次，让大学生能以一种积极、乐观、自信、平和的心态参与择业竞争。

4. 通过多种方式对大学生进行职业心理咨询

心理调适的开展要具有针对性，首先，依据男女大学生的不同的心理特点有针对性地开展心理调适，对女大学生，要特别关注她们的职业生涯心理调适，帮助她们正确看待自己的角色。其次，有针对性地给不同年级的大学生开展心理调适。大学生的职业生涯规划的成熟呈现出随年级增高而愈成熟的趋势，因此要针对性分类利用心理调适制订出良好的职业生涯规划。

5. 针对大学生不同的心理问题开展个体心理咨询和辅导

可以通过专业的心理测评和测评系统对他们进行个体心理测验，针对大学生缺乏自信、自卑和焦躁不安的心理，可以引导他们掌握缓解焦躁情绪的技巧，树立自信心，积极地面对各种困难和挫折。针对不同年级的大学生开展团队心理咨询和辅导。例如，对于刚刚进入大学的新生要从他们的生活和学习方面进行适当辅导，使他们尽快地适应大学生活和对本专业有初步了解，引导他们尽快树立职业生涯规划意识。对于即将毕业的大四学生，可以通过一些小组训练活动，增强他们的面试技巧和技能，提高他们的就业成功率。

三、大学生就业创业

随着教育体制改革的深入，毕业生就业制度已全面走向双向选择、自主择业的新机制。毕业生的职业取向从来没有像今天这样广阔，就业方式从来没有像现在这样灵活。然而，大学生的择业观念也从来没有像今天这样混乱，由此而产生的心理问题也从来没有像现在这样迫切需要解决。毕业生就业问题已经成为社会焦点问题。做好教育体制改革下的毕业生择业工作，对于毕业生本人及社会都具有重要的现实意义。

四、大学生就业创业中的障碍

（一）认知障碍

目前，双向选择、自主择业的就业制度为毕业生开拓了广阔的择业空间，为大学生提供了更多的选择，也大大激发了毕业生择业的主动性，自主择业意识显著增强。但是，毕业生的求职能力较弱，降低了双向选择的成功率。在择业认知心理方面，大学生在选择职业时往往失去判断力，认为大多数人的选择就是正确的选择，于是跟风盲从，使其无法根据自身情况做出合理判断，影响其就业乃至今后的发展。

（二）情绪障碍

毕业生处在择业的洪流中，期望水平会受到其他择业者期望水平的影响。在就业形势的压力下，部分学生或因迷茫焦虑的心态，或因读大学的高额费用负担，或因屡屡求职碰壁，容易产生强烈的自卑感或低就心理。

（三）人际交往障碍

不少毕业生在求职面试中常常出现紧张、语无伦次等情况。有的毕业生怕一句话说错,一个问题回答不好,影响自己给用人单位的印象,就没有把自己的特点和优势表现给用人单位,错过了良机。

(四)家庭环境

家庭因素也会给大学毕业生带来很大的影响。经常有大学生因为在求职找工作时,考虑到父母、家庭成员等的感受,给毕业求职分配造成了一定的影响。有些家长会利用自己的社会关系为孩子进行职业规划,为子女联系工作,也有一些父母会按照自己的意愿要求子女进行择业,但也有些民主的父母会尊重和考虑子女的感受,尊重子女的意愿帮助其进行职业生涯规划,使其能够顺利就业。

五、大学生就业创业及其心理调适

大学生在求职时应主动培养良好的心理素质,把择业过程的心理压力降到最低点,及时克服在择业过程中经常出现的心理障碍,以健康的心理应对充满竞争的就业市场。

(一)大学生就业创业中的心理障碍

1. 焦虑:心急如焚

心理焦虑是指由心理冲突或个人遭受过挫折,以及可能要遭受挫折而产生的一种紧张、恐惧的情绪状态。就像挫折难以避免一样,焦虑也是我们生活的一部分。在择业过程中,大多数毕业生会出现不同程度的焦虑心理。调查表明,有20%的毕业生在择业中出现明显的焦虑状态。引起毕业生焦虑的主要问题:自己的理想能否实现;是否能找到一个适合自己专业特长、工作环境优越的单位;用人单位能否选中自己,屡屡被拒绝怎么办;选择的单位是不是最佳的选择方案等。特别是一些基础学科专业、学习成绩不佳、学历层次不高的大学生,表现得更为焦虑。

2. 自卑:一无是处

自卑是由于受到暂时性挫折而产生的一种心理障碍。这种心理表现为对自己的评价过低,不能正确认识自己的优缺点。大学生在择业前,往往踌躇满志,跃跃欲试,很想大显身手,大展宏图。但很多学生一旦受到挫折之后就会产生强烈的自卑心理,他们就会怀疑自己的智力有问题,自尊心受挫后就会自惭形秽。很多时候就会过于低估自己,甚至产生轻生厌世的想法。

3. 怯懦:谨小慎微

由于部分毕业生对自己的能力评价过低,导致了在择业时往往表现出被动性和退缩性的怯懦心理。懦弱和退缩都是一种不良的就业心理障碍，怯懦心理也多见于一些女生和性格内向的男生。退缩是一种与攻击行为相反的情绪反应，它是指个人遭受挫折时，其反应不是表现为直接或间接地攻击，更多表现为无动于衷、漠不关心的态度，也有企图以自己想象的虚构情境来应付挫折，借以脱离现实挫折的困扰。我们需要培养自己的应变能力和语言表达能力，以便给用人单位留下良好的第一印象，从而帮助自己顺利就业。

4. 自负：傲视天下

自负心理是缺乏客观地自我分析和自我评价的表现。目前有较多大学生总想一步到位找到满意的职位和工作，一些大学生对自己的评价过高，他们或因所学专业紧俏、需求旺盛；或因就读名牌学府；或因自认为无论专业知识还是能力素质都胜人一等；或因被不少用人单位垂青，而盲目自信，择业胃口吊得很高，认为理所当然地应该能够得到一个理想的职业，而产生了一种高人一等的自负心理。

5. 依赖：缺乏主动

依赖是大学生心理不成熟的表现，凡事总是依靠别人，缺乏独立意识。他们虽然接受了三四年的大学教育，但是在很多事情上还是缺乏应有的分析和解决问题的能力。由于缺乏足够的信心，缺乏自我选择的能力，在择业中不主动积极地为择业做准备，不敢或不愿面对激烈的择业竞争，而是将希望寄托在学校、家长和亲朋好友身上。

6. 抑郁：低落冷漠

抑郁症是现在最常见的一种心理疾病，以连续且长期的心情低落为主要的临床特征，是现代人心理疾病最重要的类型。

临床表现：心情低落和现实中过得不开心，情绪长时间地低落消沉，从一开始的闷闷不乐到最后的悲痛欲绝，自卑、痛苦、悲观、厌世，感觉活着每一天都是在绝望中折磨自己，消极、逃避，最后甚至有自杀倾向和行为。

每天只想躺在床上，什么都不想动。有明显的焦虑感。更严重者会出现幻听、被害妄想症、多重人格等精神分裂症状。抑郁症每次发作，持续至少两周以上、一年，甚至数年，大多数病例有复发的倾向。

（二）大学生就业中的矛盾观念

保持良好的心态正视现实，确定合理的择业目标对择业的大学生来讲非常重要。但现实中，大学毕业生却存在许多就业观念中的矛盾。

1. 理想与现实的矛盾

人的一生，总是在不断地追求。大学生在择业上的追求更为突出，几年大学生涯使大学生的知识羽翼日渐丰满，他们雄心勃勃，准备干一番事业。然而，由于他们涉世尚浅，接触社会少，理想往往脱离现实。想干点大事，但又有诸多艰难；想尽快有点起色，又不那么容易。大学时的热门专业，到毕业时却变冷了。

2. 自我意识与正确评价的矛盾

大学生的自我意识随着年龄的增长、知识的积累而不断增强。在择业中，他们强调自我意识。由于大学生人生经历简单而且顺利，往往不能客观地分析自我和评价自我，多数大学生对自己的评价偏高，择业时，清高自傲，期望值过高，不能正确地把握自我。少数学生自我评价过低，择业时妄自菲薄，缺乏正确评价自我的能力。

3. 渴望公平与害怕竞争的矛盾

就业制度的改革，为大学生择业提供了公开、平等的竞争环境，大多数毕业生希望凭借自己的能力迈向社会，迎接新的挑战。竞争给大学生提供了新的机遇，许多学生也想在这个充满竞争的时代展示自己的才华；但真正等到竞争机会来临的时候，又有相当多的大学生顾虑重重，缺乏竞争的勇气，虽有强烈参与竞争的意识，但又对竞争缺乏信心。

4. 渴求高薪与缺乏机会的矛盾

有的大学生在择业时首先考虑的是单位效益，如工资多少、奖金如何、有无住房，至于这个单位是否与自己专业对口，自己的能力、兴趣、性格是否符合岗位的要求则排在其后。关键是能否挣钱，前途前途，有钱就图。这种功利化的择业标准，使相当一部分大学生败下职场。

5. 盲目攀比与能力所限的矛盾

这种盲目攀比和现实之间所产生的矛盾也会让大学生在就业中产生很多心理问题。

（三）大学生的择业价值取向

大学生从自己的实际需要出发，对某种职业形成对自己有用或无用、重要或不重要、好或不好、有利或不利等的较稳定的评价，就构成了大学生的择业价值取向。当代大学生择业价值取向主要有四个特点：

1. 个人取向增强

现代大学生在就业择业上更多的追求个人价值和个人取向，将会更多地考虑自身的目标和追求。更多的大学生考虑的是个人利益，很少为了国家和社会利益考虑。这是价值取向上的一种失衡，是非常值得我们反思的问题。

2. 注重经济价值

在价值目标上注重经济价值。现在越来越多的大学生在进行择业时，他们会考虑经济价值，会注重经济收入的多少。毕业生在择业时，往往把经济收入因素放在重要的位置，而对未来专业知识的发挥看得较轻，甚至不顾，这反映出大学生在择业价值取向上首先追求经济利益的问题。

3. 就业地域的不平衡

在地域选择上，普遍向往经济发达地区。普遍趋势是边远地区的学生向往内地，内地的向往沿海地区，一般大学生都不愿意到边远欠发达的地区就业，而是希望能去经济活跃和经济发达的沿海地区，他们往往更能在这些地方找到发展机会和空间。

4. 行业选择广泛

在对行业进行选择时，要进行广泛选择。随着经济社会的高度发展，就业机会的增多，因此大学生进行择业时应该广泛进行行业选择。

（四）大学生择业心理问题的对策

1. 调整就业期望值，树立正确的择业观

毕业生择业时期望找到理想的职业，是可以理解的。但要使理想变为现实，首先必须认清当前的就业形势，正确调整就业期望值。毕业生必须面对现实、接受现实，不能怨天尤人。毕业生要适当调整就业期望值，在择业时要看得长远一些，学会规划自己整个人生的职业生涯。当前，我国大学生急剧扩招，迫使就业形势异常严峻。毕业生在择业时，要仔细思考所学专业和方向，了解当今社会对该专业的需求情况，根据自己的职业兴趣、专业特长、实际能力和性格气质等特点，去调整职业期望，在择业时要以自己所长择社会所需。毕业生要树立正确的择业观。针对学生存在的共同择业心理问题，通过开展职业指导课等形式，普及择业心理知识，讲授择业心理调适技巧。

2. 客观的认识和评价

面对择业中的各种矛盾和问题，毕业生首先要正确认识自我和评价自我，明确今后的职业发展方向，想清楚自己最适合干的是什么工作，有哪些优势和劣势。要客观、正确地认识自己德智体美诸方面的情况，例如，自己的优点和长处，缺点和短处，自己的性格、兴趣、特长等，因此，毕业生应提前做好择业前的各项准备，心理准备尤其重要。毕业生根据自己的需要，可在专业人员的指导下，对自己的性格、兴趣、职业倾向等进行测试，明确自我的个性特点，找出适合的职业方向、择业的盲目性，避免不必要的挫折。正确认识社会，正确认识自我。多参加招聘会，主动寻找机遇，并根据已定的择业标准进行选择。机遇并不是对任何人都适用的。一个工作的好与不好，是相对的，对别人合适的，对自己不一定合适，因此一定不能盲从，要时时记住，只有合适自己的才是最好的。还要注意机遇的时效性，在发现就业机会时要主动出击，及时把握，不能犹豫，也不要害怕失败，应有敢试敢闯的精神。

3. 主动的竞争意识

竞争机制的不断完善，为毕业生和用人单位之间搭建起了双向选择的桥梁。双向选择首先需要毕业生变被动等待为主动出击，主动参与劳动岗位的竞争来争取自我的劳动权利。激烈的就业竞争，对于每一位毕业生来说，都是一种全新的挑战，面对激烈的竞争，要结合自身的实际特点，在竞争中敢闯敢干，变被动为主动，积极、主动参与求职竞争。其次毕业生应有长远的竞争目标。毕业生要走向社会，就不能受短期行为的影响，必须着眼未来，放眼世界，树立长远目标，锁定自我的岗位目标，坚定自我的信念和意志，不抛弃，不放弃。最后毕业生应该保持良好的竞争心态，以一个积极、乐观、主动的择业心态面对就业竞争。

4. 建立合理的职业价值观

毕业生在择业时不能只考虑工作的经济收入、工作条件、地点等因素，更要考虑职业对毕业生自我发展的影响与作用，应看重职业能否帮助自己实现自我价值。对于那些虽然现在工作条件较差，但发展空间大，能充分发挥作用的单位要优先考虑；对于那些现在经济发展水平不太高，但发展潜力大，创业机会多的工作地区也要重视。

5. 坦然面对就业挫折，提高心理承受能力

毕业生在求职中遇到挫折，应该用冷静和坦然的态度待之，客观地分析自己失败的原因，进行正确的归因。首先，在就业市场化、需求形势不佳、就业竞争激烈的条件下，出现求职失败是在所难免的，不能期望自己每次求职都能成功。要对可能出现的求职挫折有充分的心理准备。同时，应把就业过程看作是一个很好地认识社会、认识职业生活、适应社会的机会，通过求职活动来了解自己、认识自己、发展自己，促进自我成熟。其次，求职失败并不一定就是因为自己的能力不行，出现求职失败有许多原因，可能是因为选择求职单位的方

向不对，也可能是因为自身的价值观与单位的企业文化不符，还有可能是其他一些偶然的因素。总之，要正确分析自己失败的原因，调整自己的求职策略，学会安慰自己，以便在下次的求职中获得成功。

6. 积极调整心态，促进人格完善

在求职择业过程中，毕业生应当自觉提高自我心理调适的主动性，进行积极的自我心理暗示，鼓励自己、相信自己，帮助自己渡过难关。也可以向朋友、老师倾诉，寻求他们的安慰与支持。还可以通过体育锻炼、听音乐、郊游等方式转移自己的注意力，排解心中的烦闷，放松自己的心情。通过对自己在就业时出现的种种不良心态的分析，可以发现自己平时不容易察觉到的一些人格缺陷。应该说这些人格缺陷是产生这种就业心理问题的根本原因，如果现在没有很好地完善自己的人格，那么这些问题还会对今后的工作、生活带来困扰。

选择职业，就是选择未来。每个毕业生，如果正确地选择了职业，就是为未来的成功奠定坚实的基础。为此，毕业生要把握好机遇，迎接挑战，争取迈好走向社会的第一步。那么，如何迈好这第一步呢？首先需要对所处的社会环境进行比较全面的了解和认识，弄清当前毕业生面临的就业形势。就总体而言，随着社会主义市场经济的逐步建立，我国经济发展加快，而就业机会往往不能同步扩大，就业难仍是困扰政府的一大难题，毕业生不要把就业期望定得太高，即使是热门专业的毕业生，也同样需要不断调整自我的期望值，使自己的理想更加切合实际，这样才能在激烈的职业竞争中掌握主动权，从而得到理想的工作。

六、大学生创业心理

大学生自主创业有一定的优势，譬如，年轻、有激情，而且随着社会和时代的发展也为大学生的自主创业者提供了诸多条件，但也会面临许多问题。那么，问题有哪些呢？

（一）大学生创业中面临的问题

1. 心理准备不足

从对近几年自主创业的大学毕业生的情况分析来看，不少创业者往往缺乏坚持的意志，他们对创业艰苦性的心理准备不足。由于家庭对学生创业的不理解和不宽容，家长供孩子读书已属不易，自主创业是笔额外的风险投资，与工薪家庭的投资回报期望相差甚远，从而导致家庭矛盾，出现意想不到的麻烦；

由于创业之初人手少，无严格分工，创业者不得不同时担任多种角色，既疲劳不堪，又常常不能适应，这容易使人苦恼；由于创业要与社会各方面打交道，这又常常是初涉社会的大学生创业者所不擅长的，遇到碰鼻子办不成事的情形是常有的，这容易使人灰心。

2. 资金筹措困难

资金不足是刚走出校门的大学生创业的首要难题。创业需要资金，对于某些领域的创业甚至需要大量资金。对创业者来说获取资金有三个渠道：一是自筹，二是借贷，三是风险投资。自筹数量有限；借贷一则资信不足贷款不易，二则有期限要求，不能满足创业的长期投资需要；风险投资是最好的选择，特别适合大学生创业者。但我国目前的风险投资市场还很不成熟：一是投资者少，资金有限；二是管理不规范，投资风险大；三是上市条件高，投资款不能被及时抽出来，继续其他项目的投资。能为大学生创业提供的投资者很少，数量也有限。为此，国家制定相关政策支持风险投资的发展。另外，在当前风险投资市场很不成熟的情况下，针对大学生创业问题，国家应专门设立大学生创业基金。但是作为意欲创业的大学生来说，不能靠等国家的扶持，而应发挥自身优势开展创业。

3. 企业管理经验缺乏

首先，从一份抽象的创业计划书到成功的市场运作，整个操作过程还需要借助长时间积累的管理经验加以磨合，这不是啃一啃纲常条目的书本理论就能达到的。如北京某大学应用化学专业的某同学认为，大学生自主创业的可能性不是很大。因为你本身没有什么工作经验，仅仅是依靠在校园里面学到的一点皮毛的东西，一知半解地就自己去搞创业，既搞技术又要管理，不太现实。

其次，在成立了公司之后对于如何建立财务制度、人事制度、行政制度等，学生创业者并不是很清楚。设想一下，要自主创业办一家公司，方方面面的事情都需要自己打理，工商、税务等部门都要进行沟通、打交道。这个面特别的广，对于一位刚刚跨出校门的学生来说很难，即使有这样的学生，也是极少数的。但是，如果学生本身具备这方面的能力，同时也具备一定的资金的话，作为学校来说，应该是支持、扶持这些大学生的。

在未来社会，自主创业不仅是大学生自主就业的重要途径，更是成才的重要模式。

(二) 大学生创业的策略

1. 有效筹措资金

企业由人才、产品和资金组成。资金不足，往往会导致创业者负担过重，无法成就事业。学生刚刚踏上社会，很少有足够的资金积累，学生创业者应更多地具有有多少实力做多少事的观念。资金来源可以借助于亲朋好友，也可以借贷于银行，如果企业拥有具有市场前景的产品或成果，还可以寻求风险投资商的资金支持。大学生自主创业的首期资金，如果没有企业的信任和投入，一般往往由团队成员共同出资。

2. 组建优势互补的团队

自主创业要处理的事情面广、量大，单靠一个人的力量很难有效地应对各类情况。组建创业团队则能有效进行创新与经济管理的互补。如果具有有效的管理机制，还能保证创业团队形成最大的合力，在市场竞争中取胜。

在组建创业团队时，应注意创业团队成员的性格搭配、角色分工以及对公司远近期目标、策略制定、股权分配的认同等，因为这些都是与企业成长相关的创业团队建设问题。

3. 建立广泛有效的社会关系

一个初期开办的公司往往需要得到各方面的帮助才能得到发展，创业者需要在社会环境中调动一切有利的因素。对于学生创业者，建立广泛有效的社会关系，是摆脱在与社会创业者竞争中处于不利地位的重要因素。

4. 要有长期规划

创业者要选择自己熟悉又专精的事业，初期可以小本经营或找股东合作，按照创业计划逐步拓展。企业应先求生存再求发展，打好根基。对于大学生自主创业的企业尤其注意不要好高骛远，必须重视建立经营体制，步步为营，以求创造利润。同时作为创业领头人要在企业发展中逐步形成好的经营理念、经营方针和经营策略，发挥企业全体成员的力量，求得企业的发展。

(三) 大学生创业心态

1. 归零心态

大学生创业必须学会归零，要学会谦虚，解决心态问题，这也是创业的第一步。做一个有创业意识的人，要跳出传统的择业观念和思维模式。传统的择业观使人们总是把宝押在别人身上；自己所做的一切努力，都想得到别人的认可，进而受到别人的重用，并借此希望得到正当利益。而创业的人要有意识地改变这样的心态，相信自己，认可自己，为自己所用。

2. 学习心态

成功学大师一致认为：学习是最便宜的投资，时间是最昂贵的投资。因此大学生创业先要学习，世界上最占便宜的事就是花1~2小时就可以学到别人几乎毕生的经验，这便避免了大量摸索的时间代价，否则很难在短时间内成功。

3. 感恩心态

大学生创业一定要学会感恩，只有懂得感恩的人才是富足的人，我们一定要有感恩之心，而感恩就是创业的一切。要记住事物不是孤立存在的，没有周围的一切就没有你的存在。

4. 积极心态

大学生创业一定要拥有一副积极的心态，这份积极的心态不仅仅指的是鞭策自己、战胜自己的心理素质，还要保持积极的心态看到事物好的一面，从而更好地处理事情。

5. 危机意识

人无远虑，必有近忧。中国大学生往往在经历完极度疲惫的高中阶段后，在大学里极度地放松着自己。不少大学生都错误地认为找工作是大四才需要想的事情。其实从跨入大学的第一天起，就应该给自己施加压力，强化危机感，有意识地做好创业的准备，如知识储备、社会经验储备。

6. 市场意识

当你发现市场机遇时，你应当像猛虎扑食一样把它抓住。市场意识听起来像是空泛的大道理，然而它确实是创业的关键。大学校园不应该成为困住大学生的象牙塔，大学生理应分出一部分精力加强对社会的了解，主动地分析市场。

7. 主动适应

社会不是为你而造的，要去适应它。与其抱怨社会环境不好，不如换个心态，每一次危机就是一种转机，每一次变化就意味着机会。对社会的变化始终保持兴奋，才是创业的良好心态。大学生不要把精力放在愤世嫉俗上。

8. 坚定信念

创业之路不可能一帆风顺，面对困难要有平常心。大学生要坚定自己的信念，不管遇到怎样的苦难都不能轻言放弃，只有坚持才能在创业的路上走得更远。

9. 求新求变

市场竞争是针锋相对的，与其在针锋相对中拼个你死我活，不如求新求变。

从这种竞争中跳出来，不但自己轻松，而且可能效果更好。一个人的成功是需要走一步看两步的，要不断开阔眼界求发展。

在大学生创业当中，创业心态的调整是非常重要的，所以大学生们还是需要更好地让自己的心态调整过来，从现在开始，树立一种良好的创业心态。

七、大学生社会角色转变与适应

人在社会上的角色是变化的，大学生的角色也同样如此。择业的过程就是选择新角色的过程。新角色的获得使得角色转变成为可能。每一个社会角色都有自己不同的特点。也就是说，社会角色不同，社会责任就不同，社会规范就不同，社会权利也不同。

大学生的社会角色与职业角色的不同主要表现为：一是受教育者掌握本领，接受经济供给和资助，逐步完善自己的过程；二是用自己已经掌握的本领，通过工作为社会做贡献，具有一定的权利和义务，以自己的行为承担社会责任的过程。大学毕业生往往迷恋于大学生那种无忧无虑的自由角色之中，而一时不能适应新社会角色的转变是常见的一种现象。我们一定要注意反对骄傲自满的情绪和表现，要善于观察勤于思考。经验证明，只有善于思考勤于观察，才能发现问题并用自己的知识和能力解决实际问题，这样才能培养自己独立工作的能力，才能更好地承担起相应社会角色的责任；三是要勇于承担重任、乐于奉献，这是完成社会角色转变的重要体现。大学生奔赴工作岗位后应当从一开始就要严格要求自己，树立高度的主人翁责任感和积极的奉献精神，不计个人得失，努力承担岗位责任，主动适应工作环境，以促使自己更好地、更快地完成角色转变。

相关测试：

如何选择一个适合自己性格类型的职业呢？下面有一个职业选择测验，对你会有所帮助。下面这份测验分为R、I、A、S、E、C六部分，每部分分为8道题。请根据自己的实际情况做出回答。符合的，把该问题后面的"是"圈起来；不符的，则把"否"圈起来。

R

1. 你曾经将钢笔全部拆散加以清洗并能独立地将它装配起来吗？是　否
2. 你会用积木搭出许多造型吗？或小时候常拼七巧板吗？是　否
3. 你喜欢做实验吗？是　否
4. 你喜欢尝试着做一些木工、电工、金工、钳工、修钟表、印照片等其中

的一件或几件事情吗？或你对织毛衣、绣花、剪纸、裁剪等很感兴趣吗？是
否

5. 当你家里有些东西需要小修小补时（诸如窗子关不严了，门锁上而忘带钥匙了，凳子坏了，衣服不合身了等），常常是由你做的吗？是　否

6. 你常常偷偷地去摸弄机器或机械（诸如打字机、摩托车、电梯、机床等）吗？是　否

7. 你觉得身边有一把镊子或老虎钳，就会有许多便利吗？是　否

8. 看到老师傅在做活，你能很快地、准确地模仿吗？是　否

I

1. 你对电视里或单位里的智力竞赛很有兴趣吗？是　否

2. 你经常到新华书店或图书馆翻阅图书（文艺小说除外）吗？是　否

3. 你常常会主动地做一些有趣的习题吗？是　否

4. 你总想要知道一件新产品或新事物的构造或工作原理吗？是　否

5. 当同学不会做某一道习题来请教你时，你能给他讲清楚吗？是　否

6. 你常常会对一件想知道但又无法详细知道的事物，想象出它将是什么或将怎么变化吗？是　否

7. 看到别人在为一个有趣的难题讨论不休时，你会加入进去吗？或者即使不加入进去，你也会一个人思考很久，直到你觉得解决了为止吗？是　否

8. 看推理小说或电影时，你常常试图在结果出来以前分析出谁是罪犯，并且这种分析时常和小说或电影的结果相吻合吗？是　否

A

1. 你对戏剧、电影、文艺小说、音乐、美术等其中的一两个方面较感兴趣吗？是　否

2. 你常常喜欢对文艺界的明星评头论足吗？是　否

3. 你曾参加过文艺演出或写出诗歌、短文被刊发或报刊采用，或参加过业余绘画训练吗？是　否

4. 你喜欢把自己的住房布置得优雅一些而不喜欢过分华而不实吗？是　否

5. 你觉得你能较准确地评价别人的服装、外貌以及家具摆设等的美感如何吗？是　否

6. 你认为一个人的仪表美主要是为了一个人对美的追求，而不是为了得到别人的赞扬或羡慕吗？是　否

7. 你觉得工作之余坐下来听听音乐，看看画册或欣赏戏剧等，是你最大的

乐趣吗？是 否

  8. 遇到有美术展览会、歌星演唱会等活动，常常有朋友来邀请你一起去吗？是 否

  S

  1. 你常常主动给朋友写信或打电话吗？是 否

  2. 你能列出五个你自认为够朋友的人吗？是 否

  3. 你很愿意参加学校、单位或社会团体组织的各种活动吗？是 否

  4. 你看到不相识的人遇到困难时，能主动去帮助他，或向他表示你同情与安慰的心情吗？是 否

  5. 你喜欢去新场所活动并结交新朋友吗？是 否

  6. 对一些令人讨厌的人，你常会以某种理由原谅他、同情他甚至帮助他吗？是 否

  7. 有些活动，虽然没有报酬，但你觉得这些活动对社会有好处，就积极参加吗？是 否

  8. 你很注意你的仪容风度，这主要是为了给人产生良好的印象吗？是 否

  E

  1. 你觉得通过买卖赚钱，或通过存银行生利息很有意思吗？是 否

  2. 你常常能发现别人组织活动的某些不足，并提出建议让他们改进吗？是 否

  3. 你相信如果让你去做一个企业家，一定会成功吗？是 否

  4. 你在上学时曾经担任过某些职务（如班干部、科代表等）并且自认为干得不错吗？是 否

  5. 你有信心去说服别人接受你的观点吗？是 否

  6. 你的心算能力较强，不对一大堆的数字感到头痛吗？是 否

  7. 做一件事情时，你常常会事先仔细考虑它的利弊得失吗？是 否

  8. 在别人跟你算账或讲一套理由时，你常常能换一个角度考虑，而发现其中的漏洞吗？是 否

  C

  1. 你能够用一两个小时坐下来抄写一份你不感兴趣的材料吗？是 否

  2. 你能按领导或老师的要求尽自己的能力做好每一件事吗？是 否

  3. 无论填报什么表格，你都非常认真吗？是 否

  4. 在讨论会上，如果不少人已经讲的观点与你的不同，你就不发表自己的

观点了吗？是　否

5. 你常常觉得在你周围有不少人比你更有才能吗？是　否

6. 你喜欢重复别人已经做过的事情而不喜欢做那些要自己动脑筋摸索着干的事吗？是　否

7. 你喜欢做那些已经很习惯了的工作，同时最好这种工作责任心小一些，工作时还能聊聊天、听听歌曲等吗？是　否

8. 你觉得将非常琐碎的事情整理好，或由于你的工作，使有些事情能日复一日地运转很有意思吗？是　否

【评分与评价】测验分为 R、I、A、S、E、C 六部分，分别统计分数。每题一个"是"计1分，每题1个"？"计0分，每题1个"否"计-1分。你在哪一部分得分最高，说明你属于该种类型。

现实型（R）：这类取向的人通常具有一定的技能，善于使用各种工具和机器设备，务实，朴素，喜欢同事务而不是同人打交道。这一类型的人适合从事电器技术、机械维修和工程设计等技术性工作。

研究型（I）：这类取向的人通常具有较高的分析和综合能力，逻辑性强，好奇心强，能够独立工作，善于解决问题，喜欢同观念而不是同人或事务打交道。这一类型的人适合从事科学研究、质量检验等研究性工作。

艺术型（A）：这类取向的人往往具有某些艺术才能，富于想象，感情丰富，乐于创造，思想开放，独立性强，喜欢同观念而不是同事务打交道。这一类型的人适合从事音乐、美术、影视、文学等艺术性工作。

社会型（S）：这类取向的人有社会交往能力，对别人的事很有兴趣，乐于帮助别人解决困难，热情友好，善于合作，富于想象，喜欢与人而不是与事务打交道。这一类型的人适合从事教师、医生、护士等社会性工作。

企业型（E）：这类取向的人通常具有领导才能，对金钱和权力感兴趣，喜欢支配别人，有冒险精神，精力旺盛，喜欢与人和观念而不是事务打交道。这一类型的人适合从事厂长、经理等经营性工作。

常规型（C）：这类取向的人有较好的文字和计算能力，做事利索，有条理，有耐心，善于整理、安排事务，喜欢稳定、有秩序的环境，喜欢同文字和数字打交道。这一类型的人适合从事会计、秘书、办公室等常规性工作。

第八章

大学生心理健康教育与课程

第一节 大学生心理健康教育课程的现状与趋势

追溯历史，了解现状，是为了摸清心理健康教育研究的发展脉络。了解其全貌，吸取其研究精华，并发现其中的问题，以指导自己的研究。心理健康教育课程的发展与心理辅导关系甚为密切，对它进行探讨就会了解心理健康教育课程的发展概况。

作为大学生心理健康教育课程，一直选取的是大学生比较关心的心理健康基本知识，将心理咨询、生活适应、自我意识、人际交往、学习心理、情绪情感、恋爱与性心理、挫折与意志力培养、职业生涯规划、生命教育与危机干预等作为主要讲授内容。国外大学生的心理健康教育在价值取向、服务范围、队伍建设、实施途径等方面存在鲜明的特点，在服务理念、研究模式、研究内容、工作实效等方面出现新的趋势。深入研究并借鉴国外先进的理念和做法，对我国大学生心理健康教育有诸多有益的启示。经过20多年的发展，我国大学生心理健康教育在教学、研究与实践等方面水平不断提高，研究领域逐步拓展，工作成绩显著，但与国外发达国家相比还有一定差距。为使我国大学生心理健康教育取得更好效果，国外的有益经验需要借鉴。

作为高校的心理健康教育工作者，我们一直在思考，怎样的心理健康教育课程才是切实有效的，我们应该怎样建立和建设大学生心理健康教育课程，现阶段大学生心理健康教育课程在教学中有哪些问题是急需解决的，需要我们进行哪些新的探索，这些都是我们所面临的问题。

一、国外大学生心理健康教育课程的现状与趋势

（一）发展性与积极性的价值取向

大学生心理健康教育起源于美国，发展十分迅速。作为一门通识性教育课程，在学校课程改革过程中起着非常重要的作用。作为一种特殊教育的社会服务，在发展过程中引发和暴露了很多问题。美国的学校心理辅导在发展过程中，广泛地影响到了世界各国。半个世纪以来，在很多国家和地区迅速发展，有了很多的辅导丛书，特别是在日本发展迅速，一些其他国家也在很大程度上发展心理健康教育事业，发展性和积极性日益明显。

（二）多样性与综合性的服务范围

心理健康教育课程包括很多方面，涉及的内容和范围广泛。随着心理健康教育事业的发展，服务能力和发展速度迅速蔓延，服务的方式和内容逐渐增多，形式多样。随着心理卫生事业的发展和不断进步，心理健康教育工作也在蓬勃发展，世界上很多心理健康教育机构如雨后春笋般成长起来，在这种大思潮的影响下，我国揭开了现代心理卫生运动的序幕。

（三）专业化与标准化队伍建设

心理健康教育工作是一项育人的工作，也是一项非常烦琐和需要专业技能的工作。中华人民共和国成立后的心理健康教育课程的发展，几乎和学校心理辅导同步进行。心理健康教育课程得到了全国的发展和有效的推广，心理健康教育工作取得了长足的进展。随着专业发展，心理健康教育工作逐渐呈现了专业化和标准化的态势，心理健康教育课程从实验发展到全面推广，课程的内容包括学习辅导、生活辅导、人格辅导、职业辅导和交往辅导等。从心理健康教育课程的发展展望来看，通过课程的形式对学生进行心理健康教育，将是学校心理健康教育的主要形式之一。专业化和标准化逐步显现，中小学心理健康教育将会在很大程度上得到发展。中小学心理辅导教师培训体系将会形成，专业组织将会建立。由于我国的实际情况急需一批中小学心理辅导教师和专业人员，为了提高从业人员的辅导水平，他们需要通过短期培训以解决中小学心理辅导教师短缺的现象。在师资队伍建设上一些地区和学校专门建立和举办了各种心理辅导培训班，并表示只有经过了专业的培训并获得结业证的教师才能上该门课程。

（四）多元化与个性化的咨询途径

美国多元化的大学生心理健康教育模式值得很多国家借鉴和模仿。美国的大学生心理健康教育模式一直是被各国所推崇的，它主要表现在这几方面：一是学校心理学专家在条件允许的范围内，协助教师开展心理健康辅导，帮助有心理困惑的学生进行心理疏导。二是面对教育环境中的不良倾向和有障碍的学生，学校积极地进行心理健康辅导，协助他们摆脱各种不良心理适应带来的问题。三是通过家长干预的方式为大学生进行心理咨询，促进大学生身心健康的全面发展。

（五）以他人为本的服务理念

心理健康教育的服务理念也是对大学生进行心理健康教育的重要前提。随着心理健康教育工作的不断拓展，心理健康服务意识的不断加强，大学生心理健康教育理念也在不断地加深，只有深入心理健康工作的全过程才能使其得到有益的发展。因此，应该借鉴国外经验，加深心理健康服务意识，增强心理健康水平。心理健康教育在西方发达国家已有100多年的历史，近30年来学校心理健康教育课程作为一门应用学科，成为极为活跃、发展最快、最有生机的领域之一。笔者选取了心理健康教育较有特色的美国、英国、日本等几个国家作为代表进行研究。

美国：重视学生个性和潜能开发与培养，尊重个体差异与个人价值，在实施过程中针对性很强。

目前美国的心理健康教育课程体系较为完善、相对成熟，呈现出了多种经典的课程模式，比较开放自由，功能也很明确，无论在课程内容、教学形式还是在方法上都有明显的本土化特征。心理健康教育老师的专业化水平较高，从业资格要求也很高且比较严格。课程内容丰富、教学方法灵活，能够利用外部资源对课程进行整合。从20世纪五六十年代开始，社区的心理咨询、辅导与培训就已经初具规模。在20世纪80年代以前，重点是对个别有心理问题的学生进行心理辅导，到80年代以后，人们将心理健康教育对象转向了所有学生，重在预防和发展性的教育，开发其心理潜能，开设了如心理学入门、文学心理学、普通心理学等课程，这些选修课一般在高中阶段开设。

美国心理健康教育课程发展主要有三种模式。在课程目标方面，以解决学生的心理问题和心理疾病的预防为出发点，根据学生的成长规律，优化心理品质，提升综合能力，开发心理潜能，完善和提高自我。在课程的内容方面，主要涉及心理咨询、科学心理学知识、实习实训、心理健康教育、职业规划与辅导等方面。在课程实施方面，在学生实际需要的基础上制订，教师的教学手段和方法比较灵活。

英国：在心理健康教育课程的实施上，相比其他国家更受重视。他们会将其编入正式课表，每周会安排固定的课时，还会有专门的教材和读本，明确把心理健康内容编入相应的课程教材之中。在内容上，适当安排了相应的心理健康内容；在教材的编排上，教材可读性强，深入浅出，图文并茂，启发学生思考，进而得出正确结论；在教学方式上，不断采取多样化的教学方式和手段，不拘一格采用多样化的教学方法，使其获得最佳效果。

日本：心理辅导发展虽晚但较为成熟，主要处理两类问题：一是偏重认知问题的处理，在学习方法、升学、就业等方面给予知识性辅导；二是偏重态度、情绪、行为等方面的问题处理。日本的心理辅导吸收了美国的经验，但也表现出了很多更为先进和突出的内容，在管理体制上比美国更为严格，保持了本土化特色。

二、我国大学生心理健康教育课程的现状与趋势

（一）我国大学生心理健康教育课程的现状

在教育过程中，课改探讨的较多，但对于心理健康教育课程的改革内容探讨相对较少而且争议较多。在专业技能上投入较多，重视专业技术的开发，对心理健康教育课程的认识存在严重的表面重视，内心忽视现象。心理健康教育课程的前进步伐明显落后于其他课程。安徽师范大学方双虎认为，即使开设心理健康教育课程的学校，多数教师也不懂得如何开展心理健康教育课，还是一味沿袭传统课程的教学方法，机械地传授心理学概念或知识，让学生掌握心理学的名词或相关定义，违背了心理健康教育课程的宗旨。心理健康教育课程意识淡漠，地位边缘化。

（二）我国大学生心理健康教育课程的趋势

1. 心理健康教育将被正式纳入我国现代学校教育

心理健康教育课程不仅是一套方法和技术，更是一种对先进教学理念的诠释，心理健康教育工作的重要性已经受到了学校的高度重视。随着健康理念的不断深入，人们已经对心理健康教育越来越重视，并越来越清楚地认识到它的重要性。

2. 辅导模式将以潜能开发和发展为主

我国现在的心理健康教育越来越多的是和心理辅导相结合，且同步进行。随着心理健康教育课程的发展和全面推广普及，学校的心理辅导方式也得到了更为全面的发展。辅导模式将越来越多地以潜能开发和发展性教育为主。因此，在发展过程中呈现出了以下特点：

（1）在发展速度上，经济发达地区和经济落后地区表现出了很大的不同，城市学校明显比农村学校发展快，表现出了不平衡性。

（2）在课程内容上，大学生心理健康教育课程吸收了各地区、各学校以及国外和中国港台地区心理健康辅导的一些经验和做法，并结合学生实际做了一些有益的探索和尝试，取得了较好的效果。

第二节 大学生心理健康教育的课程管理

一、大学生心理健康教育的课程理念

对心理健康教育课程的探讨，目前仍局限于心理辅导和教育的层面。很少深入课程内容的讨论中去。由于心理辅导和教育的内容实际上包含着课程的内容，所以对现状进行分析与讨论，也有助于对课程内容的了解。

大学生心理健康教育课程不是特指某一种课，它是一类课的总称。是依据心理健康教育的目的或者说是为了实现心理健康教育的目标而组织的各种教育活动及各种教育性经验的总称。它包括教育科学课程、心理健康教育活动课程、心理健康教育潜在课程。心理健康教育课程具有复杂的立体式结构，是一种全方位、多渠道的课程。心理健康教育课程是由个体心理品质形成的复杂性所决定的，个体心理品质是个体文化素质的基础，个体心理品质的发展又与个体的学习活动相联系。心理健康教育课程的性质还表现在它既是一门实践性很强的应用学科，也是一门理论性的学科。在实践活动中，心理健康教育课程遵循学生身心发展规律，针对学生发展中可能出现的心理问题和实际情况应用特殊的程序、方法和技术对学生进行心理健康教育。

任何一门课程由于受其自身特点的限制，不可能面面俱到，它只能完成自己的特定任务。心理健康教育课程也不例外，它的任务是通过课程完成其发展性任务和适应性任务，通过开课的形式促进学生心理素质的健康发展，开发学生的心理潜能，培养学生良好的心理品质，及其对社会环境、人际关系、生活和学习环境的适应能力，使学生保持和谐的关系。大学生心理健康教育课程是一门通识性和应用性较强的课程，不能把它当成"万金油"，不能认为学生的什么问题都可以通过心理健康教育课程来解决，或者是什么课程都贴上心理健康教育的标签，这种想法是不可取的。

二、大学生心理健康教育的课程教材

（一）现行教材的优点

近几年来，我国心理健康教育在教材建设上发生了突飞猛进的改变，出现了很多质量较高的自编教材，主要有以下优点：

1. 时代性较强。心理健康教育内容基本上涵盖了大学生目前比较关心的各类心理健康教育问题，遵循"理论知识—常见相关问题—解决问题的方法或途径"的思路来撰写。能有效引导大学生通过相关内容觉察自己的问题，并通过理论的指导和体验活动来启发大学生并获得解决问题的方式方法，切实帮助大学生更好地成长发展。

2. 具有创新性。现代大学生心理健康教育课程融入了各门学科的性质和特点，更能结合现代大学生的性格特征，在编写上具有较强的创新性。

3. 可操作性。教材并非心理学理论专著，而是一本大学生心理健康教育读本，涉及的理论通俗易懂，提供的方法实用有效，相关案例、相关内容通俗易懂。能很好地穿插各种心理学理论，具有较强的可操作性。

4. 体验性。心理健康教育课程不是简单的纯理论课程，单纯的心理健康教育课程的讲授已经不能适应时代的发展和学生的需求，像这种体验性较强的课程应该能很好地激发学生的主动性和积极性。

5. 多样性。大学生心理健康教育课程内容呈现出多样化的特点，大学生心理健康教育知识面较广，内容庞杂，集多门学科知识于一体，是一种综合性和应用性较强的多样性学科。

6. 系统性。心理健康教育课程呈系统化、有序化，把知识点串联在一起，分别由九个主题组成，大学生心理健康教育课程知识体系呈系统性。

（二）现行教材的不足

很多教材没有考虑到学生的活动空间，"学生主动参与"成为一句空话。教材的深浅程度难以把握，有的教材知识性强不能把握，难度较高不适合中小学生，不能达到预期教学目标。且很多教材没有达到国家的统一标准及教材的编写方案和要求，出现很多弊端。现有的心理健康教育课程教材所选用的参考书目不多，很多教材知识点和内容体系略显粗浅，大学生心理健康教育现行教材也呈现出了诸多问题，有待进一步解决。

三、大学生心理健康教育课程的实施与管理

（一）大学生心理健康教育课程在实施和管理过程中的特点

1. 在发展的速度上，城市学校优于农村学校，普通高等教育优于普通中小学校。我国学校心理健康教育课程还处于起步阶段，发展速度缓慢，大部分学校已在开展这项工作但也有些学校还未启动这项工作。人们还没有意识到心理健康教育课程对学生的重要性。

2. 在课程内容上，很多学校和地区吸取了国外的经验，结合本校特点制订了一些切实可行的方案和制度。

3. 在课程价值取向上，表现为教材的质量参差不齐。从现阶段情况来看，心理健康教育课程的教材近些年来发展迅速，公开出版发行的教材已经不下二十种，但很多教材忽视了以学生为主体的本位价值观念，忽视了学生的身心健康发展，有些教材内容和形式单一，影响了教学。

4. 在师资队伍上，很多大中城市学校配备心理辅导教师，高校均已成立了心理健康中心，但相对于中小学而言，师资力量还相当薄弱，还不能达到开设心理咨询室的要求，算是一个薄弱环节。

（二）大学生心理健康教育课程在实施和管理过程中的问题

通过对相关心理健康教育课程的文献研究检索发现，主要的问题表现在以下五个方面：

1. 关于课程维度方面的研究

在课程维度的研究上，杨超在《基于积极心理学理念的大学生心理健康教育课程改革》中提出：大学阶段，心理健康教育课程是对大学生进行心理健康教育的有效途径，是提高大学生综合心理素养的有效方式。在当前时代背景下，大学生群体面临着时代发展所带来的各种挑战。以积极心理学为核心，对学生的心理健康教育内容进行有效分析，以求提高心理教育整体效率，帮助大学生心理健康课程改革达到优化提升，再通过创新大学生心理健康课程的设置来帮助大学生展开积极化的心理体验，减少和预防大学生出现各类心理问题，可以

帮助大学生在学校中实现高效学习，健康成长。

龚勋在《积极心理学视野下大学生心理健康教育课程改革探析——评〈大学生心理健康教育〉》一文中提出：高校大学生心理健康教育课程是对大学生开展心理健康教育的主渠道，在宣传普及心理健康知识基础上，还能够加强学生心理素质素养。提高高校学生心理健康教育课堂教育教学质量，加强从业教师整体素质素养，这是当前教育教学行业中急需解决的问题。

郭志峰在《基于"心理赋能式"的大学生心理健康教育课程改革初探》中提出：2018年教育部印发了《高等学校学生心理健康教育指导纲要》，强调大学生心理健康教育课程是提升和完善大学生心理健康的重要手段之一。目前，全国各地高校都在积极开展心理健康教育课程改革。

应丽莎在《体验式教学在大学生心理健康教育课程改革中的应用研究》一文中提出：新时代背景下，大学生作为未来国家和社会的建设者，肩负着实现中华民族伟大复兴的重要任务，这要求其具备积极乐观、理性平和、自尊自信的良好心态。大学生心理健康教育课程作为高校人才培养体系中必不可少的一环，旨在提高大学生心理素质，推动大学生身心健康和谐发展。为获得更加理想的教学效果，教师需要有效运用体验式教学模式，对大学生心理健康教育课程进行创新与改革，实现知识、情感与行为的协同发展。

2. 关于课程建设方面的研究

在课程建设方面，2006年，谭银辉在《学校心理健康教育课程建设研究》一文中指出，心理健康教育课程与一般的学科课程在培养目标上有很大的不同，两者有各自的培养目标和任务，内容及方法。大学生心理健康教育课程呈现出以下特点：①从课程目标和内容来看，学校心理健康教育课程更多的是承载通识性教育功能；②从学生学习的方式来看，学生更多的是被动接受，学习中没有更多的自我体验。③从课程的教学方式上来看，一般学科课程的授课形式是以讲授为主，教师处于主动地位，但从心理健康教育课程的授课形式来看，学生可以主动地参与较大的讨论和一定的活动，能够充分发挥学生的主观能动性。学校心理健康教育课程的教学主要是通过教学情境的设置、游戏活动、行为训练等引导学生主动了解心理健康知识，掌握心理调适技能。教学中教师通过言语、动作暗示来调整或调动个体的心理活动。

3. 关于课程评价方面的研究

2013年，马前广在《高校心理健康教育课程建设现状及对策思考》一文指出，①现阶段心理健康教育课程的开设状况存在明显的差异；②心理健康教育课程的内容呈现专业性与多样性相结合的特点；③各高校开设的心理健康教育课程性质并不一致，因此考核方式具有多样性；④高校心理健康教育课程建设面临的问题：课程开设性质与课程评价方面存在问题；课程建设资源方面缺少专业的师资力量，课程内容需要完善；课程建设中面临诸多现实问题的挑战；心理健康教育类课程与心理学专业类课程之间的区别难以体现。

2005年，陈瑜在《学校心理健康教育课程建设的问题与对策》一文中，论述了心理健康教育课程建设存在的主要问题：①认识和观念上存在偏差和误区；②理论研究滞后；③实践中教学规范的缺失；④师资问题仍然突出。

2010年，何蕊在《大学生心理健康教育课程评价初探》中写道，课程评价是基础教育新课程实施的重要任务和基本要求，是基础教育课程改革推进中建立新型教育评价体系的核心内容和关键环节。

4. 关于课程模式建构的研究

2008年，田仁波在《高校心理健康教育模式的理论研究》一文中指出，构建心理健康教育模式途径主要有：①开展心理健康教育课程教学活动；②建立学生心理健康档案；③注重社会、学校、家庭、个人四个方面的长期协同合作；④开展心理咨询与心理辅导。

5. 关于课程实施现状与对策研究

2017年3月，夏冰月、于慧慧在《大学生心理健康教育课程实施中存在的问题及对策》一文中指出：大学生心理健康教育课程是高校实施心理健康教育的主要渠道。文章首先阐述了大学生心理健康教育课程的性质。其次，分析了大学生心理健康教育课程实施中存在的问题，即"二位一体"的授课模式对学生的积极影响不够深入；班级人数众多，不能很好地关注到每一位学生；心理健康教育课对学生的积极影响不能持续；课程评价方式的单一化。最后，提出了加强大学生心理健康教育实施的对策：突出学生的主体性，体验与分享、反思相结合；小组合作学习，让每一位学生都能参与其中；多种心理健康教育形式（个体咨询、特定主题的团体心理辅导）对课堂的扩展与补充，做到因材施教；课程评价方式由单一走向多元化。

2020年，向洁在《大学生心理健康教育课程实施的现状及对策研究》中指出：在我国高等教育教学中大学生心理健康教育课程日益普及。本文旨在通过对大学生心理健康教育课程施行的现状进行分析，指出其存在的困境及原因；并通过教学理念和教学设置的改革，进一步加强课程建设，强化实践与体验，提升教师技能和素质，从而帮助大学生获得心理成长和发展，降低大学生心理问题产生的概率。

2022 年，李勇在《新时代背景下大学生心理健康教育课程教学改革路径分析》中指出：大学生心理健康与其成长、成才紧密相关，作为开展心理健康教育的重要载体，心理健康教育课程在实际发展中却仍旧存在一些问题。尤其是进入新时代，信息技术发展迅速，学生能够接触到多元化的信息内容。为了促使学生能够正确辨别信息，获得健康的心理发展，高校应加强对学生心理健康的重视，在多方配合下建立新的心理健康教育课程模式，创新教学方法，促进课程教学的改革。

2023 年，史小花在《以学生为中心的大学生心理健康教育课程教学实践》中指出，大学是学生心理成长的重要环节，学生心理素质具有较强的可塑性。而课堂作为大学生心理教育的重要场所，在新时期学生素质教育背景下，分析大学生心理健康教育课程，探讨以学生为中心的大学生心理健康教育目标，阐述具体的课程实践，即合理设计教学目标、做好课程教学准备、调动学生学习兴趣、创新课程教学方法。

四、大学生心理健康教育课程的内容与评价

全面评价一门课程，既是对教学过程的总结也是对教师教学手段和教学效果的衡量。心理健康教育课程的教学评价与实施效果，在学校心理辅导课程教学实践和研究中具有非常重要的意义。

（一）大学生心理健康教育课程的内容

关于对大学生心理健康教育课程内容的探讨，目前仍局限于心理辅导和心理教育层面，很少深入课程内容的探讨中。心理健康教育课程是其课程结构的主体部分，是由一系列较为规范的符合课程目标要求的间接经验和直接经验所组成的。在内容的选择上呈现出以下特点：

1. 关于大学生心理健康教育课程的理解，将心理辅导和教育的内容规定为情意品质、认知能力、优良性格品质等方面的辅导和教育，以线索组织课程内容，将各种学科课程进行有效的融合，需要教师具有较高的专业知识和承担一定的专业技能，但因为缺乏相应的针对性，不易激起学生的学习兴趣。

2. 根据学生的活动领域，我们一般将学校心理辅导和心理健康教育的内容规定为学习辅导和教育，生活辅导和教育，择业辅导和教育。学生的学习辅导和教育包括学习潜能、学习动机、学习兴趣和态度、学习习惯、学习志向和学习水平的培养与教育，以及学习方法与策略的训练、学习计划的制订、考试方法的辅导等。这些一般融入了学生辅导的各个方面，对学生的成长有很大的帮助。

3. 根据心理辅导和教育的发展性目标和防治性目标，一般将心理健康教育的内容规定为学习辅导和教育，人格辅导和教育，生活辅导和教育，职业辅导和教育。在这样的课程内容里面有选择性地将人格辅导与教育作为单独的项目以突出人格辅导和教育的重要性。大学生的人格发展是一个长期的培养过程，需要协调各方力量，需要多方因素的共同参与。

4. 根据学生在各个发展阶段容易出现的问题，我们一般将心理辅导与教育的内容规定为心理问题的解惑、调适、疏通、明了，一般在课程内容的选择上会选择学生容易接受的，能够当面解决的一些实际问题，但这种课程内容缺乏系统性，内容之间的逻辑性不强，因此，在进行大学生心理健康教育课程的内容选择时应尽可能地考虑周到。

（二）大学生心理健康教育课程的评价

心理健康教育课程的评价是对心理健康教育课程建设内容进行的监督和反馈，是按照一定的价值标准对教学活动的发展变化及构成等诸种因素所进行的价值判断。心理健康教育课程不同于一般的学科课程，不能以一般的学科教学的考核和评价手段来衡量。心理健康教育课程的教学效果不能以书面考试的形式进行，以心理学知识的掌握程度和学生的考试分数为指标，在评价中，心理健康的教学效果也不是立竿见影的效果，而是一种潜移默化的过程。

心理健康教育课程的评价包括对心理辅导活动是否有正确的目的，活动是否有民主、温暖的气氛，沟通表达是否真诚开放，形式是否多样。这样的评价不仅可以评估心理健康教育的效果，也可以帮助任课教师不断地提高教学和辅导水平。

表 8-1 心理健康教育课程实施的评价

家长评价	教师评价	学生评价	师生及其相关人员评价
25.70%	68.30%	41.60%	30.20%
考查在心理活动中的表现	心理测量	卷面考试	其他测评方法
61.0%	20.0%	0.0%	19.0%

在一项调查中，当问到"你校心理健康教育课程采用何种形式的考核方

法？"时，调查结果如表 8-1 所示，表中显示心理健康课所采用的重要的考核方式是考查在心理活动中的表现，其占总数的 61.0%，采用心理测量的方法占总数的 20.0%，而几乎没有人选择卷面考试。这一点比较欣慰，意味着心理辅导教师没有把心理知识的掌握当作学生心理健康教育课程的培养目标。

（三）心理健康教育课程实施的效果

在开设了心理健康教育课程的班级，对学生进行心理测试，经过一段时间的心理辅导之后，学生的心理素质有了一定的提高，他们在自我意识、人际交往、求职择业以及异性相处、情绪调节方面有了显著的变化，学生的焦虑和自卑情绪也有了一定的调节。

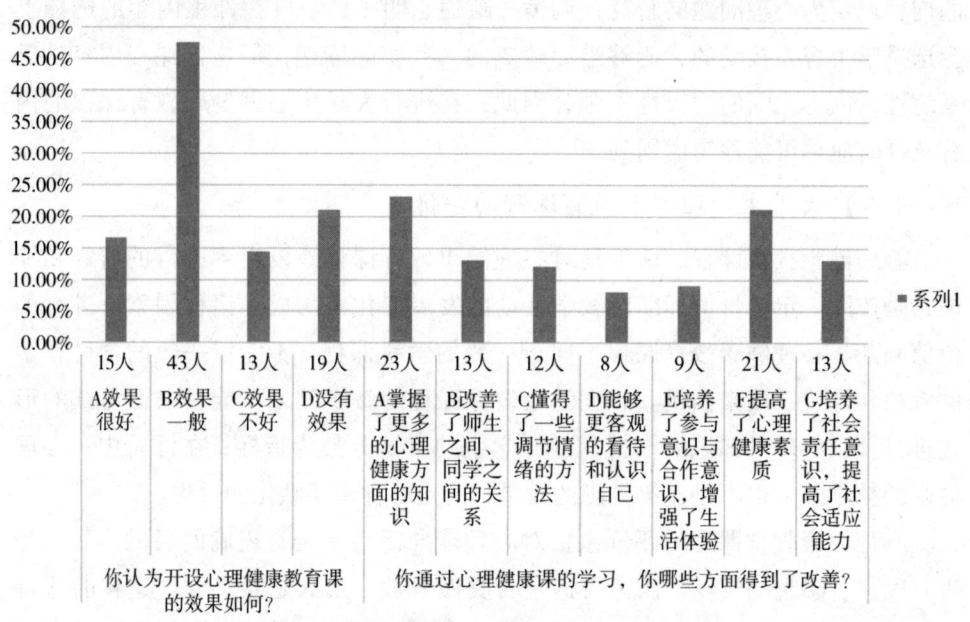

图 8-1 心理健康教育课程实施的评价

心理健康教育课程的主体是学生，以学生为中心，解决学生在成长中的问题，最终的效果要看是否为学生的成长提供帮助，因此在问到"你认为开设心理健康教育课的效果如何？"时，调查结果如图 8-1 所示：有 15 人认为开设心理健康教育课的效果很好，占总数的 17.0%；有 43 人认为开设心理健康教育课效果一般，占总数的 48.0%；有 13 人认为开设心理健康教育课效果不好，占总数的 14.0%；有 19 人认为开设心理健康教育课没有效果，占总数的 21.0%。调查数据表明，心理健康教育课的教育效果还没达到学生认为的满意程度，看来心理健康教育课在开设和实施中还需改进。

在问到"开设心理健康教育课使你在以下哪些方面得到改善？"这个问题时，调查结果如图8-1所示：本题为多选题，每个答案的选项共出现101次，其中"掌握了更多的心理健康方面的知识"出现23次，占总数的57%；有13人选择"改善了师生之间、同学之间的关系"，占总数的13%；有12人选择"懂得了一些调节情绪的方法"，占总数的12%；有8人选择"能够更客观的看待和认识自己"（如相貌、身材、能力），占总数的10%；有9人选择了"培养了参与意识与合作意识，增强了生活体验"；有21人选择了"提高了心理健康素质"；有13人选择了"培养了社会责任意识，提高了社会适应能力"。调查结果表明，学生对心理健康教育知识的了解多半停留在理论层面，真正用所学知识解决实际问题的还很少。

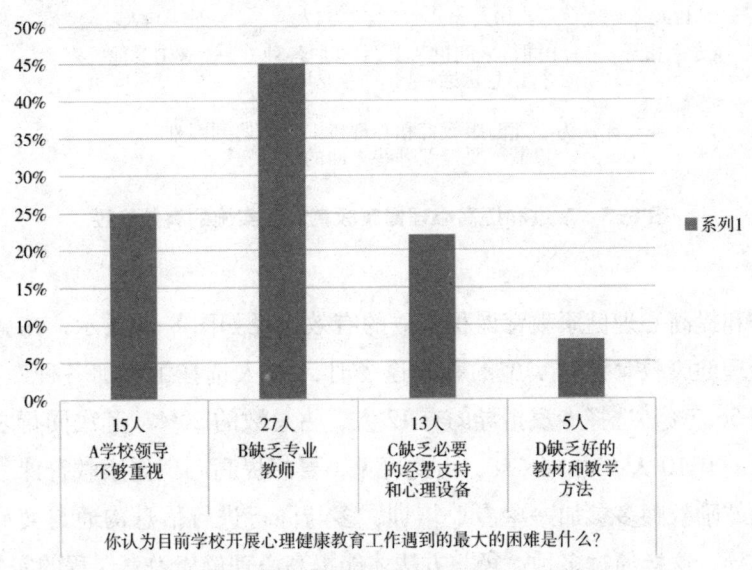

图8-2 影响和制约心理健康教育课程顺利开展的因素

影响和制约心理健康教育课程顺利开展的因素如图8-2所示，影响和制约心理健康教育课程顺利开展的主要因素首先是缺乏专业教师，因为教师是课程实施的主要组织者，是决定课程质量的关键，没有专业教师要想课程顺利实施是无从谈起的。其次是学校领导不够重视，也将对课程实施有一定的制约作用。此外，缺乏必要的经费支持和心理设备以及缺乏好的教材和教学方法也是影响课程实施的重要因素。

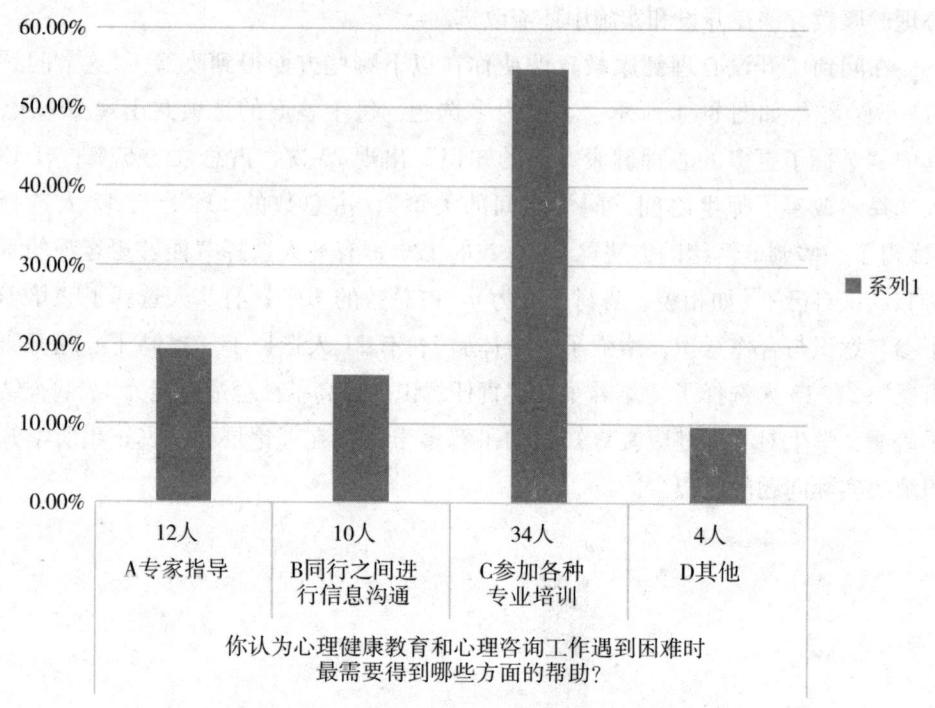

图8-3 改进和提高心理健康教育课程实施的有效途径

改进和提高心理健康教育课程实效的有效途径如图8-3所示,在调查改进和提高心理健康教育课程实施的有效途径时,34人选择了参加各种专业培训,占总数的56.7%,选择专家指导的有12人,占总数的20%,其次同行之间进行信息沟通的有10人,占16.7%,由此可见,要想提高心理健康教育课程的实效性,必须鼓励教师多参加一些专业培训,多与同行进行信息沟通与交流,争取专家的指导,这样通过多种途径与方法才能提高心理健康教育课程的实效。

第三节 大学生心理健康教育课程的实施及调研

一、大学生心理健康教育课程的实施

本书对心理健康教育课程实施现状进行论述,主要是根据对长株潭地区六所学校的调查为依据,从以下五个方面进行论述:学校管理者和师生的认识与态度、课程的规划与开设、课程师资配备与课程资源、课程内容与组织及教学方式、课程实施的评价与效果。

（一）学校管理者和师生对心理健康教育课程的认识与态度

了解心理健康教育课程实施的现状，从学校管理者和师生的认识与态度着手是一个突破口，也是一个关键点。

1. 学校管理者对心理健康教育课程的认识与态度

（1）对心理健康教育课程性质的了解

表8-2 对心理健康教育课程性质的了解

心理健康教育课程的性质	教师	管理人员
是语文、数学等各门学科以外的课外活动课程	12.0%	15.0%
是一门以提高学生心理素质的素质教育课程	21.0%	20.0%
是根据教育部制订的教育指导纲要编制的课程	56.0%	49.0%
与学校以前的活动课程没有本质区别	11.0%	16.0%

由表8-2可知，作为课程改革的具体实施者，校长等学校管理者对心理健康教育课程的认识、理解和态度直接关系到心理健康教育课程的实施层次、水平与质量。有49.0%的管理人员认为心理健康教育课程是根据国家教育部门制订的教学指导纲要编制的课程，符合新一轮基础教育课程改革的基本理念和对课程的重新阐释，是国家教育部门制订的教育纲要，但仍有少数管理者对心理健康教育课程的性质存在其他认识，究其原因：一是传统课程观念的影响，二是心理健康教育课程具体实施状态的影响，在部分学校该课程并未得到充分的重视，导致对心理健康教育课程的性质存在偏差。

表8-3 学校管理者对心理健康教育课程的了解情况

问答内容	选项	人数	比例
您是否阅读过《心理健康教育指导纲要》	A 阅读过	25	41.7%
	B 没有阅读过	35	58.3%
您对《心理健康教育课程指导纲要》的了解程度是：	A 很熟悉	2	3.3%
	B 比较熟悉	11	18.3%
	C 阅读过但不深入	28	46.7%
	D 不太熟悉	19	31.7%

续表

问答内容	选项	人数	比例
您是否关注过心理健康教育课程在本校或其他学校的开设和进展情况	A 是	29	48.3%
	B 否	31	51.7%

从上表8-3可以看出，学校管理者对心理健康教育课程的了解还没有达到理想中的样子。从这些结果可以看出，作为课程实施的主要领导者，对课程实施的组织、管理、宣传、发动做得并不是很好，对课程的关注度有限，因此需要提升课程的满意度和知晓率，提升课程的了解状况。

（2）对心理健康教育课程理念的关注和认同程度

表8-4 学校教师和管理者对心理健康教育课程的关注情况

对心理健康教育课程的关注情况	教师	管理者
十分关注	6.4%	8.7%
非常关注	20.3%	38.0%
关注	51.0%	43.5%
不太关注	22.3%	9.8%
不关注	0.0%	0.0%

由表8-4可知，总体比较而言管理者的关注度略高于教师，46.7%给予了高度关注，其中8.7%撰写了相关方面的文章，38.0%经常收集这方面的资料，51.0%的教师和43.5%的管理者表示关注。进一步调查显示，持非常赞同态度的人员认为课程的基本理念与精神符合素质教育的基本要求，持基本赞同态度的人员认为课程虽然促进了学生的全面发展，但在具体实施中存在许多困难和阻力。持不赞同态度的人员则认为该课程的理念和精神不符合我国目前的教育实情，会削弱传统学科教育的基础。

（3）对心理健康教育课程价值的认识

表8-5 对心理健康教育课程价值的认识

心理健康教育课程的价值	教师	管理者
是学科课程的有益补充，是素质教育的重要途径	26.5%	44.8%
具有学科课程无可替代的价值	38.6%	36.7%

续表

心理健康教育课程的价值	教师	管理者
究竟有没有价值还有待证明	14.9%	13.4%
不会像课程改革或宣传的那样有价值	20.0%	5.1%

表8-5显示，44.8%的管理者认为心理健康教育课程是学科课程的有益补充，是素质教育的重要途径。36.7%的管理者认为心理健康教育课程具有学科课程无可替代的价值。13.4%的管理者认为心理健康教育课程究竟有没有价值还有待证明，但也有5.1%的管理者认为心理健康教育课程不会像学科课程改革或宣传的那样有价值。因此，在价值的认识上，还有待进一步加强和提高。

2. 教师与学生对心理健康教育课程的认识与态度

表8-6 对心理健康教育课程的认识与态度（数据来源：教师问卷）

问题	选项	人数	百分比
你认为在学校开设心理健康教育课程有没有必要？	A 非常必要	51人	85.0%
	B 有必要	6人	10.0%
	C 不必要	3人	5.0%
	D 无所谓	0	0.0%
你认为现在的学生有无心理问题？	A 非常多	15人	25.0%
	B 较多	25人	41.7%
	C 不太多	15人	25.0%
	D 没有	5人	8.3%
你是否认为心理健康教育是素质教育的重要组成部分？	A 是	57人	95.0%
	B 否	3人	5.0%
进行心理健康教育的主要对象？	A 所有学生	48人	80.0%
	B 身体有病的学生	3人	5.0%
	C 心理有问题的学生	9人	15.0%
	D 其他	无	0.0%
你认为学习成绩优异的学生心理一定健康？	A 十分同意	10人	20.0%
	B 同意	16人	26.0%
	C 不同意	30人	50.0%
	D 很不同意	4人	4.0%

由表 8-6 可知：在问到"你认为在学校开设心理健康教育课程有没有必要"时，85%的教师选择非常必要，10%的教师选择有必要，5%的教师选择不必要，结果表明在学生中开设心理健康教育课程很有必要且势在必行。

根据表 8-6 可知，在问到"关于对学生进行心理健康教育的主要对象"时，很多人会选择有心理问题的人，认为心理健康教育的主要目的就是解决那些心理有问题的人的心理问题，其实更应该关注帮助学生提升心理素质，帮助学生能有效地测试自身的心理健康状况。很多学生对心理健康教育课程的开设期望很高，表明大多数人能明确心理健康教育的对象是全体学生，认为心理健康教育只是针对有问题的学生的观点是错误的，他们希望通过开设心理健康教育课程来了解有关心理健康知识，学会更好地学习和生活，面对成长中的挑战及时缓解心理困惑，这些数据表明，目前绝大多数学生对心理健康教育课程是非常期待的，对学校开设心理健康教育课程是持赞同意见的，他们希望得到心理健康方面的知识。

在问到"你认为现在的学生有无心理问题"时，调查结果如表 8-6 所示，选择非常多的教师有 15 人，占总数的 25%；选择"较多"的有 25 人，占总数的 41.7%；选择"不太多"的有 15 人，占总数的 25%；选择"没有"的有 5 人，占总数的 8.3%。数据表明，绝大部分学生中都存在一定的心理问题。有必要进行心理健康教育。

（二）心理健康教育课程的规划与开设

心理健康教育课程的规划与开设是评价心理健康教育课程实施的基本指标之一，其中包括课程的开设情况、课时数及开设原因、课程的类型等三方面的内容。

1. 心理健康教育的整体规划

表 8-7 心理健康教育课程的整体规划

学校心理健康教育活动计划	10.9%	班级心理健康教育活动计划	27.2%
年级心理健康教育活动计划	32.6%	没有制订相关计划	29.3%
学校对心理健康教育课程进行规划	48.3%	学校对心理健康教育课程没有进行规划	51.7%

（1）课时计划的整体规划

由表 8-7 可知，关于学校是否对心理健康教育课程进行了规划的问题，48.3%的被调查者选择了是，51.7%的被调查者选择了否。由此可知学校对心理健康教育课程的规划情况一般。很多学校的课程计划主要是学校层面的,各校的制订情况也不尽如人意,大部分学校计划缺乏系统性,没有纳入学校课程统筹计划之中,很多学校是到开学时才进行课表的安排,没有计划性。

(2)课程内容的整体规划

关于心理健康教育课程的内容是否进行活动计划的问题,有10.9%的被调查者认为,学校对其进行了课程规划并提前制订了课程计划,27.2%的被调查者认为制订了班级心理健康教育活动计划,32.6%的被调查者认为制订了年级的心理健康教育活动计划,29.3%的被调查者认为没有制订相关计划。因此,从调查数据可以看出,心理健康教育缺乏整体计划性和系统性,因此,将影响学生心理健康水平和课堂教学效果。

2. 心理健康教育课程的具体开设

了解心理健康教育课程的具体开设情况是课程实施的首要条件,其中主要包括课程的开设类型、课时安排、开设形式和开设时段。

表8-8 心理健康教育课程的正式开设时间

心理健康教育课程的正式开设时间	2014年	2013年	2012年	2011年	2010年	2009年
当年所在地区开设了心理健康教育课程的学校占总调查学校的百分比	11.4%	17.3%	9.98%	3.05%	2.8%	2.0%

(1)心理健康教育课程的开设时间与课程模式

由表8-8可知,心理健康教育课程各地区的开设时间都不尽相同,2009年开设心理健康教育课程的学校数仅占调查学校总数的2.0%,2010年开设心理健康教育课程的学校数仅占调查学校总数的2.8%,2011年为3.05%,2012年为9.98%,2013年为17.3%,2014年为11.4%。调查表明:近几年心理健康教育课程的开设学校逐年增加,课程开设学校的比例逐年递增,说明学校领导已经意识到开设心理健康教育的重要性,越来越多的学校都在开设心理健康教育课程。但也发现,各地区开设的时间都不尽相同,发达地区时间开设早于欠发达地区,大中城市的开设时间早于小城市,表现为一定的地区差异,随着国家对心理健康教育的重视程度,各地区各学校的开设范围也在逐年递增,开设学校在逐年增加。

在问到"你校是否开设了心理健康教育课程"时,调查结果如图8-4所示。

有20人选择了学校有开设心理健康教育课程，占总数的58.3%；有5人选择了学校有时候偶尔利用讲座或其他方式开设心理健康教育课程，但未正式列入课表很少推广，有些学校还没有正式开课，占总数的额8.3%。调查结果表明，心理健康教育课程的开设还没有普遍推广，有些学校还没有正式开课，课时得不到保证，也没有把心理健康教育课程作为学校课程体系的一部分来认真对待，但从长株潭地区的情况来看，长沙的学校课程的开设明显好于株洲、湘潭，湘潭是开设心理健康教育最不规范的地区，长沙市的学校课程开设比湘潭、株洲规范，但于其他院校相比还相差甚远，还没有规范和普及。

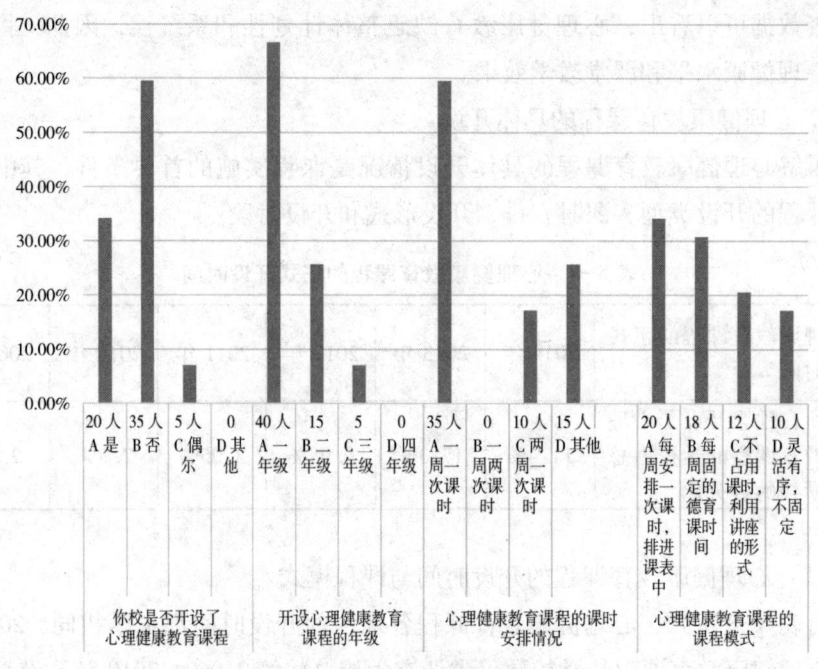

图8-4 心理健康教育课程的开设状况

（2）心理健康教育课程的课时安排和开设年级

在了解心理健康教育课程的开设状况时，有20人选择学校开设了心理健康教育课程，占总数的32%，有35人选择了学校没有开设心理健康教育课程，占总数的60%，有5人选择了学校有时候偶尔利用讲座或者其他形式开设心理健康教育课程，但未正式列入课表，很少开课，占总数的8%。根据调查结果显示：当被问及"你所在的学校心理健康教育课程的课时安排情况"时，调查结果如图8-4所示：有35人选择每周一节心理健康教育课，占总数的58.3%；有10人选择每两周一节心理健康教育课，占总数的16.7%；没人选择每周两次；

有15人选择其他。表明心理健康教育课程的开设时间是不固定的，是比较满意的，其中也存在不开课或者利用其他时间以其他方式开课的可能。调查结果表明，心理健康教育课程的开设还没有普遍推广，有些学校还没有正式开课，课时得不到保证，也没有把心理健康教育课程作为学校课程体系的一部分来认真对待，但从长株潭地区情况来看，长沙的学校课程的开设状况明显好于株洲、湘潭，湘潭是开设心理健康教育课程最不规范的地区，长沙市的中学校课程开设比湘潭、株洲规范，但与中小学和高职院校相比，相差甚远，还没有规范和普及。

（3）心理健康教育课程的开设原因

表8-9　心理健康教育课程的开设原因

有助于提高学生的心理素质	59.8%	符合学校素质教育的要求	29.8%
上级政策要求	10.0%	学生所需	0.4%

由上表8-9所知，关于开设心理健康教育课程的原因这一问题，有59.8%的被调查者回答，有助于提高学生的心理素质，29.8%的被调查者回答，符合学校素质教育的要求，也有10%的管理者坦言开设这门课程是因为上面政策有要求，数据表明，大部分学校已经意识到心理健康教育课程的深层含义，但同时也有近半数的管理者认为开设这门课程是出于其他目的。因此，从调查的数据和结果来看，心理健康教育课程开设真正的原因没有把握好，还没有意识到开设心理健康教育课程是为了提高学生的心理素质，这将对学校开展心理健康教育产生较大影响。

（三）心理健康教育课程的师资配备与课程资源

教师是教学的能动因素，教师的教学能力与水平决定了教学质量，因此，通过调查了解心理健康教育课程的师资配备与课程资源状况可以有效地提高课程实施的实效。

1. 心理健康教育课程的师资配备

教师是课程的主要实施者决定着课程的实施效果。在一项调查研究中，在问到"学校的心理健康教育课的任课教师是谁"时，调查结果如图8-5所示，没有人选择心理健康教育课有专职教师。

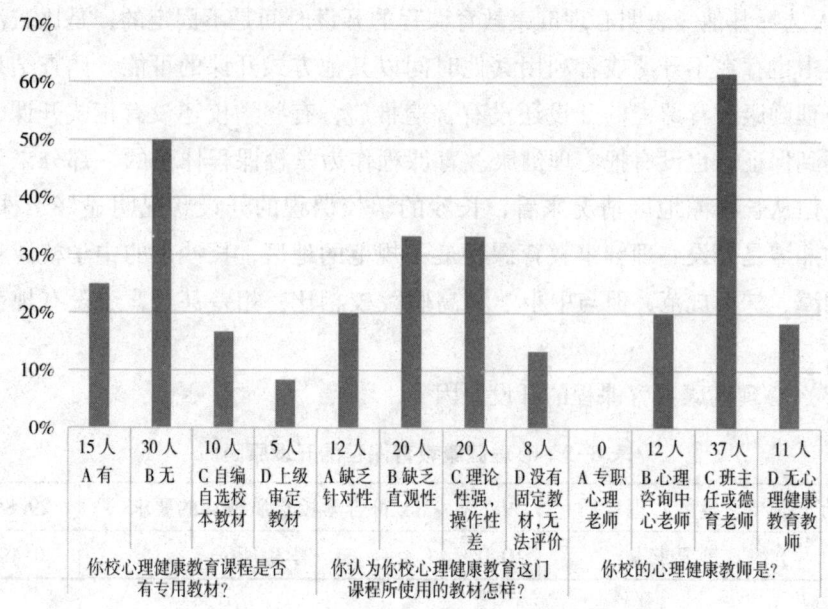

图 8-5　心理健康教育老师的教材和师资配备情况

在所担任的心理健康专兼职的教师中,以心理学科班专业出身的正规的心理学专业教师没有一人,但持有心理咨询师二级证书的教师有 2 人,三级证书的教师有 3 人。

调查数据表明,很多心理健康教育老师是其他专业教师经过一段时间的培训,取得相应的资格证书后任教,教师的任教水平有较大差异。班主任或其他非专业教师的任教水平参差不齐,专业结构不合理,至今仍有部分中职教师的学历层次为本科以下,一部分德育教师是从其他专业转行过来,多是半路出家,缺乏必要的专业素养和理论储备。有些中职学校的心理健康教育老师是由其他教师兼任,因教师师资水平和学校条件的限制,绝大部分教师未参加教育学、心理学的相关专业培训,心理学功底不深,教学效果不太明显。心理健康教育课程很有可能与思想品德课程以及德育课程相混淆,在心理健康教育课程的调查中发现,很多学校的心理健康教育课程被班主任上成了主题班会课。其实主题班会课和德育课与心理健康教育课程还是有实质性的区别的,主要表现为心理健康教育课是以心理学理论知识为背景的,以心理学的方法解决学生中存在的一些问题,与德育教育实施的手段和方法有根本性的区别。

2. 心理健康教育课程的教材

很多学校无教材或是学校教务部门在没有征求任课教师意见以及市场调查

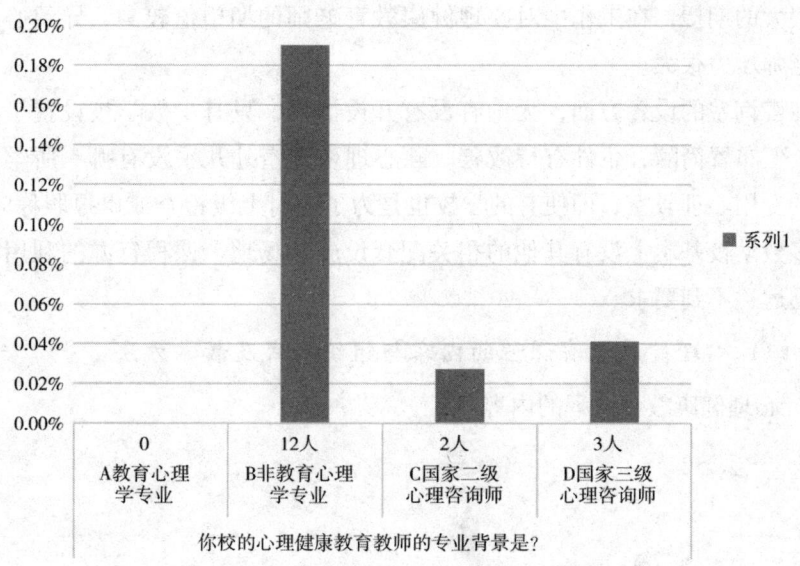

图 8-6　心理健康教育老师的专业背景

和根据学生实际需要情况下征订教材，使用的是没有经国家教材审定委员会审定的教材，教材的使用比较随意，部分学校使用的是校本教材，教材质量参差不齐，表现为教材内容缺乏连贯性和针对性，教材没有年级之分，没有学期之分，只有笼统的中学生心理健康教育或学生心理健康教育，很少有专门针对中职学生的教材，而且绝大部分教材没有配备教参，没有具体的教学目标，给教师教学和辅导带来一定难度，有的教材成了专门传授知识的教材，更有部分学校使用的是省教育厅主管部门批准指定的教材，教材的质量低劣，达不到教学所需。

3. 心理健康教育课程资源的利用

《心理健康教育指导纲要》规定：心理健康教育工作是学校教育工作的重要组成部分，各级教育行政部门和学校要求开设心理知识点培训侧重于知识的系统学习，而国家职业资格证书的鉴定培训侧重于基础知识和学习技能的提高，因此对心理健康教育老师进行专门的培训与辅导，很有必要。然而在调查中发现，学校在师资配备和培训上，一般只注重对专业教师进行培训，对于基础课教师是很难有培训机会的，更谈不上学校花时间花钱让你公费参加一些培训，即使是自费参加一些项目的培训，学校也仅仅在你完成本职工作之余给你提供时间上的方便。因此，师资的培养和培训是课程有效实施的关键。在心理健康教育老师的选择上，一般考取了咨询师证书或获得了一些培训后，单位会对其寄予很大的期望，在工作中对心理健康教育老师的期望值较高，导致心理健康教育老师压力很大。

在咨询室的设置方面，无论有没有开设课程，只有少数学校设置了心理咨询室，但布置简陋，条件有待改善。除心理咨询室外几乎没有哪一所学校配有相应的专用心理教室，即使有的学校也是为了应付上级检查或申报职称时所用，绝大多数学校基本上没有其他的相关配套设施和场地，课程资源的利用非常有限，远远达不到要求。

（四）心理健康教育课程的内容与组织形式及教学方法

1. 心理健康教育课程的内容

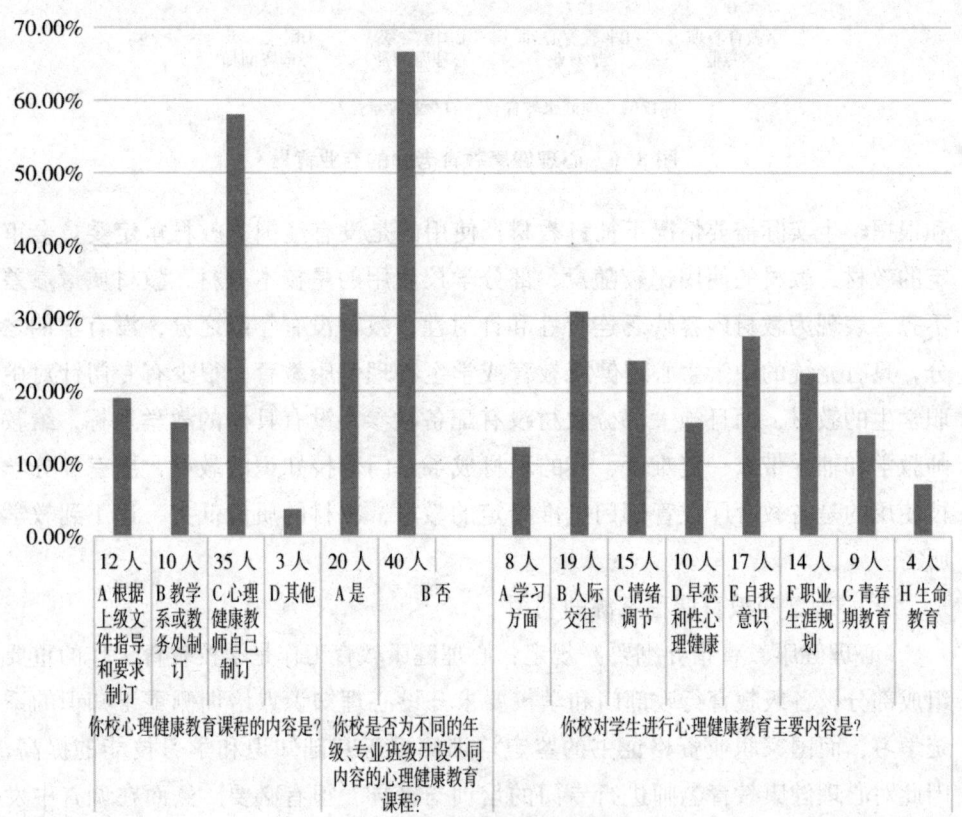

图 8-7　心理健康教育课程的内容

这个问题是个多选题，在问到"学校开设心理健康教育的主要内容有哪些"时，调查结果如图 8-7 所示：在全部被调查的学生中，有 8 人选择学习方面的内容，占总数的 12%，有 19 人选择人际交往方面的内容，占总数的 26%，有 15

人选择情绪调节，占总数的20%，有13人选择早恋和性心理健康内容，占总数的14%；有17人选择自我意识方面的内容，占总数的19%，有14人选择职业生涯规划方面的内容，占总数的7%，有4人选择生命教育的内容，占总数的2%。

调查结果显示学生心理健康教育课程的开课内容种类多样，涉及了学生的认知、情感、意志等多方面心理健康教育课程的内容。心理健康教育必须以人本主义理论为基础进行组织，课程的设置完全是根据现代学生的成长需求针对性地解决他们现在以及未来所面临的问题而设计。通过数据可以看出，绝大部分心理健康教育课程的内容和教学计划是由心理健康教育老师根据心理健康的教材和大纲要求而自行制订的，主要包括人际交往、学习、情绪调节、自我意识等教育。在已经开设了心理健康教育课程的学校，学生对心理健康的内容还比较满意，认为课程内容比较丰富并能提起学生的兴趣，适合并满足他们的需求，但也有少部分学生表示，心理健康教育课程的内容随意性较大，很多内容满足不了学生的需求，只注重心理健康知识的普及，心理健康的内容还有待更加丰富，应更加适应学生的心理需要。而且应该根据实习教学的需要和不同的年级安排不同的心理健康教育内容，应遵循职业教育的特点和规律，根据不同年级设立不同的课程，在实习实训中渗透心理健康教育，例如，学校一年级可以开设新生适应、团队合作、人际交往、青春期健康教育课程，二年级可以开设人际沟通、时间管理、情绪管理等课程，三年级可以开设生命教育、情感心理学、压力管理等课程，或者职场心理学、社交礼仪心理学等课程。

心理健康教育课程必须以学生心理年龄特征为出发点来组织内容，以学生成长需要为依据来选择内容，使课程内容更具有针对性。课程要以活动的形式在教师设计的指导下，让学生在活动中去体验和感受，课程内容的安排必须遵循学生的中心课程理论，坚持以学生的兴趣和爱好、动机的需要、能力与态度为基础编制课程。

2. 心理健康教育课程的组织形式

8-10 心理健康教育课程的组织形式

问答内容	长沙市学校数（所）	湘潭市学校数（所）	株洲市学校数（所）
必修课	1		
选修课			1
活动课	1	1	

续表

问答内容	长沙市学校数（所）	湘潭市学校数（所）	株洲市学校数（所）
讲　座		1	1

从心理健康教育课程的类型及开课形式来看，一直以来，心理健康教育课程并未出现在正式的课程体系之列。课表中并未排有心理健康教育课，正如表8-10调查结果所示，在所调查的6所学校中有4所并未将心理健康教育课程纳入学校教学课表中，而是在其他活动课中开展心理健康教育，主要以主题班会和班团活动的形式灌输或渗透心理健康教育，普及心理健康知识。以必修课形式开课的有1所，以选修课形式开课的有1所，以活动课为主要形式开设的有2所，这些活动主要有班会课或德育课，主题班会课或者其他活动课等，其中以德育课的形式进行时主要由班主任或学生管理的行政人员或思想政治人员组织，利用特殊的节日或者借助有关活动契机以讲座或其他形式开展，其中以讲座形式开展的有2所。在调查过程中发现，很多学校并没有严格执行教学大纲的要求，而是自己每个学校按照自己的情况来制订和开设，又相对分散不够系统化。课程地位一直处于边缘化的状态，很多学校领导并未将课程内容体系纳入教学计划之中，课程的开设形式和课程内容比较满意。

3. 心理健康教育课程的教学方法

表8-11　心理健康教育课程的教学方法

心理健康教育课程的教学方法	人数	比例
角色游戏法	44	38.3%
案例故事法	18	30.0%
课堂讨论法	16	26.7%
知识讲授法	12	20.0%

从这些数据调查可以看出，最受学生喜欢的是角色游戏法和案例故事法，知识讲授法排到了最后，看来知识讲授法是最不受学生欢迎的。在课堂教学中可以采用游戏、沙龙、讨论、阅读、参观访问、户外拓展等形式丰富心理课堂。

心理健康教育课程在教学方法与手段上应有所突破，传统学科教学普遍采用以授课式为主的教学模式。心理健康教育主要不是解决知与不知的问题，而是要实际的影响和提高学生的心理健康水平，因此在教学手段上要以活动的体验式为主,采用情境教学法使师生在交流中感情得到升华和体验,激发学生的求知热情,从而达到提高心理健康发展和提高心理素质的目的。

(五) 心理健康教育课程实施的评价与效果

全面评价一门课程,既是对教学过程的总结,也是对教师教学手段和教学效果的衡量。如何评价一门课程的效果应遵循课程评价的标准。心理健康教育课程的教学评价与实施效果,在学校心理辅导课程教学实践和研究中具有非常重要的意义。

心理健康教育课程的评价是对心理健康教育课程建设内容进行的监督和反馈,是按照一定的价值标准对教学活动的发展变化及构成等诸多因素所进行的价值判断。心理健康教育课程不同于一般的学科课程,不能以学科教学的考核和评价手段来衡量。心理健康教育课程的教学效果不能以书面考试的形式进行评价,不能以心理学知识的掌握程度和学生的分数为考核指标。在评价中,心理健康教育的教学效果也不是立竿见影的,而是一种潜移默化的影响。

心理健康教育课程的实施效果主要反映在是否为学生的成长和发展提供帮助。从调查数据表明,开设心理健康教育课程对他们的学习和生活有一定的帮助,但还没有达到学生认为的满意程度,在心理健康教育课程中因各方面的影响,学生的满意度还不够,因此在心理健康教育课程的开设和实施中还需要改进和提高。

近些年来随着国家对心理健康教育的重视,心理健康教育课程已经越来越多地进入了学校课堂,心理健康教育课程的开设与实施虽已经取得了一定成效,但仍存在很多问题,本节立足于实际情况探寻存在的相关问题并进行原因探究,为后文提出合理的优化对策奠定基础。

二、大学生心理健康教育课程的问题探究

(一) 实践中课程地位明显被边缘化

心理健康教育课程具有统合性、内隐性和延迟性的特点,它不像语文、数学等其他学科课程那样在短期内会看到实效,很难通过几次心理辅导,几次课程就能迅速提高心理素质。心理健康教育的实效性是潜移默化的,要靠长期持续地进行才能有所收获,很难收到短、平、快的效果。由于我国学校心理健康教育工作开展时间不长,尽管出台了一系列相关政策,在实施过程中取得了一定的成效,但部分学校领导和管理部门缺乏对心理健康教育课程的认识和了解。

一些领导和教师虽然意识到心理健康教育课程是学校心理健康教育的必然要求和重要途径，但在某些学校没有获得相应的认可。一些学校仍然从传统理念出发，在技能和就业的影响下，只顾学生技能训练和就业安置，认为职业学校只要学生掌握了一技之长能顺利就业就可以了，根本无暇顾及学生的心理健康水平，使得课程很难得以实施，未将培养学生的心理素质作为人才培养的重要内容来抓，使得部分学校对心理健康教育课程存在误解，认为学校心理健康教育课程只是观念上的东西，没有必要开设。学生中存在心理问题的只在少数，不需要真刀真枪以课程的形式开设，课程意识淡薄，课程地位得不到保证，一直处于边缘化状态，未真正摆在比较突出的课程地位上。在部分教师眼中，认为该课程在有限的教学资源里挤占了其他教学资源，浪费了教学时间，耽误了专业教师进行专业教学的时间，使得心理健康教育课程要进入课表作为正式课程开设有难度。因此，在实际工作中，心理健康教育工作流于形式，无法得到很好的开展。由于心理健康教育课程地位被边缘化，心理健康教育老师的地位自然得不到应有的重视。一般情况下，学校领导在学生没有出现比较严重的心理问题时，根本意识不到心理健康的重要性，只有等到出事以后，心理健康教育老师才会被记起，才会被派上用场。其实心理健康教育重在预防，因此，要想提高心理健康教育老师的地位，只有心理健康教育课程地位真正得到了认可和重视。由于职称的评定，现在还没有心理健康教育的专业，按照专业学科的划分，将心理学分类归到了教育学一级学科下，没有心理健康教育专业、技术职务职称评定，因此，很多教师不愿意从事心理健康教育工作。育人的工作是最难也是最重要的一项工作，是一项长期且艰巨的任务，但又没有具体可以量化和衡量的硬指标，因此心理健康教育课程和心理健康教育老师的地位难以得到应有的保障。

（二）课程实施存在悬空的现象

1. 课程目标悬空。课程目标的设置缺乏系统性、完整性。短期规划居多，课程规划不详细，只有大框架和设想，缺少细节，总目标没有分解和细化，无法落到实处。心理健康教育课程一般是由心理健康教育老师拟定计划，由教学系或教学主管部门进行指导和审定，因为很多教学系的领导也不懂心理学，所以他们不会过多的干涉和指导，而是由心理健康教育老师具体组织实施。一般情况下，学校心理健康教育老师数量少，缺少同行的交流和监督，心理咨询师也是在缺乏心理督导的情况下开展工作，在课程目标的制订过程中，有时会出现缺乏针对性的现象。

2. 课程地位悬空。总课时得不到应有的保障，很多学校没有按正规要求设置课程，相应的课程管理措施不到位，人员建设和制度建设跟不上课程实施的步伐，课程实施在思想和行为上仍把它当作经验课程，没有单独实施的体现。很多学校的心理健康教育课程在学校整个课程中缺少应有的地位，不能像其他专业课程一样被广泛应用和推广，课程地位比起其他专业课程地位来说存在课程地位悬空现象。

3. 课程资源悬空。虽然本土资源和学校资源的利用率相对较高，但缺少课程资源开发人员，课程资源的开发意识和能力有限，师资不足，指导教师难以胜任课堂需要。很多心理健康教育老师都是由其他课程的老师经过一段时间的培训上岗的，心理学专业素养不足。很多时候只是由德育教师组成，或者学工部、德育处的老师担任，很难真正运用心理学原理开展学生的心理健康教育工作。在课程的实施过程中，心理健康教育老师普遍缺乏课程资源的开发和利用能力，只能借鉴原有的课程资源开展教学，很多课程资源被浪费，没有有效地将学校现有资源充分利用起来。

4. 课程内容悬空。主要表现在课程实施的肤浅化和表面化。很多学校表面上重视心理健康教育，在班团活动中进行心理健康教育，但与实施效果相比有很大的差距。心理健康教育很大程度上与课程内容有很大关系，在课堂上尽可能多地向学生传授心理学知识，教学生一些健康的调适方法进行心理疏导，给那些心理有障碍以及有心理困惑的学生适当的帮助。

（三）课程实施方法和形式比较单一

心理健康教育课程的实施途径比较简单，因很多观念没有改变，在实施的过程中，很多具体的操作无法实现。一般课程以班级为单位，在教室内由心理健康教育老师根据课程内容组织和安排，像团体辅导和个别辅导的方式进行的不太多。或因为没有专门的场地，或因为没有专业教师，心理健康教育老师担任的教学工作量比较大，难以组织类似的活动，有悖于心理健康教育课程的初衷。心理健康教育课程在实施中的方法和手段比较单一，一般心理健康教育老师很难像其他学科课程教师那样采用多种教学方法，而且很多时候心理健康教育老师掌握的心理学知识并不深厚，很难真正深入学生内心深处，很难触动学生的心灵。一般心理健康教育老师想要组织一次成功的心理活动，单靠一两个人是很难实现的，而团体辅导这种方式能有效地弥补这种不足。可是团体辅导在推行上会遇到很大的阻力，在学校里面，教学系领导不会放开手脚让你带着学生去室外或其他场地进行这种活动式的教学，他们认为这样以游戏的形式会影响教学效果，在实际教学过程中心理健康教育老师要组织一次团体辅导是很辛苦的，也是很难组织实施的。因此，在学校团体心理辅导是很难实现和推广的。

（四）课程整体的实施成效有待提升

通过实施心理健康教育，很多教师认为学生的学习能力提高了，其中最明显的是提高了学生的心理素质，学生对学习兴趣更浓了，更喜欢探讨问题了，发现和解决问题的能力增强了。开设心理健康教育课程有利于发挥学生的主动性，解决成长中的心理问题。心理健康教育课程实施可以帮助学生解决人际交往、学习适应、青春期烦恼、情绪调节等问题，这些问题可以通过心理辅导和心理活动课程的开展，让学生参与其中，有利于优化学校的课程结构。但从调查情况来看，心理健康教育课程的实施成效有待提升，很多时候心理辅导教师注重的是心理健康知识的传授，注重的是增强学生的心理健康意识。这在一定程度上，能起到一定的作用，能帮助学生解决成长中的一些问题。但面对生活中的一些真实案例，例如学生中的一些心理障碍，很多心理健康教育老师无法甚至是无能力帮助解决。在课堂上也只是解决学生中一些比较普遍的、程度较轻的一些情况。课堂中很多心理健康教育老师因专业技能不过关，基本功不扎实等原因，实施效果不是很好，离领导的期望还有一段距离，心理健康教育课程的整体时效性有待提升。在实际的工作中，很多心理健康教育老师也只是接受了短期的培训，可能具有一定的理论知识水平，但面对生活中学生的真实案例，很多教师也只能望洋兴叹，无从下手，只能照搬教材或书上的案例及其解决的步骤依葫芦画瓢，不能根据学生的实际，制订切实可行的方案帮助解决和治疗。这样常常让领导误以为心理健康教育老师不能解决问题而否定他们的业绩，打击心理健康教育老师的积极性，从而影响课堂的教学效果。因为心理健康教育课程除了要求教师要具备一定的心理学理论知识以外，还需要具备其他专业教师所应该具有的课堂组织和教学管理能力。心理健康教育课程除了要求具备文化基础课的逻辑结构，还需要具备心理健康教育课程所要求的趣味性和时效性。从总体调查情况来看，心理健康教育课程的整体实效性还有待提升。心理健康教育老师的要求更加严格、必须具备专业资格证才能上岗。

三、大学生心理健康教育课程的归因分析

（一）课程规划缺乏长期性和整体性

心理健康教育课程是国家管理学校开发的课程形态，学校对该课程的整体规划是落实课程方案的关键环节。根据《心理健康教育指导纲要》文件，笔者对心理健康教育课程内容的规划类型进行了调查，数据表明，目前心理健康教育课程的规划缺乏长期性和整体性，绝大部分学校没有进行心理健康教育课程的长期规划。进行一年以上长期规划的学校几乎没有，一部分学校没有进行任何规划，只是在初期时制订了学校的班级教学计划，只有等到每学期开学教学部门安排了具体的授课计划之后，才能明确心理健康教育课程的授课时间和授课安排。一般学校没有进行任何规划，活动内容由心理辅导教师临时安排，教学系几乎没有做整体的安排和规划，课程灵活性和随意性较大。

课程规划好比建高楼大厦的设计图纸，只有先制订了明确的课程规划，有章可循，才能在实施的过程中遵循一定的方案不走样。但在具体的操作中，心理健康教育课程的整体规划做得很不够，几乎没有一所学校制订了切实可行的长期规划，更没有整体性，因此在实施的过程中将影响课程的实施效果。

（二）相关的课程管理制度有待健全

教学管理是学校管理者为完成教学任务、提高教学质量，运用一定的原理和方法，通过一系列特有的管理行为，组织、协调、指挥和控制教学工作，以求取得实效。心理健康教育课程对课程管理者提出了新的要求：由静态管理到动态管理，由统一管理到分散管理，由直接管理到间接管理，由教师管理为主到依靠学生自我管理，由单纯的校内管理到校内外结合全过程跟踪管理，原来服务于学科教学的那套常规管理，如果原封不动的用于心理健康教育课程，则显得无能为力，很不适应，设立新的心理健康教育课程管理制度迫在眉睫。

部分校长和学校领导没有真正重视，并把课程计划落到实处。毫无疑问，校长对学校工作有着全面而直接的影响，心理健康教育课程能否走进学校、走进课堂，首先取决于学校领导对这一变革的理解、认同以及组织。心理健康教育对学校领导提出了新的要求，仅作为被动的反应者是远远不够的，缺乏创新意识，只有循规蹈矩的按章办事是不行的，只有反应迅速、管理创新、又能接受和开展新事物的领导才是合格的领导。但在调查中发现，只有18.2%的校长对心理健康教育非常了解，81.8%的校长对心理健康教育只是有所了解，参与

度不高，并没有发挥其应有的作用，绝大部分领导的日常工作还主要是行政领导，在课程方面还很欠缺。心理健康教育课程时效性不足，在实际工作中，不少学校只将主要精力用于学生技能技术教育，而忽视了学生心理素质的培养，忽视了先做人后做事的教育理念，将心理健康教育放在可有可无的地位，只在态度上支持，没有任何实际举措。

还有部分领导心里也认同心理健康教育课程的重要性，认为要开设此课程，甚至在课表中排了课时，安排了教师上课，但对于课程效果、课程实施的情况以及学生在课程教学中是否有收获不闻不问，任由任课教师自行摆布，缺乏课程监管职责，从而失去了原有课程的意义，没有将课程的真正实效发挥出来。在课堂教学中，心理健康教育老师也是满足于向学生传授和灌输一些心理健康常识，教学系的检查和督导也仅仅满足于日常的教案、课件、上课到课人数等的检查，至于课堂教学效果无从考核，也不懂得怎样考核。

（三）教师配备不足、专业素养欠佳

没有教师的发展就没有课程的编制。教师是课程实施的主体，是课程实施中最直接的参与者，课程计划能否成功，教师的素质、态度、能力和提高是关键因素。在调查中发现，目前所有中职学校几乎没有专职的心理健康教育老师，部分中职学校也是通过学科渗透的形式开展心理健康教育，很多中职学校是班主任利用德育课时间在思想政治教育中渗透，在心理健康知识讲座中渗透心理健康知识，缺乏专业的有心理学背景的专职教师。目前在我国心理健康教育课程师资存在的问题主要有两个。一是师资数量不足，即生师比例还比较低。在国外一些发达国家一般是1500至2000名学生要配备一名专业的心理健康教育老师，一些条件好的学校，比例能达1000∶1。但是就我国实际情况来看，目前专兼职的心理健康教育老师还有很长的路要走。在调查中发现目前仍旧有许多中职学校没有专职的心理健康教育老师，其中很多学校是通过学科渗透的形式开展心理健康教育。例如，在一年级通过思想政治课渗透心理教育；开设心理健康教育讲座，由没有经过相关专业培训的教师讲解。在对教师的调查中认为现有的师资需要改善的有94人，占总人数的94.9%；师资一般的有5人，占总人数5.1%。

目前从事心理健康教育课程的教师主要是班主任，德育、政教老师，抑或是通过其他专业加上工作历练之后转行过来的。教师配备不足，专业素养欠佳，他们中有相当一部分人尚未把现代教育理念内化为自己的思想，对心理健康教育的本质、作用、特点、原则等依然认识不清，大多数教师仅凭班主任工作经验和德育工作经验或学科教学经验来进行心理健康教育，忽视了心理健康教育课程有自己的学科特点以及相对特殊的教学过程，以传统的讲授式教学方式作为心理健康教育课的主要教学途径。

（四）课程实施缺少必要的配套措施

从课程意义上来说，课程是一个集合体，教材是其中的子集，载负着课程的主要内容。师生共同交流、对话、操作、体验的媒介，是课程运作的关键，因此选择和使用合适的心理健康教材非常重要。近年来，我国学校心理辅导的教材建设逐渐活跃，出版了一系列教材。较具影响的有：班华的《心理道德教育读本》《心理辅导》，以及吴增强的《学校心理辅导活动指南》等。心理健康教育课程并没有固定教材，很多教材仅是针对中小学的，针对中职学生的特定教材很少，俞国良教授编写的《心理健康教育》算是一本有效蓝本。教材在使用过程中欠规范，部分学校没有订购教材，仅是教师根据实际情况编写的讲义。但调查发现，无论是小学、中学或中职的教材基本上都是围绕相同的几个主题展开。从总体设计上看，这些主题在不同年级之间的侧重程度并无区别，每个主题的课时数也没有区分，不能反映出学生的年龄特点，更不能体现出地区差异和学校特点。这些比较单一的教材内容和教学安排仅能让学生在宏观上对心理健康知识有所了解，并不能解决实际问题，操作性不强，学生难以在课堂中获得感悟，严重降低了课程效果。有的教材内容太多，量太大，似乎包罗万象实则非常杂乱，无法在规定的时间内完成教学内容，部分教材的深浅没有很好的把握，知识性强，难度较高，实用性不强，不适合中职学生。没有国家统一规定的心理健康教育课程目标以及教材编写方案，无统一规范教材。

在调查中发现，没有学校配备了专用的心理健康教室，用于团训与辅导。没有中职学校真正建立了心理健康中心并真正向学生开放。在配套设施与经费投入上专项经费学校明显不足，很多的心理设备不齐或没有。几乎没有哪所中职学校采购了心检系统，在学生中进行心理筛查显得心有余而力不足，致使课堂教学缺乏针对性，只能针对绝大部分学生群体，不能突出重点，导致很多心理健康教育流于形式，不能真正实施。

四、大学生心理健康教育课程的优化对策

根据前面对心理健康教育课程的实施现状进行调查分析，找寻存在的问题

并进行归因分析,提出了心理健康教育课程实施的优化对策。本节内容从三个方面,对改进和提高心理健康教育课程实施的实效性提出了相关优化对策。

(一)修正课程理念,改进课程方案

1. 把握课程发展趋势,适时修正课程理念

课程理念是反思课程实践的结果,也是人们在课程实践中不断积累经验并进行理性思考与抽象概括的产物。课程实施的过程是教师对课程意义理解并诠释的过程,是教师观念和知识重构的过程,是教师的学习过程。心理健康教育课程要想顺利实施,教师只有在理解和把握了课程改革理念、目标、内容和方法后,才能决定是否接受这个方案,这是实施的前提。因此,心理健康教育老师只有转变旧有观念、确立对新课程的正确态度,更新已有知识结构,掌握新课程所需要的知识经验,才能保证课程的顺利实施。课程理论在发展的方向上,一方面呈现出以国际化、全球化、一体化为特征的现代趋势,另一方面也呈现出民族化、地方化为特征的本土化趋势。心理健康教育课程在课程理念、课程结构与特性、教学与辅导等方面,应适应新课程要求不断发展和改进,以促进学生健康心理和高尚品德的形成。心理健康教育课程的发展趋势将逐步以团体辅导为主,在团体辅导活动中发展和增强学生的心理素质,教学场地由室内逐渐向室外转移。

随着课程实践的逐步深入和日益丰富,课程理论也日趋繁荣起来。根据未来社会变化的发展趋势及其对教育发展的基本需求,现代课程理论研究中提出的一些问题以及现代课程理论发展的实践基础和文化背景,课程理论的多元化、现代化、本土化、自主化是未来课程理论的发展方向。随着我国的心理健康教育的不断发展,心理健康教育课程也通过不断的实践验证与理论整合逐步完善。未来心理健康教育课程的体系建构将趋于完善,课程形式越来越具有时代性。社会及教育部门应该制订相应的制度来保障心理健康教育的开展。应将心理健康教育纳入国家的法规,使心理健康教育课程系统化和规范化。学校对心理健康教育课程的管理,首先应该体现在保障心理健康教育课时方面,严格按照《中职学校心理健康教育指导纲要》文件,保障课时的合理安排,把握课程的发展趋势,遵循课程论的原理,严格按照较有权威的专家编订的教材,适时修正课程理念。心理健康教育课程应遵循以活动为主要形式,以体验式教学为主要内容,以学生为主体,突出以人为本、全面发展的原则。在课程设置上,多设置一些情境或案例,让学生在情境中体验和感受,从而引起共鸣,注重课程的

可操作性，让学生在操作中提高心理素质。只有把握了心理健康教育课程区别于其他学科课程的课程理念，才能更好地开展课程教学，从而真正提高教学效果。

2. 准确领会课程的要义，精心研制课程方案

在调查过程中发现，由于现有的教育模式影响，中职学校对心理健康教育课程缺乏应有的重视，不能把心理健康教育课程提到较为重要的位置，在实际的工作中实施起来相当的艰难，在实施过程中产生了一系列的问题。所以，学校在加强对心理健康教育课程的同时，还要对心理健康教育课程进行科学的定性与定位，准确把握心理健康教育课程的性质与特点，对心理健康教育课程有一个更深层次的了解，才能在实际工作中更好地开展这项工作。心理健康教育课程是一门相对独立的课程，具有自己特定的目标、任务、内容和方法，是学校教育的重要组成部分之一，与其他课程相互渗透、相互促进、相互补充，共同构筑完整的课程体系。心理健康教育课程的开设，为学生形成良好的道德品质，获得知识，形成技能，发展智力，开发潜能，增强体质等提供了良好的心理基础。这些便是心理健康教育课程的地位所在。心理健康教育应该是独立的，绝不是其他教育领域的附庸和补充，心理健康教育课程应该是作为目的而存在，绝非手段。心理健康教育的根本目的在于育人，心理健康教育只有回到人本身，才能体现其存在的价值，这也是人性发展与提升的自觉需要。可惜的是，现实中许多中职学校对这一点的认识尚未到位。

心理健康教育课程与其他学科课程有很大的区别，在课程的教学和设计过程中，应有很大的不同。一般情况下，心理健康教育课程的要义与其他学科课程有截然不同的体现。我们要准确把握课程的性质与特点，在课程的设计过程中，适当穿插一些生活场景，要精心设计课程方案。因为课程方案的好坏直接影响到教学效果，直接影响到课程教学。

心理健康教育课程方案应根据学生的心理特点，有针对性的讲授心理学与心理健康的基本知识与技能，树立健康意识，认识和识别心理异常现象，学会调整自己的心理状态和情绪，正确地处理生活中的人际关系、人格发展、未来的择业与就业，以达到促进和提高心理素质的目的。心理健康教育课程的方案表达，应尽可能清晰化、本土化。在课程的研制和采用阶段，尽可能设计清晰和具有可操作，将心理健康教育课程方案的可操作性作为重要的考核指标，让诸多理念尽可能耳目一新。课程方案的设计必须立足于社会发展和学生的实际情况，遵循科学原则，谨慎对待，精心研制课程方案，避免课程方案设计的盲

目和草率。

(二) 强化课程管理,保障课程地位

1. 保持教育政策稳定,强化有效的课程管理

课程管理是在一定的社会条件下,通过有领导、有组织、有计划地协调人、物与课程的关系,指导课程建设与课程实施,使之达到预定目标的过程。为促进心理健康教育课程的顺利实施,教育行政部门需要保证教育政策的稳定性。经过调查发现,有些教师抱怨前几年素质教育很受重视,但是近几年应试教育又有所回头。面对这种情况,教师和学校均感到无所适从。因此,无论新课程怎样改革,现行的考试制度始终是一道无法轻易翻越的坎。要保证课程的顺利进行,稳定的教育政策是坚强的后盾。教育行政和主管部门需要加强对心理健康教育课程的有效管理,建立对课程执行情况的监督和评价机制,才能保证课程得到学校和教师的持续关注和探究,其独立地位才可能得到巩固。如果主管部门能够摆脱传统思想的束缚,从帮助学校发现和解决问题的角度督导学校的教学工作,帮助学校组织资源,切实解决实际问题,相信心理健康教育课程就一定可以得到顺利实施。

心理健康教育课程的实施需要有相应的政策支持。制订和研究心理健康教育课程相适应的政策,是课程实施的重要组成部分,是保证心理健康教育课程顺利实施的前提条件。在教育过程中,应保持上级行政部门教育政策的稳定性,完善各项教育政策,积极推进心理健康教育课程,应该大力鼓励与支持教师的继续教育培训,通过继续教育培训,加强对课程的管理,消除与其他课程之间的严格界限。在本次对心理健康教育课程现状调查中发现,78.3%的被调查者表示,其所在学校未配备心理健康教育课程的管理人员,21.7%的心理健康教育老师兼职从事心理健康教育课程的授课工作。对于心理健康教育课程的保障制度,问卷调查结果显示,教师工作量制度和教师教研制度的选择率分别为30.7%和69.3%,其次为师资配套制度和课程评价制度,选择率分别是23.3%和76.7%。心理健康教育老师普遍反映,他们的工作很多时候处于一种尴尬的境地,一般都挂靠或合并在其他专业,因为大部分学校缺乏心理学专业,没有专门教学系统,心理健康教育中心属于教研机构,没有承担全校心理健康教育课程的教研室职权,不能行使教研室职责。不知从属于哪一个教研室,没有真正的归属感。

为了促进心理健康教育课程的有效实施,学校行政主管部门要加强对心理

健康教育课程的认识和管理，要认识到实施心理健康教育课程就是实施素质教育。在教学中，除了要培养学生过硬的专业技能以外，提升心理素质也是十分必要的。学校要组织开展针对行政管理部门的心理健康教育培训，增强校际合作与交流，帮助树立正确的心理健康教育课程观，为心理健康教育课程的实施提供师资保证，将心理健康教育课程纳入学校教学计划之中，保证课时。为更好地实施心理健康教育课程，学校还应成立专门的组织机构和领导小组，对心理健康教育课程的实施负责和监督。心理健康中心应与教学主管部门形成合力，责权分明、明确责任。

2. 加强课程的整体规划，健全课程保障机制

心理健康教育课程是国家要求学校实施开发管理的崭新课程，除了课程总目标和内容领域，课程缺乏整体规划，没有具体的教材和实施途径。如果不对心理健康教育课程总目标进行分类细化，该门课程易于在实践中流于形式。对心理健康教育课程进行详细的、分层级的规划，是落实心理健康教育课程的关键步骤。心理健康教育课程需要有目的、有计划、有组织的实施。同时，它的开展依赖于各地区、各学校的实际情况，因此，要制订具有一学年至几学年的总体规划。应纳入学校整体规划、学期计划、学年计划，要相互衔接，体现连贯性和系统性。同时，在制订心理健康教育课程内容规划时要做到以下两点：首先，课程计划有内在逻辑，各次活动的目标设计和内容安排要遵循一定的教育学和心理学原理，避免课程设计的盲目性和随意性；其次，课程计划要呈阶梯状，最初的问题或课题是学生熟知的，较简单的，和学生的生活经验直接切合的，随着年级的增长和问题解决能力的提高，逐步增加问题的难度。

心理健康教育课程是国家规定开设的必修课程，除了师资的数量和质量要有保障外，心理健康教育在课时上也要有保证。学校应按照规定安排足够的课时，同时，根据课程的特点，大胆打破传统教学管理策略，灵活安排授课方式，提高课堂实效性。充足的师资和课时保障，是巩固课程地位的关键手段。心理健康教育工作在每学年初应该制订计划，可以采用弹性课时制。同时，教学管理部门要对学校的课时进行严格监督，每学期应编写心理健康教育课程工作计划，对教师进行心理健康教育课程的指导和培训，开展学生心理健康教育等具体工作，成立心理健康教育课程研究小组，定期组织专家进行研讨和交流，给予充足的师资和课时保障，建立健全的课程保障机制。

（三）开发课程资源，完善师资配置

就目前心理健康教育课程存在的问题来看，解决师资问题是关键。要使心

理健康教育有成效，首先要优化心理健康教育课程的师资队伍。只有优化心理健康教育课程师资队伍，心理健康教育课程的成功才能有所保证。

1. 拓宽课程资源的范围，合理利用现有资源

学校在开展心理健康教育中，普遍存在资源不足的现象。为提高这门课的质量，在课程资源方面，学校需要形成经营和建设的意识和观念，不能仅依靠经费上的投入来增加课程资源。在具体的课程资源开发中，应注意以下环节：

（1）调查学生的兴趣、爱好、活动方式和手段；

（2）研究学生，了解他们已经具备和尚需具备的知识、技能和素质；

（3）审查学生在日常活动中以及为实现自己目标过程能从中获益的各种课程资源，包括知识与技能，生活经验和教学经验等；

（4）鉴别和利用校内外课程资源，使其成为学生学习和发展的财富。

教师要有开发、设计课程资源的能力，对各类课程资源保持较高的敏感度，善于发现和识别生活环境中各类有价值的课程资源。

课程资源短缺是影响课程实施的一个因素，但是如果能利用现有的教学设施进行课程内容资源开发，也是有效实施课程的一个策略。要使心理健康教育课程有效实施，就必须拓宽课程资源范围，合理利用有效的现有资源。心理健康教育老师应该充分挖掘现有的教学资源，充分调动各任课教师的积极性，发挥学科教师在教学中渗透心理健康知识的作用，联合各方力量。还可以联动家长，发挥家长的作用，加强与家长的沟通和交流，动员家长参与活动，由心理健康教育工作旁观者转变为真正的参与者，共同参与心理健康教育活动，取得实效。

2. 适当增加教师编制，完善专业师资的配置

专业教师不足是心理健康教育课程实施中遇到的较为突出的问题。据调查显示，62.4%的教师反映工作压力来自学生人数太多，工作量太大，对心理健康教育老师提出的要求较高，教师不仅有教的任务，还有学和研的任务。教师任务的增加，意味着教师编制的相对紧缩，由于定编定员，定岗教师编制紧张，开展各项活动得不到保证。心理健康教育老师不仅要传道、授业、解惑，具备胜任教师的基本素质和能力，还应掌握普通心理学、发展心理学、教育心理学、临床心理学、心理咨询与治疗等方面的课程知识结构和技能，具有心理咨询和简单心理治疗的能力，心理健康教育活动的策划和组织能力，简单的心理测验和综合分析、评价的能力，科研和表达沟通的能力。虽然我国心理健康教育已经走过了摸索的二十年，但心理健康教育老师的身份依然存在许多争议，导致

部分专职教师在学校中的角色没有明确定位,社会地位与权利游走在普通教师之间,且又不等同于普通教师。较多学校引进专职心理健康教育老师后,多数又把心理健康教育老师归纳到德育处或是政教处,这样会让学生认为心理健康教育就是德育,心理健康教育老师就是德育教师,甚至有的领导和教师也把心理健康教育和德育混为一谈,认为心理健康教育就是德育另外一个版本,使得心理健康教育老师较少有归属感,职责比较混乱,地位得不到保证。学校在缺乏专业教师的情况下,应首选那些观念新、态度积极,爱岗敬业,师生关系融洽,素质良好、自身心理健康的骨干教师来担任,不是谁课少谁去上,谁爱上谁去上,更不是心理健康教育课程人人都可以上,心理健康教育老师的选拔应有严格标准。

在心理健康教育老师的选拔和培养中,首先要考虑的是教师人格,其次才是专业知识和技能,教师本身的示范作用在辅导中也能起到事半功倍的效果。心理健康教育老师应具备多种专业素养与能力,在心理健康教育老师师资不足的情况下,加强师资培训和管理显得尤为重要。目前由于大多数心理健康教育老师是兼职的,也就意味着要对优化后的骨干教师进行系统而有效的培训,同时加强师资的规范化管理。学校领导要创造条件对培训后获证的教师进行资格认证,心理学专业教师应重点考核其专业能力和基本素质,应该比其他专业有更严格的标准,应该在学校专业技术职务评聘和学科门类的划分时将心理学专业纳入其中,将教师在组织和参加各种心理学教研活动和教学工作时,应进行工作量的核算和认定,应该通过各种途径吸引专业教师到校任教,解决专职教师的职称评聘及待遇问题,让心理教师有更多的归属感和价值感,不断充实和提高专任教师队伍。

教师是课程开发的主体,同时也是最重要的课程资源。各学校从实际出发,合理选择和配备心理健康指导教师,利用好已有的教师资源,先从学校挑选出能胜任这门课程的教师,也可在自愿的基础上,选择某个领域具有某项特长或技能的教师来担任,配备心理健康专职教师,接受系统的专业化培训,有专业理论知识和操作技能。目前状态下,心理健康师资最佳配备组合为:专兼职并存、班主任和科任教师共同参与、学校其他人员协助、各学科、各类型师资进行资源整合达到优势互补,使现有资源得到最优化的开发和利用。此外,学校应考虑充分利用社会力量,为学生家长、社会人员提供更多的机会和空间。

五、寻求多方支持　提升课程质量

（一）加强宣传解释，寻求社会各方的支持配合

心理健康教育工作要想取得实效，前期的宣传和发动工作很重要。由于心理健康教育的特殊性和边缘性，心理健康教育老师很容易进入闭门造车的境地。在很大程度上，心理健康教育老师要善于做好宣传和解释工作，多宣传进行心理健康教育的好处。由于心理健康教育的特殊性，学校心理辅导教师人数少，没有固定的教研组等机构，在学校和校外机构以及行政主管部门之间进行信息交流沟通时，引入校外资源，在很大程度上可以影响课程实施。心理健康教育老师不可能具备全方位的综合知识和技能，需要进行协同指导，鼓励教师协同合作，建立教师指导小组，同时心理健康教育老师在与同行进行信息交流和资源共享的过程中可以发现自己存在的不足，取长补短，更好的减轻心理健康教育老师的压力。因此，要适度引入校外资源，建立交流平台，主动结交同行，交流信息，获取群组的支持。

心理健康教育课程既是系统的又是复杂的，在完成这一课程的过程中，单独依靠心理健康教育老师一个人的力量是不行的。而在实际工作中，心理健康教育工作很大程度上是靠心理健康教育老师一个人的力量开展。有些学校领导和其他教师认为，心理健康教育工作与他们无关，只要出现相关问题，找心理健康教育老师就可以了。学校心理健康教育课程的开展缺乏各方面力量的配合，把心理健康教育的担子都压到了心理健康教育老师一个人身上。在学校，心理健康教育只有动员所有力量，各个部门联动起来，发挥集体和团队的力量，以心理健康教育老师为骨干，其他所有教师都积极参与配合，形成合力，这项工作才能得以顺利实施。目前，学校在与社会、家庭合作这一块上做得还不够，社会和家庭把心理健康教育的主要责任推给了学校，认为这些都应该由学校来负责，与其无关。因此，心理健康教育老师要寻求多方支持与配合，尽量给自己多争取同盟者。

（二）协调多方教育力量，不断地提升课程质量。

心理健康教育课程的实施是一个整体行动，单靠教师执行课程方案是不能达到预期效果的，必须加强课程实施者与课程设计者、学校教学管理部门、指导教师与学生之间的沟通，根据不同的受众及时反馈意见，及时调整课程实施策略，在理论与实践中建立沟通的桥梁，从而达到和提高课程实效的目的。在课程的实施过程中，大力宣传心理健康教育的好处，争取学校领导的大力支持，改变学校领导对心理健康教育课程"谈起来重要，做起来次要，忙起来不要"的态度，寻求多方支持，加强与各部门之间的联系与交流，促进信息和教育资源共享。目前好像还没有一个系统的专家性指导，希望心理健康教育老师也能像其他教师一样坐在一起研讨，需要专业教师进行思想碰撞，有一些教学研究，有同行指导，有教学督导指导，能够解决在工作中出现的一些困难。进行专业交流与学习，多参加一些校外的辅导和培训活动，取长补短，学习和借鉴别人的先进经验与做法，这样能不断提高教学水平。因此心理健康教育应该协调多方教育力量，不断地提升课程质量。

第四节 学科教学中渗透心理健康教育的实施策略

一、学科教学中渗透心理健康教育的理论依据

学科渗透是学校全方位开展心理健康教育的重要环节。学校心理健康教育需要学科教学渗透的支撑，而学科教学也蕴含心理健康教育的价值与功能。

第一，学科教学目标与心理健康教育教学目标存在一致性。学校全面渗透心理健康教育已经成为学校实施心理健康教育的基本途径。在全面渗透的所有途径中，学科渗透无疑是最为重要的途径。这不仅是因为学科课程本身蕴含着丰富的心理健康教育资源和学科教学本身在学校教育中的独特地位，而且是因为促进学生的心理健康发展也是学科教学的重要目标，各学科教学对学生的心理发展具有极其重要的作用。赞可夫把教学的安排比作"因"，而把学生心理的发展比作"果"。他强调在各科教学中要始终注意发展学生的逻辑思维，培养学生思维的灵活性和创造性。从中可以看出，赞可夫已经把教学和心理发展的关系看成是相辅相成的因果关系。林崇德教授的一系列教学实验同样也揭示了教育教学和学生心理发展的关系。按照美国教育心理学家布鲁姆的教育目标分类理论，学科教育目标可分为三类：认知领域、情感领域、动作技能领域。其中情感领域是个广义的概念，不仅包括情绪、情感，也包括兴趣、态度、习惯、合作学习、价值观等。很显然学科教学目标与心理健康教育内容存在一种交叉关系。这种交叉关系使我们明确了两点：一是学科教学与心理健康教育有着最佳的结合点；二是进行心理健康教育是学科教学目标体系中应有之义。

第二，学科教学渗透心理健康教育是由学校心理健康教育的性质和任务所决定的。学校心理健康教育是教育者运用心理学、教育学、社会学乃至医学等多种学科的理论和技术，通过多种途径与方法，培养学生良好的心理素质，充分发挥其潜能，从而促进学生整体素质的提高与个性和谐发展的教育。

第三，面向全体学生实施的旨在提高其心理健康水平的教育活动，其任务是通过各种途径形成、维护和促进学生的心理健康。而学生心理素质的提高和心理机能的增强显然不是单纯地开设心理健康教育课程或建立心理咨询室就可以实现的。由于影响学生心理发展与心理健康的因素多种多样，因此形成、维护和促进学生心理发展与心理健康的途径也应该是多渠道、全方位的。说到底，学校心理健康教育目标的达成必须通过各种教育途径的协同配合。其中学科渗透无疑是协同教育中不可缺少且极其重要的组成部分。

第四，学科渗透对学生心理素质的提高和心理机能的增强具有最广泛的潜移默化的功能、作用和影响。可以说，如果没有了心理健康教育在学科教学过程中的渗透，那么心理健康教育的实施就将失去最多数的阵地，学校心理健康教育的发展性目标、预防性目标也终将失去最持久、最可靠的依托。学科教学是学校教育的中心环节，是心理教育的主渠道之一，它既可以培养学生的健康心理，也可以对学生产生心理压力，以至造成心理障碍。

第五，学科教育教学工作无论是在时空资源的占有程度上，还是在心理健康教育资源的占有程度上，抑或是在师资人力资源的占有程度上，都是学校其他工作无法相比的。具体地说，其一，学科教学是占据学生和教师时空最多的场合，学生知识与技能的获得、智力的培养、心理的发展绝大部分是在这种特定时空中完成的，师生之间的交流与交往也在学科教学中体现得最为充分，如果忽略了学科教学的途径，就等于放弃了心理健康教育的最主要的场所。其二，学科教育教学工作本身就蕴含着十分丰富的心理健康教育资源，工具课、人文课、自然课、技能课等学科课程包含有许多可以利用的显性或隐性的心理健康教育的内容资源。这些本已存在的宝贵资源若不加以利用，心理健康教育显然是不完全的。其三，担负学校学科教育教学工作的教师占了学校教师的绝大比例，这些教师如果都能自觉地在教学中渗透心理健康教育，都能自觉地充当学生的心理保健医师，那么学生的心理健康将得到保障。反之，如果这些教师都没有心理健康教育的意识，甚至在自己的本职工作中经常做出一些有害于学生心理健康的教育行为，那么学生的心理健康又怎么能得到有效保证呢？

第六，学校心理健康教育的实际运作状况决定了学科渗透心理健康教育不仅是必要的，而且也是紧迫的。近二十年来，心理健康教育在我国学校从无到有，发展很快，也取得了不少成绩，但此项工作的实际运作状况并不理想。首先，一些学校片面重视心理健康教育活动课程的开设和心理咨询室的建设，而忽视了学科教学渗透心理健康教育的工作。许多教师片面认为心理健康教育工作是心理健康教育老师的事或心理咨询师的事，其他教师抱着事不关己，高高挂起的心态，甚至不支持、不配合，从而使学校心理健康教育的路子越走越窄；特别是心理健康教育由于缺少学科渗透中其他教师的协同教育，其专门途径的作用也就相当有限，心理健康教育工作的深化更是无从谈起。其次，当前学校心理健康教育的师资状况也决定了学科教学中渗透心理健康教育的必要性。有专家统计，如果按照美国心理健康教育老师与学生的比例计算，中国所有的师范大学均需一个系专门培养本科心理专业的教师，至少要五十年才能满足我国学校心理健康教育老师数量的要求。实际上，许多学校没有设立专职的心理健康教育工作者，这也是当前学校心理咨询工作不能令人满意的重要原因之一。在这种情况下，学校心理健康教育的重点无疑应该是在日常的教育教学工作中全面渗透心理健康教育，无疑应当让所有教师在心理健康教育中承担起属于自己应尽的那份职责。否则，学校心理健康教育便无法落到实处。也正因为如此，教育部要求要把心理健康教育贯穿在学校教育教学活动之中，要全面渗透在学校教育的全过程中，在学科教学中应注重对学生心理健康的教育，这是心理健康教育的主要途径。显然，这一要求也应视为在学校学科教学中渗透心理健康教育的政策依据。

二、学科教学中渗透心理健康教育的可行性和必要性

学科教学中蕴涵着丰富的心理健康教育资源，学科教学中渗透心理健康教育是可行的。从操作层面看，学科渗透符合教学规律和学生的心理状况，是必要的。

（一）在学科教学中渗透心理健康教育的可行性分析

1. 从教学资源层面来说，蕴含着丰富的心理健康教育资源

从教学资源层面来说，各科教学本身就蕴含了十分丰富的心理健康教育资源，无论是工具课、人文课，还是自然课、技能课都有许多显性的和隐性的心理健康教育内容可以利用。由于学科教学的多样性与特殊性，更使得我们能全方位、多角度地将心理健康教育融于其中。从而通过课堂教学，有机地进行心

理健康教育。

2. 从教学空间来说，各科课堂教学是学生和教师占据时空最多的场所

课堂教学是教师实施教学的主要场所。在教学过程中，教师通过课堂教学传授科学文化知识。在课堂教学中，师生通过课堂教学这个媒介进行信息的交流和沟通，占据了有利的时空和场所，更能有效地促进心理健康教育的开展。

3. 从教师层面来说，学科渗透方式更有利于广大教师接受

从教师层面来说，教师传道授业解惑的思想根深蒂固，心理健康教育对于某些思想观念保守的人来讲，持反对或是不接受的态度。利用学科渗透式的方式更利于广大教师接受。

4. 从学生层面来说，学科渗透心理健康教育具有一种无形的导向作用

从学生层面来说，有些学生对于生硬的或直接的心理辅导或心理咨询比较反感，甚至是持消极抵抗的态度，学生对专门的心理健康教育课程不是很感兴趣，采用学科渗透的方式更愿意接受。

（二）在学科教学中渗透心理健康教育的必要性分析

1. 从教师结构层面来说，让更多教师参与，有益于营造良好的环境氛围

学科渗透可以让更多的教师参与，有利于营造促进学生心理健康的环境氛围。学校心理健康教育工作是一种全员性工作，单靠心理健康教育老师，则未免孤掌难鸣，势单力薄。发挥各学科教师的专业优势，要求学科教师可以随时了解学生的心理需求，心理变化及心理苦恼，对学生指点迷津，改变及完善学生。让更多的教师参与到心理健康教育工作中，改变仅由心理健康教育专职、兼职教师承担该项工作的孤掌难鸣的局面，真正实现学校心理健康教育工作全员性策略。

2. 从师资层面来说，专职教师严重匮乏，有益于资源的合理优化

从师资方面来说，目前我国心理健康教育老师的师资严重缺乏。有专家统计，如果按照美国心理健康教育老师与学生的比例计算，中国所有的大学均设一个系专门培养本科心理学专业的学生，至少五十年才能满足我国学校心理健康教育老师数量的需求。在这种情况下，学校心理健康教育的重点无疑是在日常的教育教学工作中全面渗透，让所有教师担负起自己应尽的一份责任。

3. 从心理学层面来说，学科渗透可以使心理学理论更好地指导实践

心理健康教育课程的学科性质决定在教学过程中，应以疏导为主，避免呆板的心理学理论和心理学名词的灌输，运用学科渗透的方式可以使这种心理学

理论通过实践更好地运用,从而使心理学理论更好的发挥指导功能,促进学生心理素质的提高。

4. 学科教学渗透是现代学校课程改革的必然趋势

职业学校的课程教学以专业知识和技能教育为主,基础课程以素质教育为重,一般专业的基础课程较少,而心理健康教育课程属于比较边缘的课程,一般不可能全面普及。因此运用学科渗透的方式,将极大地提高了心理健康教育的普及面,将有效促进课程改革。

三、学科教学中渗透心理健康教育的因素分析

课程实施是指课程设计产生的各种课程文件在教学实践中的具体使用,课程实施是一个动态过程,它涉及课程的变革和创新,是课程设计和教学的重要阶段。在大学生心理健康教育课程的实施过程中,涉及人的因素、课程的因素以及背景的因素三大类。

(一)人的因素

1. 学校领导

学校领导主要是指校长、副校长、书记等,他们的领导风格、创新意识、和对改革的态度直接影响着心理健康教育课程的实施。校长的领导风格有三种,一是反应者风格,二是管理者风格,三是发起者风格。因此,学校改革是否可行和是否能够取得成功和领导者的风格有很大的关系。

2. 教师

教师作为心理健康教育课程的执行者,在课程实施中起着至关重要的作用,教师的知识结构和教学能力是导致课程实施成功的主要因素之一。教师的知识结构一方面包括专业知识、文化知识和教育科学知识,这和教师本身的综合素质有很大的关系。另一方面包括教师对课程改革的认识和信念、教师的积极投入和对课程决策的参与程度。心理健康教育课程的实施实际上是课程改革的一个方面,如果教师对该课程持一种积极认同的态度,将会对心理健康教育课程起到积极的促进作用。

3. 学生

心理健康教育课程的实施,能否有效提高学生的心理素质,达到心理健康教育的目的,学生的主动参与是一个关键因素,如果心理健康教育课程的实施结果仅仅达到使学生了解一些心理学常识,明白一些浅层次道理,那么,这门

课程的目的还未达到要求。必须让学生积极投入课程教学过程，通过主动讨论、角色扮演、行为训练、情感体验，真正进入角色，达到真情流露，消除戒备心理，解决心理困扰和行为偏差，自觉接受教育，促进心理发展。

（二）课程本身的因素

1. 心理健康教育课程实施的必要性

心理健康教育课程实施的成功与否，与心理健康教育课程本身的性质有很大的关系。如果这一课程能够使得学校领导和教师感到实施的必要性和迫切性，他们就会投入更大更多的精力，当然，这一课程实施与否不会使使用者产生更大的紧迫感和必要感。

2. 课程方案的清晰程度

课程方案的实施程度有两方面的意思，一是课程设计的各个步骤、程序的清楚和明了程度，二是使用者对心理健康教育课程的目的和方法与理解和明白程度。这样就应该懂得心理健康教育课程所蕴含的深层意义以及在教学策略上的使用，使决策者能做出有效的改革和创新，提高课程实施效果。

3. 教材的质量和实践性

教材的质量和实践性直接关系到心理健康教育课程的实施。教材是教师和学生用以进行教学活动的材料。包括教科书、参考书、讲授提纲、活动指导用书和视听教材等。教材应该为教师所接受和为学生所喜欢。教材的实践性实际上与教材的质量密切相关，如果教材的内容不是来源于实践和学生实际需要，就不能为学生所接受，起不到教育作用，也就不是好教材。

（三）背景因素

1. 政府部门的重视程度

心理健康教育课程能否广泛的开展，有赖于政府部门的重视和支持，最近几年教育部连续下文颁布有关心理健康教育课程的相关文件，表明政府部门已经开始高度重视中小学心理健康教育的问题。有了政策的支持，推动心理健康教育课程的实施就会产生较好的效果。

2. 外部的协调

外部的协调是指群众团体和社会团体、社会各界力量对学校心理健康教育的支持。他们的支持将会对学校心理健康教育课程的实施起到推动和促进作用。另外，家长对学校心理健康教育的配合和支持也会有利于心理健康教育课程的实施，将会起到不可忽视的作用。

（四）心理健康教育课程内容的组织与原则

关于课程内容的组织原则，许多课程提出了不同的见解。泰勒（Ralph W. Tyler）认为，在确定课程内容的组织原则时，要注意到连续性和顺序性及整合性，课程原则主要包括以下方面：

(1) 普遍性和针对性相结合；
(2) 连续性、顺序性和灵活性相结合；
(3) 知识性和活动性相结合；
(4) 统整性与衔接性相结合。

四、学科教学中渗透心理健康教育的实施策略

（一）充分挖掘教材中的资源，在备课环节中渗透

学科教学渗透，要求在教学内容的同时，兼顾学生心理品质的培养。深入挖掘学科教材内容中的心理教育因素，在教学过程中，教师首先要吃透教材，挖掘教材中本身的心理健康教育知识，从课堂实际出发积极渗透。教师不能只注重对学生进行知识传授，而忽视知识本身包含的心理教育功能。

（二）营造良好的心理健康教育环境，在教学过程中渗透

良好的课堂心理健康教育环境是进行学科渗透的关键。学科教学渗透要求教师在学科教学的过程中建立平等、和谐的师生关系；在师生交往的过程中，教师应保持主动，尊重学生，乐于与学生沟通，勇于听取学生的意见，能创设良好的心理环境，平等的对待学生，尊重学生的人格和自尊心，理解、信任、赞赏学生，关注学生的心理发展变化，在教学过程中潜移默化的渗透。教师应该营造民主和谐的心理氛围，学会巧用语言来表达自己的思想感情，让学生参与教学过程，调动学生的学习积极性，激发学生学习兴趣，提高学生的自信心。

（三）优化教学环节，在课堂教学中渗透

心理健康教育课程不同于一般的学科课程，它以提高和培养学生的心理素质为目的，重视学生的人格塑造，促进学生的心理发展；在教学设计时，因根据教学内容、教学目标和教学方法的不同灵活设计教学环节，使得心理健康教育课程在一种轻松、愉快的氛围中，让学生的心灵得到潜移默化的熏陶。

（四）个别辅导与课后指导相结合，在辅导中渗透

心理健康教育除了专门的心理健康教育课程以外，心理咨询与心理辅导也

是非常重要的手段。个别辅导和课后指导相结合,在辅导中渗透心理健康教育理念。

(五)选择民主型的课堂管理模式,制订有效的课堂管理原则

课堂管理模式是直接影响课堂心理氛围的教育策略,也是一种隐性的心理健康教育因素。民主型管理方式应该是学科教学中渗透心理健康教育的首选课堂管理模式。这是因为民主型管理模式比较容易营造师生之间平等、民主、合作的氛围,易于拉近师生之间的心理距离,学生具有较高的安全感和自主性,师生之间的互动也较为自然、和谐,这样学生能从中汲取的积极的心理养分也就大大增多,师源性的心理伤害相对减少,因此有利于学生的心理成长和心理健康。当然,这种管理模式也特别符合学校心理健康教育的理念与实质。课堂秩序的建立、课堂活动组织与反馈、课堂中的表扬与惩罚、课堂中学生行为问题的处理等方面的有效管理也是落实课堂教学中渗透心理健康教育的重要途径。教师在课堂上如何使用以及能否正确使用奖励与惩罚手段,教师能否使用恰当的策略处理学生的课堂行为问题等,都会对学生的心理成长和心理健康产生不同程度的影响。因此,教师应在正确的学生观指引下,充分利用心理学与教育学的有关原理和知识,努力形成能促进学生心理健康的行之有效的课堂管理方法。

(六)努力营造良好的课堂心理氛围

课堂心理氛围是指班集体在课堂上的情绪、情感状态。这种心理背景的优劣在一定程度上标志着学生在课堂上的生存状态,而这种生存状态恰是学生能否接受教与学的最重要的心理基础,进而构成影响学生心理健康的潜在教育因素。在课堂教学中,教师应在坚持愉悦性、激励性、差异性、支援性等课堂教学的心理卫生原则的前提下,着力于通过精心组织教学内容、积极改进教学方法、设置问题情境等引发学生的兴趣,寓教于乐,鼓励成功,通过平等、民主、合作的师生关系来带动课堂的良好气氛。只有这样,课堂教学才有助于形成学生积极的学习态度、正确的学习动机、愉悦的学习情绪并保持高度的学习注意力,也只有这样,课堂教学才能真正发挥其心理健康教育的应有功能。

五、学科教学中渗透心理健康教育的方法与途径

(一)设定心理健康教育的教学目标

教学目标是预期学生通过教学活动获得的学习结果。教学目标除了知识目

标以外，应当包含心理健康教育目标。心理健康教育的内容是心理健康教育目标的具体化，其选择要根据学生心理年龄特征规定相对稳定的内容，另外，还要根据学生心理健康状况灵活选择针对性较强的内容。心理健康教育的内容主要包括自我意识教育、学习心理辅导、情绪情感教育、人际关系教育、青春期心理辅导及挫折教育等。将心理健康教育目标纳入学科教学目标，是实施渗透的重要条件。新课程改革以来，学科教学目标包括知识与能力、过程与方法、情感态度与价值观三个方面，情感态度与价值观目标其实就包含心理健康教育的内涵，明确每节课的教学目标和要求。各学科必须完成的是学科本身的知识、技能、能力的内在规定性目标，这是学科教学的首级（第一级）目标，或称为主目标。而心理健康教育在学科教学中的渗透只是次级目标，或称为副目标、辅目标。在落实主目标时，要通读教材，整合课文中与此有紧密联系的教学内容，充分考虑并利用可凭借的心理健康教育资源，制订出具体的、切实可行的课时目标。

（二）教学目标的适度渗透

学科教学中的心理健康教育目标是副目标、辅目标，学科课程本身的内在规定性目标才是主目标。因此，在具体教学中，渗透心理健康教育应"适时有度"。所谓适时，就是在一节课的有限时间内，花在集中渗透心理健康教育的时间不宜过长（一般只能利用3—5分钟时间），如果一节45分钟的学科课有20分钟集中渗透心理健康教育，那就不叫学科渗透，该叫心理健康教育课。所谓有度，一是要注意渗透高度，即渗透目标不宜过高也不宜过低；二是要注意渗透梯度，即在了解学生个性心理及个别差异的基础上，尽量考虑各层次学生的可接受性及渗透的循序渐进性；三是要注意渗透效度，即教师要经常搜集学生的有关动态信息，适时调整渗透的策略，把握渗透的最佳时机。

（三）教学方法的灵活渗透

学科教学中渗透心理健康教育没有固定方法。从教学设计取向看，学科渗透心理健康教育可以以学生为中心，重视学生的人格塑造，促进学生的心理发展；可以以问题为中心，理论联系实际，帮助学生解决心理问题；也可以以活动为中心，加强心理训练，塑造学生良好的心理品质；从渗透形式上看，有分散式与集中式，集体式与个别式，讨论式与写作式等；从具体渗透方法来看，有移情体验法、角色扮演法、认知矫正法、游戏法等。在不同取向指导下，各种不同渗透形式和渗透方法的灵活运用构成了不同的渗透策略。

（四）课堂教学环节中的渗透

教学实施环节主要包括导入新课、展开、巩固、小结等，学生在课堂上的体验与感受深刻地影响其情绪、行为和人格。教师导入新课时，要精心设置，以使学生进入一种积极的心理准备状态，通过设置疑问，激发学生求知欲望。教学展开时，教师需要根据学生的心理发展水平和教学内容，选择恰当的活动形式，采用小组讨论、辩论，小组竞赛，情境感受，角色扮演，榜样示范，行为强化，实验操作等不同形式，使学生在活动中有所感悟和启发，在师生互动时，要注意寻找学生思维的闪光点及时地赞扬，鼓励学生提出创造性意见，增强学生的自我意识和自信心。同时，还要注意有效地使用标本、模型、多媒体等不同的教学手段，促使学生保持强烈的探究愿望和学习兴趣；巩固练习时，习题的练习要有一定的梯度，先易后难，要为学生创造更多的成功体验；小结语言要精简，脉络要清晰，促进学生的逻辑思维发展。

（五）学习方式中的渗透

具有自主学习能力的学生有着强烈的求知欲，善于合理安排自己的学习活动，积极思考，敢于质疑问难，表现出强烈的探索和进取精神。教师要营造一个学生自主学习的氛围。在这种氛围中，学生没有怯懦、恐惧，能大胆质疑，充分展开想象，形成独立思考的思维方式、良好的自我意识和创新能力，由过去的要我学转为我要学。在教学中，教师要从一切可能出发，为学生自主学习做好时间、空间、材料、形式等方面的准备，把学习的权利交给学生，使学生能自主学习。合作学习应该是一种能充分发挥学生主体作用，变师生单向交流为合作、多向交流，使不同层次的学生在互补互促中共同提高的一种学习形式。在合作过程中，不仅能调动每个学生的主观能动性、极大的学习热情，更能够在合作过程中培养学生良好的心理品质。必须学会关注他人，有利于转化学生自私、冷漠的心理；小组在竞争中获得胜利时，每一个成员都能享受到成功的快乐，而当小组失败时，每一个成员共同分忧，减轻失败所带来的不良心理反应；培养助人意识和合作意识，克服骄傲自满的情绪或嫉妒自卑的心态。探究学习是学生在教师的指导下，从问题或任务出发，通过自主探究活动，以获得知识技能、发展能力、培养情感体验为目的的学习方式。在探究学习中，学生不是面对现成的陈述性知识或程序化的练习题，而是面对具有一定挑战性的问题或任务。他们需要通过自主的、多样化的探究活动来回答或完成任务，并在此过程中获得知识和技能，发展能力，培养情感体验，逐步形成喜爱质疑、乐于探究、努力求知的心理倾向,产生运用所学知识解决实际问题,并且有所发现、有所发明甚至有所创造的积极欲望。在探究学习中学会分享与合作,养成科学态度,增强对社会的责任感。

(六) 在教学评价中渗透

科学的评价体系是实现课程目标的重要保障。新课程主张建立能激励学生学习兴趣和自主学习能力发展的评价体系,评价的角度从终结性转向过程性、发展性,更加促进学生发展。通过评价,教师可以了解除了知识、技能之外,在课堂教学的特定阶段学生心理发展方面还存在的问题,及时调整教学方式和进程。传统教学评价以分数为唯一的评价取向给学生带来了巨大的心理压力,导致学生产生众多的心理问题。新课程强调发展性评价,关注学生的全面发展,关注学生的个别差异。对学生的评价内容在关注学科学习目标的同时,要更多地去关注学生在教学过程中表现出来的情感、态度、价值观,不能只关注学生的学习结果,而要更加地关注学生的学习过程、方法及从中获得的体验。评价不能只有考试这一种形式,还要根据不同的教学内容以及评价的目的选择适当的评价方式,可采取教师评价、合作评价、自我评价与家长评价等形式,鼓励学生参与评价的全过程,使学生明白自己的不足,并感受到教师的肯定与希望。重视学生学习过程的评价,淡化考试成绩、名次观念,强化鼓励进步的观念。让学生从被评的被动地位转到主动地位,体现学生的主体性。

(七) 学科教学中渗透心理健康教育的契机与度

学科教学中渗透心理健康教育要讲究渗透的契机,教师要根据学科教学的具体内容和这些内容所蕴含的可利用资源寻找心理健康教育的合理渗透点,任何为渗透而渗透的做法都是不可取的。虽然学科课程中蕴含丰富的心理健康教育资源,但并非任何内容、任何时候都可以渗透心理健康教育,即便是语文学科也不是每篇课文每节课都能进行心理健康教育的内部渗透。学科教学中的内部渗透贵在自然、贴切,它与整个学科教学的具体过程是紧扣的,是有机融合的,教无定法。同样,学科教学中渗透心理健康教育也没有固定方法。从教学设计取向看,学科渗透心理健康教育可以学生为中心,重视学生的人格塑造,促进学生的心理发展;可以问题为中心,理论联系实际,帮助学生解决心理问题;也可以活动为中心,加强心理训练,塑造学生良好的心理品质。

六、学科教学中渗透心理健康教育的教学设计

课程的实施是通过教学活动来完成的,教学活动的完成需要进行有效的教

学设计。

那么，怎样进行有效的教学设计呢？归纳起来有三种说法：

（1）过程计划说。即用系统的观点把教学设计作为分析教学问题、研究教学问题、解决教学问题的途径。

（2）方法说。方法说主要强调教学设计的目标、功能以及意义。此学说把教学设计看作是一种研究教学系统、分析教学过程以及制订教学计划的系统方法。

（3）技术说。技术说是通过揭示教学设计本身来界定教学设计的概念，从内容上看有广义和狭义之分。广义的教学设计是指设置课程计划、设置课堂教学过程，将媒体教学材料看作教学系统的不同内退层次，并由此进行的系统设计。狭义的教学设计就是指对某一课程或某一单元、单科或者某一培训项目进行教学系统的设计。

教学设计不管是从内容上、方法上，还是从本质上看，有三点是需要明确的。

（1）教学设计必须具有科学性、艺术性和可操作性，教学既是一门科学也是一门艺术。

（2）教学设计要研究教学目标及教与学的关系，不论是整个一门课程的设计还是对一个单元、一节课的设计，最终目的都是完成教学任务，实现教学目标。因此，教学设计中对教学目标的研究就显得格外重要。

（3）教学设计是20世纪60年代在西方国家发展起来的，并逐渐成为一门独立性很强的实践性新兴学科。

（一）教学设计的原则

1. 科学性原则

教学设计要具有科学性，这是教学设计最根本的要求，强调教学设计的科学性是突出教学设计的重要一面。

2. 整体性原则

教学设计的整体性原则，应该体现在以下三个方面：

（1）教学各要素之间的整合。教学活动是由教师、学生、教学内容、教学环境、教学目标、教学策略与手段、教学组织形式等要素所组成，是一个整体系统。这些要素有机结合，共同完成教学任务，以达到教学目的。

（2）学科知识的整体性。学科知识本身就是一个系统的、有序的、完美的知识体系。在对教学内容设计时，一定要注意到知识的整体性和系统性及连续性，注意各知识点的内在联系。

（3）学生的整体性。我们的教学面对的是全体学生，因此在教学设计中要注重学生的整体发展，了解班级学生的学习进度。

3. 主体性原则

主体性原则是教学设计要考虑学生学习的主动性和教师教学的主动性。建构主义认为学习是一种积极主动建构知识与经验的过程，学习者不是被动地接受，他们具有主观能动性，能够根据已有的认知结构去有意注意和选择外在刺激源，以建构事物的意义。

4. 创新性原则

教学设计要体现创新精神。创新是一个民族、一个国家乃至一个单位发展的灵魂和精髓，也是教育的生命，是学校教育的任务，学校以培养具有创新能力的人才为其主要的目的之一。

5. 针对性原则

教学设计的针对性是指对具体教学目标和教学对象要有针对性，前面谈到教学设计的整体性，教学对象千差万别，教学手段各有所长，教学设计要体现这些差异性，只有考虑到这些差异性，才能针对性地采取某种措施与方法，才能收到事半功倍的效果。所有教学效果不仅要考虑学生的整体性，也要看每个学生的具体情况，对学生的具体差异设计教学内容。

七、学科教学中渗透心理健康教育应注意的主要问题

（一）选择有效的课堂管理模式

有效的课堂管理模式能改善师生关系，能帮助教师正确处理教学过程中出现的各种状况，能拉近师生之间的距离，符合学校心理健康教育的理念与实质。

（二）要适时、灵活、适度的渗透

有些教师似乎为了完成某种任务而强行渗透，有些教师寻找的渗透点只是为了方便制作课件，这显然走进了学科渗透心理健康教育的误区。学科教学中的内部渗透贵在自然、贴切，没有固定方法。在具体教学中，应适度。一是要注意渗透高度，即渗透目标不宜过高也不宜过低；二是要注意渗透梯度，即在了解学生个性心理及个别差异的基础上，尽量考虑各层次学生的可接受性及渗透的循序渐进性；三是要适时调整渗透的策略，把握渗透的最佳时机。

（三）应循序渐进，以学科教学为主，不要喧宾夺主

在学科教学的过程中，应以学科教学的内容为主，以渗透的方式进行，切忌喧宾夺主。如果一节课渗透心理健康教育时间过长，那就不叫学科渗透，该叫心理健康教育课了。但也不能为渗透而渗透，要注意掌握策略，应以学科教学为主，重在潜移默化循序渐进，不是一蹴而就的。

第五节 大学生心理健康教育课程中教师的角色与作用

一、心理健康教育课程中教师的角色

教师的角色是社会对教师的期望所形成的。由于社会对教师期望的多样性，学生和家长对教师期望的多样性，学校教育的多样性，学校活动的多样性以及教师自身的期望，决定了教师角色的多样性和复杂性。

（一）心理健康的维护者

心理健康的维护者这一角色决定了教师在心理健康教育课程实施过程中要面对全体学生，对他们的学习、生活和情绪情感以及个性发展进行积极的心理辅导。使他们能正确认识自己、评价自己、学会学习、学会生活，学会控制自己，合理宣泄自己的情绪，防止发生各种心理问题。

（二）人际关系的协调者

在学校，学生面临的人际关系主要是学生与教师和学生与学生之间的关系，由于学生的家庭背景不同，价值观、人生观以及生活经验的不同，在与他人交往时可能会产生分歧与碰撞，因此，心理健康教育老师应有意识的调控自己的态度和行为，尊重与爱护学生，主动与学生进行沟通和交流，促进相互交往以形成良好的师生关系。

（三）团体氛围的营造者

在心理健康教育的教学活动中，为了获得良好的教学效果，教师需要扮演团体氛围的营造者。良好的团体氛围可能感染每一位参加活动的成员，及其他成员对活动的热情，积极投身到心理健康教育的教学活动中，良好的团体氛围给学生一个宽松、和谐的环境，使学生忘却学习的紧张与焦虑，愉快的接受心

理健康教育。教师在活动中要根据学习内容和要求，设置教学情境，运用鼓励、支持、调节、安慰等手段与方法，营造良好的团体氛围。

（四）学生的榜样

人们的很多行为都是通过观察榜样而习得的，人们通过观察他人行为而获得示范行为的象征性表象。教师应该成为学生学习的榜样，因为教师与学生参与的最多，接触的最多，并且在大部分学生的心目中是知识的化身、力量的源泉，老师无所不能、无坚不摧，是他们奋斗的目标。

（五）课堂教学活动的组织者

心理辅导教师在心理健康教育的教学活动中，扮演的不是说教者，不是领导者，不是管理者，而是教学活动形式与内容的组织者，教学方法的倡导者，教学活动的引导者。心理健康教育课程与其他课程有很大的区别。其他课程注重的是教学活动中获得了多少知识点，掌握了多少定理，是否能够自由的应用与发挥，而心理健康教育课程注重的是教学活动的氛围，学生的内心体验，学生的主动参与程度，学生的行为表现，至于心理学以及相关知识的掌握则不是主要目的与要求。因此教师要选择和采用学生喜闻乐见、易于接受的教学方法，以此吸引学生的注意力。

二、心理健康教育课程中教师的作用

（一）主导作用

心理健康教育老师也和其他各学科教师一样，在教学过程中起着主导作用。大学生心理健康教育老师承担着更为重要的角色和发挥着更为重要的作用，首先心理健康教育老师承担着人际关系的协调者、心理健康的维护者、课堂教学活动的组织者这样的多重身份，这就要求教师一方面能够按照教学目标来组织教学内容的选择和实施，另一方面能够引导学生积极参加各种教学活动，使学生通过各种训练和学习开发潜能，提高心理健康水平。其次，心理健康教育老师的水平和业务能力也会在很大程度上影响教学活动的效果。心理健康教育老师应该能够组织有一定专业知识，有组织能力的教师开展各种教学活动，能够合理安排各种教学内容，能够引导大学生心理健康朝着良好的方向发展。

（二）帮助与鼓励支持

在大学生心理健康教育活动中，学生能够主动参与，离不开心理健康教育老师的帮助支持与鼓励，心理健康教育老师的帮助支持与鼓励会在很大程度上激励学生大胆发言、展开辩论。因此在教学活动中，我们应该帮助学生克服胆怯心理，澄清事实、明辨是非。同时，鼓励教师应该积极踊跃发言，表达自己的思想与认识，在教学过程中，我们应该积极营造一种轻松和谐平等的氛围，要鼓励和支持学生踊跃参加各种教学活动，帮助他们克服羞怯和自卑，鼓励他们积极与人交往。

（三）教育与辅导作用

心理健康教育老师承担着很重要的辅导和教育工作职责。在讨论、讲授、表演和行为训练的各种活动中，教师应该帮助他们正确认识在成长道路上必须经历的事情和可能遇到的问题，分析问题的原因所在，为他们提供切实可行的意见，帮助他们解决问题。此外，在教学活动中教师应该帮助学生，让其以科学的态度正确认识智力性质，理清智力和能力的关系，找出影响智力的相关因素；帮助学生正确认识情绪情感，了解情绪情感的特点，学会恰当表达自己的情绪，及时疏导与控制自己的情绪情感，能够合理地处理自己的情绪情感困扰。在帮助学生正确认识自己的情绪情感，认知他人，认识社会，了解社会交往对于人生的意义时，让学生能更好地了解职业选择对个人和社会的意义，了解自己与职业的匹配关系，帮助学生了解职业的意义，合理选择职业。对于心理健康有问题的学生，教师应该个别辅导，为他们提供处理问题的对策和方法，帮助他们摆脱心理困扰，改善不良心理状况。

第六节　心理健康教育老师的资格认定与培养

一、心理健康教育老师必须具备的基本条件

（一）具有良好的心理健康状况

作为心理健康教育老师，应该具有良好的心理健康状况。开设心理健康教育课程的目的是维护学生的心理健康，提高学生的心理健康水平，健全学生的人格，实现这一切需要教师的教育与辅导，而教师在组织学生心理健康教育活动的过程中，在与学生接触与交流时，无时无刻不以自身健康影响着学生。大量的研究表明，情绪不稳定的教师容易扰动学生的情绪，而一个情绪稳定的教

师也会使学生的情绪平稳,一个不为常规和偏见所约束的教师会影响学生的创造性,而一个厌倦失望的教师会使学生无精打采,了无生机。因此,作为心理健康教育老师,首先要自己心理健康,才能去辅导和帮助学生,维护学生的心理健康。

(二)具有一定的专业知识

实施心理健康教育课程,并不是任何学科的教师都能胜任,他需要一定的专业知识才能担当此任。心理健康教育课程和其他课程一样具有较强的专业性。在课程中将会发生各种突发状况和意外事件。心理健康教育老师还应该随时关注了解本学科的发展状况,借鉴国内外最新研究成果,用于日常教学活动。教师应该掌握一定的心理健康诊断技术和辅导措施,在教学活动中及时发现学生的心理问题。

(三)具有一定的教育能力

心理健康教育老师的职业角色要求他们,不仅要具有一定的专业知识而且还要具有一定的教育能力,也就是说心理健康教育老师首先要具有运用本学科知识与组织教学的能力。一个经验丰富、专业知识扎实的教师能够轻易理解教材、把握教材,根据学生的身心特点和接受能力合理组织教学,恰当选择教学方法,并且为学生营造一种良好的学习氛围,调动学生的积极性,使学生的全部心理活动都处于一个积极的状态之中,促进和帮助学生提高心理健康水平。

(四)具有足够的教育机制

教育机制是指教师在教育教学过程中的一种独特心理素质,是指教师在教育教学情境中对新的意外情况快速地做出反应,及时采取恰当的教育教学措施的能力。

二、心理健康教育老师的资格认定

在心理健康教育老师的资格认定过程中,我们应该严格按照要求和各种规范程序进行。在心理健康教育资格认定和选拔时,应该坚持原则和标准。心理健康教育老师的任职资格比其他任课教师应该更为严格和苛刻,在心理健康教育老师的选拔时,应该考虑其综合素质与能力,而不仅仅从学科和专业的角度出发,应该从整体上进行综合考量。大学生心理健康教育老师不能凭空产生,也不是随便找一个教师就可以代替心理健康教育老师的工作,必须经过严格的训练和培养方可成为一个合格的心理健康教育老师。

三、心理健康教育老师的培养途径和方法

（一）心理健康教育老师的培养途径

1. 职业道德的培养

心理健康教育老师既是教育工作者又是心理辅导员。心理健康教育老师职业道德的培养包含了教师职业道德的培养和心理辅导员职业道德的培养两方面的内容。

根据教育部的要求，要加强和加大心理健康教育老师的培养力度。作为一名心理健康教育老师，还应该注重陶冶品德和职业修养，做到诚实守信，严密审慎、尽职尽责地为学生提供心理辅导，帮助学生摆脱心理困扰和不良因素的影响。心理健康教育老师应保护学生个人秘密和隐私，珍惜职业声誉，保证自己的行为无损于心理健康教育老师的职业形象。尊重同行，公平竞争，共同提高业务水平，努力提升自己，维护学生心理健康水平。

2. 教师心理素质的培养

教师心理素质是指教师的各种心理品质和心理能量。良好的心理素质会使教师保持积极的情感，热爱教育事业、热爱学生，精神昂扬振奋，心胸豁达开朗，情绪调控适度。既然良好的心理素质对于维护教师的心理健康具有如此重要的作用，那么我们就应该对教师的心理素质进行培养，教师的心理素质包括教育能力、教育机制和情感，兴趣、动机、意志和个人品德等人格特征方面的内容。

3. 专业知识的学习

根据心理健康教育老师的职业特点，心理健康教育老师的专业知识还应包括发展心理、学习心理、人格心理、社会心理、变态心理、生理心理、教育心理、健康心理等。让学生成为教育学或者心理学方面的专家。

（二）心理健康教育老师的培养方法

1. 加强师范技能和教师业务能力的培养

有了心理健康教育老师的基本条件和培养内容，接下来就是寻找培养的方法和途径。教师的职业技能是一个精益求精的过程，教师的教学成果很难在短时间内有一个突飞猛进的进展，需要教师不断地总结提升，做教师容易，但做一个出色的教师很难，需要一生的努力和奋斗，需要教师不断地加强师范技能和业务能力的培养和学习。

2. 重视教师的岗前培养和培训工作

作为心理健康教育老师，我们应该重视教师的岗前培养和培训工作。岗前培养和培训针对的是有一定基础，并能熟悉和熟练教师岗位职责的教师。他们也希望能够借此有培养和培训的机会，在今后能有效地参与教学和管理。

3. 健全教师的在职进修制度，鼓励教师再培训

教师的在职进修培训是一项长期的、艰巨的工作任务。在教师的岗前培训工作基础上，应该重视健全教师的在职培训和进修工作，鼓励教师进行再培训，不断提升教师的专业技能和专业水平，帮助教师有效提升业务能力。

4. 创造条件提供机会让教师进行自我学习和提升

教师应该努力让自己学会去适应新的教育观念、方法和要求。教师应该不断加强自我学习和提升，正视现实和适者生存的含义，并在适度的情况下寻求发展机遇，掌握新的教学理念，提高自身的心理发展水平。教师应该做到努力学习心理保健常识，了解自身心理健康状况，努力提升和保持愉快的心情，提高和掌握自己对压力的应对技术，采取各种有效的学习方法应对各种矛盾和问题。

第九章

大学生心理健康教育与灵性教育问题探究

第一节 灵性教育问题初探

一、灵性教育概述

灵性教育就是对技能教育、知识教育和智慧教育的发展和超越,其主要内容包括灵性品德、灵性人文和灵性生命的教育以及灵性创造力、灵性想象力和灵性适应力教育。在进行灵性教育的过程中,既不能将灵性教育神圣化、宗教化,也不能只对灵性教育做理性探讨和只考虑灵性教育的整体性,更不能把灵性教育与其他教育割裂开来。

二、灵性教育问题初探

第一个在我国提出灵性教育的人是高岚。她在《学前教育研究》2003年第6期发表的《关于"灵性"教育的思考》一文中认为,我国教育的弊病在于习惯往孩子的头脑里塞东西,似乎塞得越多越好,而对其精神的需求往往关注不够,尤其是不能尽心地帮助儿童满足其天性的灵性需要。秦德君在《教育的灵性》一文中认为,如果教育培养的人只有知识没有知性、只有智商没有情商、只有心跳没有心灵、只有思维没有思想、只有畸形的知识结构而没有智慧与灵性,那么学校充其量只不过是工厂,课堂只不过是工匠化的作坊罢了。

(一)什么是灵性教育

灵性教育是帮助人心灵成长,让人可以更多地了解自己和认识这个世界。

灵性教育是以现有的经验、学识推敲于人，为其解释各种现象、问题或行为。其根本是以人的一种相对成熟或理性的思维来对待认知，让事物得以接近其最根本的存在。人在其中，慢慢地对一种事物形成由感官触摸到认知理解的状态，并形成一种相对完善或理性的自我意识思维。人有着自我意识上的思维，又有着自我感官维度，所以，任何教育性的意识思维都未必能够绝对正确，而应该感性地理解其思维的方向，只要它不偏差事物的内在；教育又是一种思维的传授，而人因为有其自身的意识形态，又有着另样的思维走势。所以，教育当以最客观、最公正的意识思维教化于人，人的思维才不至于过于偏差，并因思维的丰富而逐渐成熟、理性，由此走向最理性的自我和拥有最正确的思维认知，这就是灵性教育的根本所在。

（二）灵性教育是对技能教育、知识教育和智慧教育的超越

侯长林、张新婷在《论大学之灵性》一文中提出了对大学灵性和灵性教育的看法，认为"大学是充满灵性的有机体，是灵性智慧的丰满场域，灵性则是大学创造的源泉动力和大学存在的有机基础，因此灵性教育是大学教育目标的最高境界"。①对大学教育可以有多种理解，但是不管怎么理解，无非包括技能教育、知识教育、智慧教育和灵性教育四个方面。雅斯贝尔斯也说大学是知识的宇宙。与其说这一阶段是大学科学研究职能产生的阶段，倒不如说是知识教育的阶段。以美国威斯康星大学校长范海斯为代表的教育家，为技能教育的存在与发展找到了理由和依据。虽然不能把范海斯"为州服务"的理念直接说成是技能教育的观念和思想，但是要为地方服务必然需要技能和技术，可以说技能教育真正走向大学殿堂是威斯康星理念使其具有合法性的。灵性教育可以在一定程度上对我国高等教育，尤其是高等职业教育和应用技术大学教育过度强调技术技能起到一定的纠偏作用。一个人只有灵性得到充分拓展，才可能真正变得圆润起来。

（三）如果说我们的教育是智慧教育，那么灵性教育则是智能教育

早在20世纪70年代耶鲁大学的心理学家罗伯特·斯滕伯格就提出了三元智力理论（分析性智力、创造性智力、实践性智力）。之后，在20世纪80年代，哈佛大学认知心理学家加德纳又提出了多元智能理论，他认为，智能是人在特定情景中解决问题并有所创造的能力，人的智力应该是一个衡量他解题能

---

① 侯长林、张新婷之《论大学之灵性》文章来源于《教育研究》2016年07期。

力的指标。根据这个定义,他在《智能的结构》这本书里提出,人类的智能至少可以分为八个范畴:语言智能、逻辑—数学智能、空间智能、身体—动觉智能、音乐智能、人际交往智能、内省智能、自然观察智能。

(四)如果说我们的教育是知识教育,那么灵性教育则是知识的海洋

每一所学校,老师都会教学生知识,不管是课本上的内容,还是课外的知识内容。但老师很少教给学生思维方式、思维能力、思维知识,这样使得学生没有灵性。著名的钱学森之问:为什么我们的学校总是培养不出杰出的人才?其深层次的原因,是因为我国的教育缺少灵性。

(五)如果我们的教育是技能教育,那么灵性教育则是技能与智力的结合

技能教育为了增强市场就业竞争力,由技能教育机构开展技能考核,通过技能考核可以得到国家认可的技能证书。和学历教育有些不同,学历教育侧重综合素质的提高,而技能培训注重某项技能的提高。如大学生技能证书、英语四级、普通话等,都属于技能型。在大学很少会有教师去培养学生兴趣爱好,激发学生灵性。如公开课很难提升学生对教师课堂讲述内容的兴趣,几乎都是教师在上面讲,学生在下面玩。

三、灵性教育在国内外的研究现状

从大学发展的历史来看,以纽曼为代表的学者强调的是智慧教育,古希腊柏拉图的学者更是把智慧教育看得很重,德国洪堡强调的是知识教育,雅斯贝尔斯也说大学是知识的宇宙,强调大学教育阶段的重要性。与美国相比,法国的学校心理健康教育内容除了突出多样性外,更趋于综合化,并把实践的重心放在三个方面:定向、预防、综合。在德国,学校心理健康教育课程更富有特色,学校对实施心理健康教育工作者实行严格的资格审查,学校的心理健康教育已经非常的专业化和制度化。

我国的心理健康教育课程还没有像国外一样有成熟的体制和框架,起步较晚,但发展较快,目前正处于探索时期,很多学校将心理健康教育课程引入学生的必修课中,可见心理健康教育课程越来越受到重视。但在心理健康教育课程的认识、教学方法、实践环节、师资力量、课程评价等方面还存在诸多问题。我国对"灵性"的研究起步较早。

随着《关于加强大学生心理健康教育若干意见》和《心理健康教育指导纲

要》的颁布和实施,大学生心理健康教育课程的重要性愈加明显。随着教育改革的不断深入,让教育回归本源,尊重学生的天性成长已成为全社会及广大教育工作者的共识。大学是充满灵性的有机体,灵性是大学创造的源泉和动力,是大学存在的有机基础,是大学智慧的丰满场域。灵性教育是大学教育目标的最高境界,发展人的灵性是大学教育的本真价值选择。因此,从教育教学的角度出发,研究"灵性教育"在大学生心理健康教育课程中的渗透与融合也就应运而生:一方面,各高校在实施和推行"灵性教育"理念上采取了哪些措施?这些措施实施的效果如何?存在哪些问题?另一方面,怎样通过课程实施的形式使"灵性教育"真正落地?对于灵性教育在高校的发展趋势如何?再者,如何引导全校师生认识并接受该计划?一系列的问题均有待我们解决。

四、灵性教育的分类

(一)灵性创造力教育

灵性人应该是拥有创新思维、创新能力的人。灵性智力是指能够进行富有洞察力的、具有创造性的、可以制订规则和敢于打破规则的转变性思维。大学要有灵性是要求大学内在具有一定的创新技能和知识、善于动脑、善于思考,有自己的主见和主观思维。总之,灵性智力是可以用来重新构建和改变我们以前思维的思维。

(二)灵性品德教育

灵性人首先是品格纯正、信念坚定的人。灵性作为人的精神层面,其核心是我们的信念信仰系统。因为信念信仰是人品德中最深处的状态和存在,也是品德的最后防御底线。有学者认为发展人的灵性与教育的本体指向是一致的,教育的责任和使命是拓展人的灵性,并使人的灵性得以生成。

(三)灵性人文教育

灵性人应该是心智健全、情感丰富的人。我国高等教育在大众化和普及化的过程中,专业教育得到了强化,人文教育却普遍重视不够,因而才有人感叹大学精神的失落和呼吁大学人文精神的重构。当然,不是所有的人文教育都能够促进人的灵性拓展和提升,需要选择能够促进人的心智健全、情感丰富的人文教育内容。

(四)灵性适应力教育

灵性适应力教育就是指能够促进人善于合作并使其做人圆润、做事通达的教育。一个充满灵性的人不仅要具有一定的创造力和想象力，还要有比较强的社会或环境适应力。在日常生活中，一个人不会拐弯，不懂变通，不能适应复杂多变的环境，很难说这样的人是有灵性的。从灵性教育的角度来看，大学生的适应力不仅仅是生涯规划的问题，而是人本身的发展问题，是灵性人的培养问题。

（五）灵性想象力教育

灵性人应该是想象力丰富、思维活跃的人。因此，灵性想象力教育就是指能够促进人的想象丰富、思维活跃的教育。一切创造活动都离不开想象，尤其是在人类跨越思维障碍、从事社会科学研究以及文学艺术的创造过程中具有十分重要的作用。

五、灵性教育和心理健康教育的关系

（一）灵性教育和心理健康教育的区别

灵性教育的目标是让学生有一个更开阔的思维，着重培养学生独立思考的能力，让学生有较强的创新思考能力，让学生面对事情的时候能够更全方位地思考问题，着重针对的是思维方面。而心理健康教育则着重的是心理方面的问题。针对的是学生存在的一些不好的，想不通的，不是这个年纪该思考的一些想法，以及心理方面的负担等，发现后能够及时疏导学生走出阴影，走向光明！两者研究的重点不同。

（二）灵性教育和心理健康教育的内在联系

灵性教育能够让人拥有更开阔，更丰富，更成熟的思维，心理健康教育能够让人的心灵更加积极，更加健康。思维和心理是相辅相成的，思维受到外界的影响得到改变时，心理也会有所改变。当看待事情的角度发生改变时，思维和心理也发生了改变，它们共同作用于看待问题的角度，从而得出对问题的不同判断，最终得出不一样的结果。思维和心理缺少任何一方都是不完整的，也是不可能的！

文献资料显示，学校对学生的心理健康教育非常重视，对心理健康教育课程实施也多有研究，且对心理健康教育课程的建设进行了很多有益的探索，但都停留在理论层面，很少深入并关注到课程实施效果的层面。因受到很多因素的制约，心理健康教育课程改革也一直成效不大。灵性教育是一种新的教育理念，将灵性教育融入学校的顶层办学理念是一次新的尝试和有益探索，但还需要我们制订灵性教育的具体实施方案,使之渗透到学校教育的方方面面。

灵性是高于技能、知识智慧之上的存在或状态,灵性人是层析较高的理想类型的人,心理健康教育课程能够全面提升大学生的心理素质和意志品质,能够帮助大学生意志品质的形成。大学生在每一个发展阶段都会呈现出不同的心理状态,在不同的环境状态下应该用不同的调试方式去帮助和缓解心理问题,让学生学会运用心理调适方法去解决自身存在的心理问题,让学生成为一个不只是智慧上的"灵性人",更是生活上的"灵性人"。而灵性教育则是让学生更加具有灵性意识而不是死板不懂得变通。心理课程在很大程度上提供的不仅仅是知识的学习而是一种生活释压型的学习。

大学人文环境是大学灵性的重要表现之一。良好的人文环境尽显精致、典雅、充满灵性。一些著名大学都比较注重校园人文景观的建造。耶鲁大学校园里的美国民族英雄内森·黑尔的雕像、哈佛大学校园里的"谎言塑像"等,给人启示,让人回味。最能彰显灵性的还有校园建筑。牛津大学校园中随处可见的古建筑和古遗迹,尤其是中世纪哥特式建筑楼群,很容易使人想到大学灵性。校园湖也是大学灵性的重要载体,如北京大学的未名湖、厦门大学的芙蓉湖、铜仁学院的明德湖等,也都充满灵气。

第二节 灵性教育在大学生心理健康教育课程中的渗透与融合

一、渗透与融合灵性教育的可行性

随着我国素质教育的广泛开展,心理健康教育的地位和作用日益突显。然而,由于各种原因,学校在开展心理健康教育过程中受到现有的人力、物力和财力资源的制约,极大地影响了学校心理健康教育工作的有效开展。整合和开发利用学校学科心理健康教育资源优势,将心理健康教育与学科教学有机融合,在学科教学中渗透心理健康教育,是当前学校拓展心理健康教育最有效的途径之一。

(一)灵性教育在大学生心理健康中的需要

灵性教育融入大学生心理健康不仅对促进青少年学生形成健康的心理和健

全的人格，获得全面和谐发展具有重要意义，而且对促进学校与社会的和谐稳定，构建现代和谐校园与和谐社会，也具有十分重要的现实意义。长期以来，大学生心理健康教育课堂以"教师讲、学生听"为主，忽视学生内心体验，学生思考问题和解决问题的能力并没有得到有效培养。对于这种传统的翻转课堂，通过知识传授与知识内化顺序的颠倒，一方面强调课前学生自主学习、提出问题并完成课前任务。另一方面在课堂活动过程中强调合作学习和体验学习，通过小组合作、体验探究和交流分享等多种形式解决问题，实现知识内化，培养学生的创新思维。

当代大学生由于处在成熟稳定期，在生理需求上有着不同的认识度。灵性教育不但能客观地进行调理，还可以有力地进行指导。这些作为人类成长成才的必经之点，更需要充满向前发展的活力和对事物预测的敏锐，这些都是灵性教育的必要作用，灵性教育有利于在意识形态上梳理大学生心理和生理上的思想并可以不断地鼓励，也是梳理正确的人生观和发展观的垫脚石。灵性教育作为一类教育不仅可以培养人才，也是衡量我们灵性学习功效的最主要标志。从教育角度上讲，灵性教育可以提高学习效益和教育学的灵活性，也可以培养我们的生命气质。

（二）灵性教育可提高大学心理健康综合素质

良好的心理素质，是学生综合素质的重要组成部分，它不仅可以帮助人从容应对各种挑战与挫折，而且能使人更好地发挥自己的潜能，轻松自然地适应外界环境的变化。在各方面提升自己的心理素质与综合素质，成为一个具有灵性的大学生。

（三）灵性教育在大学生心理健康教育中的重要性

灵性教育可以使学生得到全面发展、可持续性发展。灵性教育是教师所需要的教学模式。灵性教育是一种教育方式，它在尊重、信任和理解的基础上，与学生平等地沟通、交流，给学生创造了一个自由的心灵空间。所以灵性教育在心理健康教育中的渗透与融合对当代大学生有着重要的作用。

（四）灵性教育在大学生心理健康教育中的作用

学科教学中能否渗透心理健康教育，主要取决于学科课程本身及其教学过程是否具备心理健康教育的资源。课程作为学校教学工作的重要内容，蕴含有许多可以利用的显性或隐性的心理健康教育资源。这些宝贵资源如果能够得到充分利用，那么必将促进学科教学效果的提高和学校心理健康教育的快速发展。

(五)心理健康教育课程在灵性教育里的地位和方向

灵性大致是指人天生的智慧和聪明才智,现今关于灵性,很多人认为与人的灵魂有关,说有的人灵魂灵性高,处于三维空间以上的维度,而有些人的灵性低,处于寻常的三维空间里,高维度的高等灵性可以洞察三维空间里的低等灵性。我认为人的灵性来自人善于用智慧、巧妙的手段去满足自己的愿望、维护自己的利益。心理健康课,是学校为保障学生心理健康,运用有关心理教育方法和手段,培养学生良好的心理素质,促进学生身心全面和谐发展和素质全面提高的课程教育。在教育的"灵性与情感教育""技能教育"和"创造教育"三个层次中,我们的基础教育正是"灵性与情感教育"的主要构成部分。基础教育就是灵性的教育,包括情感、艺术、语言、思维与思辨。灵性教育是一种全新的教育理念。作为临床心理学家,米勒博士用十多年的前沿科学研究成果与大量实例向我们展示了灵性教育对孩子身体及心理健康具有重要意义。

二、渗透与融合灵性教育的必要性

由于受应试教育的影响,学校教育重知识、重分数、重选拔。表现在学校课堂教学上,重分析讲解、重标准问答、重整齐划一,形成了以教师传授知识为中心,以应付各级考试以及各种竞赛为目标的状态,致使学生被动受教,导致现在的学生压力过大。在时代的潮流中,我们学生也很容易冲动,学生压力过大就会产生厌学心理,严重的可能会得抑郁症,且基本每年都会有学生自杀的事例发生在我们身边,值得我们反思。反思教育是否在跟着时代进步,反思是由什么因素造成的,原因可能有很多,比如社会、家庭、学校、个人等。

(一)灵性教育是爱的教育

人类应该有守护灵性的教育。这种教育是爱,是真,是仁义礼智信,是为生民立命,为往圣继绝学,为万世开太平的大人格教育。课程是滋养和提升人的灵性成长的精神食粮源泉。铜仁学院《2016版本科人才培养方案的指导意见》明确提出:通识教育平台是面向全校各专业学生搭建的平台,主要负责培养学生的人格品质、智慧灵性,设置公民教育、科学精神、艺术审美、哲学智慧、国际交流、教师教育6个模块。学生的智慧灵性通过设置通识教育模块得以培养。可见在心理健康教育课程中开展灵性教育也是很有必要的。

(二)灵性教育以学生为中心

灵性教育能够让我们认识到教育必须立足于学生本身,立足于每一个学生的心理健康。因此，我们应该倡导理性教育的原则，通过理性教育，引导学生更好地学习，摆脱心理困境。

（三）灵性教育促进学生的心灵成长

灵性教育是帮助人心灵成长，让人可以更多地了解自己和这个世界。这一点和心理健康教育的目的契合。灵性教育以现有的经验、学识推敲于人，为其解释各种现象、问题或行为。其根本是以人的一种相对成熟或理性思维来认知对待，让事物得以接近其最根本的存在。人在其中，慢慢地对一种事物形成由感官触摸到认知理解的状态，并形成一种相对完善或理性的自我意识思维。人有着自我意识上的思维，又有着自我感官维度。

（四）灵性教育可以帮助学生全面发展

灵性教育可以尽快帮助孩子建立正确理性的世界观，对孩子将来判断认知事物都是有很大好处的；可以让人的思维不至于过于偏差，并因思维的丰富而逐渐成熟、理性，由此走向最理性的自我和拥有最正确的思维认知；可以引导及启发学生善良的本性，发挥他们自我教育的潜能，帮助他们心灵的成长；可以培养学生的人际交往能力，要互相尊重，互相信任，和睦共处，引导学生与他人积极互动，形成和谐的人际关系。

（五）灵性教育是培养人才的基础

优良的教育在青年学生全面素质的提高中起着举足轻重的作用，它必将对人才的质量产生积极而又深远的影响。灵性顾名思义，就是在乎事物本身的特点与精华。在心理健康教育课程中常常以游戏的形式展开进行，教师高度调动学生的注意力，学生积极参与各项活动，在生理和心理上得到质的升华。

在此之外，大学是充满灵性的有机体，是灵性智慧的丰满场域，灵性则是大学创造的源泉动力和大学存在的有机基础。所以说灵性教育是大学教育目标的最高境界。大学是以知识为最终目的的，大学教师不仅传授知识也要发展知识。要达到品格纯正，信念坚定，心智健全，热爱生活等灵性人的要求，需要开展品德教育、人文教育和生命教育。

1. 有助于对青少年进行感恩教育。当下很多青少年，由于是独生子女受到全家人的溺爱娇宠，往往养成一种自私自利、唯我独尊的自我中心主义，只在乎自己的得失，个人心灵世界窄化，胸襟狭隘，缺乏对他人的感恩回报思想，也造成了人际关系的紧张。针对此需进行感恩教育来予以纠偏。

2. 培养青少年的人际交往能力，要互相尊重，互相信任，和睦共处，引导青少年与他人积极互动，形成和谐的人际关系。生命面前人人平等，对他人应一视同仁，没有分别，不因外在因素，如种族、性别、地域或是职业、财富多少、长相美丑等产生歧视，也不自认为高人一等、目空一切、妄自尊大，帮助青少年正确看待个体与社会的互动，懂得一个健康的社会，需要人与人之间的相互尊重，团结平等，和睦友好。

3. 帮助青少年认识生命的价值。青少年对生命的来源、归宿往往有极大的好奇和困惑，他们渴望探求生命的奥秘，理解生命的意义。但很多青少年由于不理解生命的可贵，甚至会轻易抛弃生命。

4. 纠正当代教育中的功利主义倾向。阿德勒指出，当代家庭教育在极大的程度上帮助和唆使了对权力的追求和虚荣心的发展。当代道德教育呈现出边缘化、外在化、知识化的现代综合征，许多家长和老师对下一代人成才的认识已进入误区，指望子女成龙成凤。但如果家长和老师仅仅把成才的标准及过程定位在名利的获得上，这就成为严重的偏差。

学科渗透促进了教师整体队伍的发展，学科渗透可以促使更多教师学习心理学理论，运用心理学理论，提高其理论素养和教学能力。传统的课堂教学只注重知识的讲授和技能的培养，忽视对学生学习准备状态的了解，不重视调动学生的积极心理因素。总之，学科渗透对教师提出了更高的要求，要求教师必须从传授型的教书匠变为研究型的教育家，这必然有力地促进教师队伍整体素质水平的提高。学校心理健康教育的实际运作状况决定了学科渗透心理健康教育不仅是必要的，而且也是紧迫的。

三、灵性教育的培养目标与内容

（一）品格纯正、信念坚定

教育的目的是为受教育者能够平安和幸福度过一生服务的。所以首先要教给受教育者的是人生观的问题，因为一个人有什么样的人生观就决定了他走什么样的道路，也决定了他一生的结果，所以树立正确的人生观是一个人一生中最重要的问题。笔者认为，人是自然的产物，人的生活目的和方向都应遵从自然的规律，否则人生必定会因犯错而付出惨重的代价。在对人生实质的研究方面，前人已经为我们留下了宝贵的成果。儒释道三教是解决人生观最好的教材，特别是佛教，严格来说，它不仅是一门宗教，更是一门哲学和一种思想。

（二）心智健全、情感丰富

心智和情感是灵性的重要表现。灵性之人在这些方面应该有比较高的要求；

培养学生高雅的生活情趣,有助于培养学生丰富的、健康的、高尚的情感,也有利于学生良好道德品质的形成和发展。一个心理健康的人总能从日常生活的平凡小事中发现乐趣、体验情趣、感受美好。所以说人们的生活中处处都有情趣,关键就在于如何发现和培养这些情趣,使其成为高雅的生活情趣。

(三)珍惜生命、热爱生活

身体是生活的本钱,要使人学会如何保护自己的身体,知道人为什么会生病,如何才能健康,要学会一些基本的医学知识,比如中医的一些知识。人一辈子并不能什么都靠医院的。有生命才有灵性,所以灵性之人理当敬畏生命、珍惜生命,并积极投身火热的生活,才能焕发生命的活力,使灵性得以呈现;生命是自然给人类雕琢的宝石。对人来说,生命可能与人体的正常发育和人体的健康分开。生命如同寓言,其价值不在长短,而在内容。生命的珍贵没有任何东西能与之相比。

(四)勇于创新、生生不息

创新是知识经济时代的一个显著标志。江泽民同志在全国科技大会上指出,创新是一个民族进步的灵魂,是国家兴旺发达的不竭动力,一个没有创新能力的民族,难以屹立于世界民族之林。教育在培养民族创新精神和培养创造性人才方面,肩负着特殊的使命。江泽民同志的讲话,对我们在教学工作中注重培养学生的创新精神和创新能力提出了明确的要求。要想让创新型人才辈出,就要用创新教育培养学生的创新精神。因此,如何深化课堂教学改革,依据学科特点,找出创新教育突破口,培养学生的创新精神成为摆在我们每一个教育工作者面前的又一个迫切任务。没有创新就没有创造力;没有创造力就谈不上灵性。灵性是能够创造技能、知识和智慧的灵性,因此,创造力也是灵性人的基本要求;为了生活,需要工作,所以要学会以后工作的技能,其中当然也包括了一般人说的科学技术,这方面要使人明白,工作的技能要结合自己的素质和兴趣,不能一味地追求什么学历,要从实际出发,才能保证以后学有所用,学有所成。否则学不能用,是自己人生的重大浪费。

(五)想象丰富、思维活跃

有想象力才有创造力,思维的活跃是创新的关键。教育当以最客观、最公正的意识思维教化于人,灵性教育更能激发学生的思维,使学生能用不同的思维方式去思考、去解决类似的问题,也更能使学生放松自我,控制好自己的情绪,而不被心情所左右,从而吸引学生的注意,使学生学到更多的心理知识。

（六）人格独立、圆润通达

这个没有固定的教材，不是从本本出发，而是启发式的，使受教育者学会根据实际去思考。在教育中可以举出历史的问题，也可以举出现实的事情。同时教育人要坚持正义，学会保护自己的正当利益，学会保护自己正当利益的同时保护别人的正当利益，但不要为了利益去附和某种势力，要有独立的人格。一个灵性之人应该从大处着眼而不应斤斤计较，坚持原则而不死板，如果不懂合作与变通，不明白刚柔相济的道理，就很难适应社会的发展，也就无所谓灵性。

（七）德行完备、立德立言

受教育者要学会如何做人，要有起码的道德观念，要使人明白，遵守道德其实是为了保护自己，是为自己一生保驾护航。还需要懂得为自己的一生负责任，知道自己在不同的阶段应负什么责任，其中包括家庭责任和社会责任，具体来说，小时候要懂如何做儿子，做女儿，如何做哥哥，做弟弟，做姐姐，做妹妹。长大后要学会如何做父母，如何对待父母、公婆，如何对待朋友，如何对待领导和同事。要知道情义和负责远比金钱和地位宝贵。这并非为了别人，其实是为了自己。要知道，先学做人、而后才能学做事。做人是做事的基础。只有适应了各种社会角色，我们才能建立好自己的德行，做到言行、德行一致。

四、灵性教育对心理健康教育课程的影响

当代大学基本开设了心理健康教育这一门课。众所周知，大学生活已具社会的雏形，大学生所面临的人际关系远比中学阶段复杂，职业、理想、择偶、前途等问题也更加具体和直接。由于从小学到大学阶段的连续学习生活经历和大学校园的特殊环境，使大学生的心理处于迅速发展和趋于成熟又未完全成熟的阶段，这就决定了他们的心理活动具有既丰富又矛盾的特点，心理品质的发展表现为不稳定和不平衡。例如，一些大学生因为生活的一帆风顺和在科学文化知识上的优势，常常带有优越感和盲目自信的特点，但一遇困难和挫折，又容易产生自卑感，变得消沉失望。有的大学生情绪、情感发展不平衡，一方面情感丰富而复杂，另一方面情绪变化迅速而强烈。由于自制力较差，常常造成情绪的动荡和心理冲突。大学生的这种心理特点如果持续时间过长，就可能导致心理生理机能的紊乱而影响健康。著名哲学家雅斯贝尔斯在他的《什么是教育》中写道：教育的本质意味着：一棵树摇动另一棵树，一朵云推动另一朵云，

一个灵魂唤醒另一个灵魂。

心理健康教育课程是要我们去解读生活中的各种心理活动和规律。心理健康教育课程也就是要让人变得更加聪明和有智慧，这跟我们灵性教育的目的是一样的。我们的身边多多少少存在这样一些人，有些问题想不开就去做一些偏激的事。人需要意识到自己在各方面的不足，才能从根本上学好心理健康教育课程。身为学生，只有意识到自己的主要任务是学习从而去学习，才能学的好；身为政府的工作人员，只有意识到自己的工作是为人民服务，才能做到廉政爱民，国家才能和谐统一；身为经商者，只有意识到自己是一名商人，才能把商人做好。我认为意识是人人都有的，但并不是人人都能充分利用起来，一个拥有灵性的人，当然能做到这一点儿。因此，提倡灵性教育是非常正确的。

（一）灵性教育在心理健康教育中可以驱动学生人格发展

心理健康教育在学生人格发展道路上占据着必不可少的组成部分。一方面，学生在心理健康教育过程中通过接受道德规范、行为方式、环境信息、社会期望等来逐渐完善自身的人格结构；另一方面，客观存在的价值观念作为心理生活中对自身的一种衡量、评价和调控，也影响着主体人格的发展，并且在一定条件下还可转化为灵性特质，从而使人格发展上升到一个新的高度。同时，心理健康教育不是消极地附属于这种转化，而是在转化过程中能动地引导受教育者调整方向，使个体把握自我，对自身的行为进行认识评价，从而达到心理优化、健全人格、灵性提升的目的。

灵性教育在心理健康教育中可以通过以下方法驱动学生人格的发展：

1. 唤醒学生的主体意识。教师应注意引导学生在各种活动中主动去探索、积极思考、自觉实践、生动活泼地发展，启发他们培育健康人格的意识。

2. 增强群体互动，培养学生的相互适应性。

3. 树立良好的师生关系，促进健康人格形成。宽松、民主、和谐的师生关系是实施人格魅力影响的无声媒介，是开启学生心灵的钥匙，是陶冶情操的潜在力量（平等对话交流等）。

4. 开展导向活动，展现健康人格。人格的一切心理特征只能在个人的生活道路上，在能动的活动中通过掌握人类的本质力量才能产生。

5. 优化评价方式，完善健康人格发展。班主任正确合理的评价将有利于学生健康人格的发展，并在发展过程中得到不断完善。

（二）灵性教育能够有效解决大学生心理健康问题

灵性教育是从人的品格、心智、勇于创新、想象丰富、善于合作上进行的教育，不同于一般的教育，一般的教育就是一种改变人类对客观世界认识的途径，一种积极引导人类的思想、认识和改造世界的积极有效的途径，从中性词的角度看，可以有影响与之相对应，从贬义词的角度看，可以有唆恶与之相对应。教育是一种人类道德、科学、技术、知识储备、精神境界的传承和提升行为，也是人类文明的传递。一种以某些主观意识形态去适当改变另外一些主观意识形态的方法。是改变他人观念与思想的一种科学的方法。而心理健康教育课是关注人内心活动的一门课程，用灵性教育研究心理健康，会从各个方面收到不同的成效，比如心理是从意识、注意、感觉、知觉、记忆与学习、思维与想象、需要与动机、人格、能力等方面研究人的心理活动的。

（三）灵性教育有利于提高大学生心理健康

大学生正处于精神断奶的生命成长关键时期，其核心的生命使命是完成精神断奶实现精神成人。所谓精神成人，即个体生命在精神生命做到自觉、自主，在精神上成为一个真正的人。精神成人的根本内容和根本路径，不在于从外面学得某种精神或者灵性，而是让自己的灵性从沉睡状态觉醒，进而以自己的灵性精神指引自己的身体行为和心理个性。在复杂多变的社会环境中，保持良好的心理适应状况，是抗拒诱惑、承受挫折、实现自我调节的关键。从这个意义上可以说，大学生综合灵性的体现，主要取决于他们心理素质的高低，取决于学校灵性教育在心理健康教育课程中的渗透与实践。

（四）开设灵性教育必修课程，增强自我教育能力

灵性教育的提高离不开相应知识的掌握，系统学习心理、卫生、健康等方面的知识，有助于学生了解心理发展规律，掌握心理调节方法，增强自我教育能力。灵性教育的效果在很大程度上取决于学生自我教育的主动性和积极性，取决于学生自我教育能力的高低。在人类自我意识不断成长和社会民主意识日益增强的今天，在校大学生要成为有理想、有道德、有文化、有纪律的一代新人，就更应该加强自我教育。树立远大的社会理想和积极的主体参与意识，是人生非常有价值的选择。但由于在校大学生的社会阅历不深，人生经验不足，尚未形成相对稳定的世界观、人生观和价值观，因而面对纷繁复杂的国际国内形势，就会在思想上产生某种程度的盲目性和迷惑感。

首先，在校大学生应学会自我监督，它在自我教育中占有特殊的地位。自我监督以自尊心、荣誉感、责任感为基础，主要通过主体的自我剖析、反思、内省来检点自己的行为。

其次，在校大学生应积极参与社会实践活动，它是经风雨、见世面、长才干、做贡献的重要途径。在校大学生大多缺乏社会实践经验，缺少对社会的深入了解和真实体验，因此非常有必要参加社会实践活动。

最后，在校大学生应重视日常实践活动。在校大学生应意识到，崇高的理想要靠平凡的事业去实现，高尚的道德要在日常的行为中去培养，渊博的知识要孜孜不倦地去积累，严明的纪律要在日常生活中去锻炼。

第三节　以灵性教育为融合点的大学生心理健康教育课程

一、灵性教育在心理健康教育课程中的渗透过程

（一）充分挖掘教材中的资源，在备课环节中渗透

学科教学渗透要求充分挖掘教材中的资源，要求在备课环节中渗透，要求在教学内容的同时兼顾学生心理品质的培养。其实这就给学科教学渗透心理健康教育发展带来了机遇和挑战。只有在充分的学科教学中，才能得到进一步的提升，学科教学才能有效实施，才能帮助和促进提升教学水平。

（二）营造良好的心理环境，在教学过程中渗透

良好的课堂心理环境是进行学科渗透的关键。学科教学渗透要求教师在学科教学的过程中建立平等、和谐的师生关系，在师生交往的过程中，教师应保持主动，尊重学生，乐于与学生沟通，勇于听取学生的意见，能创设良好的心理环境平等地对待学生，尊重学生的人格和自尊心，理解、信任、赞赏学生，关注学生的心理发展变化，在教学过程中潜移默化的渗透。教师应该营造民主和谐的心理氛围，学会巧用语言来表达自己的思想感情，让学生参与教学的过程，调动学生的学习积极性，激发学生学习兴趣，提高学生的自信心。

（三）优化教学环节，在课堂教学中渗透

心理健康教育课程不同于一般的学科课程，以提高和培养学生的心理素质为目的，重视学生的人格塑造，促进学生的心理发展。在教学设计时，因根据教学内容、教学目标和教学方法的不同而灵活设计教学环节，使得心理健康教育课程在一种轻松、愉快的氛围中让学生的心灵得到潜移默化的熏陶。

（四）个别辅导与课后指导相结合，在辅导中渗透

心理健康教育除了专门的心理健康教育课程以外，心理咨询与心理辅导也是非常重要的手段。个别辅导和课后指导相结合，在辅导中渗透心理健康教育理念。加强教师的个别指导，提升教师的教学能力。

（五）选择民主型的课堂管理模式，制订有效的课堂管理原则

课堂管理模式是直接影响课堂心理氛围的教育策略，也是一种隐性的心理健康教育因素。民主型管理方式应该是学科教学中渗透心理健康教育的首选课堂管理模式。这是因为民主型管理模式比较容易营造师生之间的平等、民主、合作的氛围，易于缩短师生之间的心理距离，学生具有较高的安全感和自主性，师生之间的互动也较为自然、和谐，这样学生能从中汲取积极的心理养分，师源性的心理伤害相对减少，因此有利于学生的心理成长和心理健康。当然，这种管理模式也特别符合学校心理健康教育的理念与实质。课堂秩序的建立、课堂活动组织与反馈、课堂中表扬与惩罚、课堂中学生行为问题的处理等方面的有效管理也是落实课堂教学中渗透心理健康教育的重要途径。教师在课堂上如何使用以及能否正确使用奖励与惩罚手段、教师能否使用恰当的策略处理学生的课堂行为问题等，都会对学生的心理成长和心理健康产生各种不同程度的影响。因此，教师应在正确的学生观的指引下，充分利用心理学与教育学的有关原理和知识，努力形成能促进学生心理健康的行之有效的课堂管理方法。

（六）努力营造良好的课堂心理氛围

课堂心理氛围是指班集体在课堂上的情绪、情感状态。这种心理背景的优劣在一定程度上标志着学生在课堂上的生存状态，而这种生存状态恰是学生能否悦纳教与学的最重要的心理基础，进而构成影响学生心理健康的潜在教育因素。在课堂教学中，教师应在坚持愉悦性、激励性、差异性、支援性等课堂教学的心理卫生原则的前提下，通过精心组织教学内容、积极改进教学方法、设置问题情境等引发学生的兴趣，寓教于乐，鼓励成功，通过平等、民主、合作的师生关系来带动课堂的良好气氛。只有这样，课堂教学才有助于形成学生积极的学习态度、正确的学习动机、愉悦的学习情绪并保持高度的学习注意力。也只有这样，课堂教学才能真正发挥其心理健康教育的应有功能。

二、心理健康教育课程中怎样建立灵性课堂

课程是学校最重要的资源,"丰盈灵润"的校本课程是灵性教育的核心。学校在校本课程推进上大胆进行改革,采取"三多"推进法:多形式,即纳入课表、社团活动、社会实践、家校互动等形式;多模式,即采用学生走班选课,教师轮班授课,长短课时等模式;多样态,即在课程讲授中借鉴微课、网络学习、学生自选、翻转课堂的课堂教学模式。灵性教育通过关注人的精神生活需求,拓展人的精神生命潜能,充盈人的精神情感体验,增强人的精神意识自觉,从而不断提升人的精神生命质量并最终养成健全道德精神人格的教育,它力求超越工具理性支配下的功利性教育范式,并为培养全面发展的人积极努力。灵性教育体现出尊重天性、遵循自然、重视体验、关注意义、对话建构、追求智慧等价值追求。其在学校教育中的基本实践方式是构建灵性课程体系,创设灵性教学模式,培育灵性教师队伍和塑造灵性领导风格。建立灵性课程,促进灵性意识的培养。

三、实施灵性教育对教师的要求

通过灵性教育进行心理素质教育既是学校心理教育实施的途径,也是灵性教育自身发展的必然要求。灵性教育过程包含极其丰富的心理教育因素,因为教学过程以社会历史积淀的文化知识、道德规范、思想价值观念为内容。教师在传授知识过程中,只要注重考虑学生的心理需求,激发学生学习兴趣,并深入挖掘知识内在的教育意义,就能够把人类历史形成的知识、经验、技能转化为自己的精神财富,即内化成学生的思想观点、人生价值和良好的心理素质,并在他们身上持久扎根。

第一,课前胸有成竹,灵动的教学模式创造和谐的课堂氛围。这就要求教师在课前备课要考虑全面,周密设计,在课堂上要善于激发学生的学习需求,放手让学生自主探索,特别要善待学生在学习过程中出现的错误,要有容错机制,要鼓励学生大胆参与教学过程中开展的教学活动组织。要用教师的智慧和耐心引导学生,让课堂活跃起来,让学生融入课程中。

第二,要凸显学生的主体性,让课堂教学充满灵性。一切立足于学生的发展,特别是在心理健康教育课程中,老师最重要的一个做法就是创造情景,激

发学生学习的兴趣和内在动力，让学生充分发挥自己的个性。

第三，关注学生的心理世界和生活世界。心理健康教育老师要特别关注学生的情绪状态，比如近期上课的状态，完成作业的情况，和同学朋友的交往情况等。如有问题，及时与学生沟通，但也要站在学生的角度看问题，帮助学生形成乐观积极、会自我调控情绪的人，这样在课堂中学生才能更有效率的学习。

第四，创造平等的师生关系，使课堂教学具有灵性。课堂教学的本质应该是师生之间互动交流的过程，特别是在心理健康教育课程中，老师和学生的关系更应该像朋友一样，老师要给学生一种心理安全感，让学生在一个和谐、轻松、愉快的精神状态下学习，更要维护好自己和学生的关系，充分尊重学生。

第五，热爱教育事业，热爱心理健康教育工作。教师对自己事业的热爱，是教师搞好心理健康教育工作的前提。一个教师如果不热爱自己的事业，在工作上就会失去动力和责任心，就不会奉献自己的时间和才能，用自己的专业知识，用自己的心去引导教育学生做一个健康快乐的人。教师除了热爱自己的教育传播事业，更重要的是教师要热爱自己的学生，只有热爱自己的学生，才能教育好学生。

第六，具有渊博扎实的心理健康知识以及多方面的兴趣和才能。教师必须精通自己所学的心理健康知识，熟悉学科知识，所掌握的知识内容必须超出教学大纲的要求，灵性教育在心理健康课堂中，更要求教师要有比较广博的普通文化科学知识，如：文、史、地、数、理、化、音、体、美等方面。要求教师具有渊博扎实的心理健康知识以及多方面的兴趣和方法提升自己的综合素质和业务的能力。

第七，教师要具有高尚的道德情操。教师高尚的道德情操主要表现在对人公平正直，热诚友好，有耐心，有责任感，仪表端庄等。教师除了应具备的文化素养与学科专业知识、教育理论知识与技能之外，还应具备职业道德素养即爱岗敬业、爱国守法、关爱学生、为人师表、终身学习。

第八，教师要有丰富的情感，良好的情绪。当愉快的情绪状态多于消极状态的情绪时，教师发现一切都会变得美好起来，对学生进行灵性教育也会更加投入高效。

第九，教师乐于并善于与学生交往和沟通。教师要和学生在心理健康教育课程中建立友好似朋友的关系，才能更好地与学生沟通，发现学生的情绪，及时进行灵性教育。教师怎样才能更好地实现与学生的情感沟通呢？这就要求教师要注意七个问题：一是教师应该学会宽容自己的学生，学生犯错误是正常的，教师要控制自己的情绪，特别是作为心理学老师，宽容必须建立在爱心的基础上。二是教师要尊重自己的学生，对于学生和自己倾诉的任何事情都应该保密，这是最重要的一点。三是老师要学会心理换位，教师要经常站在学生的心理位置上去观察、思考、理解、体验和处理问题。四是沟通需要教师理解和尊重学生。现在的学生自尊心强，逆反心理强，害怕吃苦，害怕困难。作为教师要理解和尊重他们，保护他们的自尊心。五是沟通建立在师生平等的关系基础之上。师爱要全面、公平。全面公平的爱就是教师要爱每一个学生，学习好的要爱，学习一般的要爱，学习困难的也要爱；活泼的要爱，文静踏实的要爱，内向拘谨的更要爱。六是沟通需要用真心去与学生交朋友。教师爱学生，就是要尊重、理解、信任学生，尊重他们的人格。教师与学生谈心交流时，必须要用真心去对待童心。与学生进行个别谈心时，教师必须放下架子，以真诚的态度、亲切的话语，动之以情、晓之以理，达到心与心的交流、情与情的相融。七是沟通需要多一些激励，少一些批评。金无足赤，人无完人。每个学生身上都有自己的长处，也有自己的短处。教师要善于用放大镜去看待学生的优点，想方设法去挖掘学生的闪光点，给孩子多一些激励和表扬，让孩子在"我是好孩子""我一定能行"的心态中觉醒、奋发、自强。良言一句三冬暖，恶语伤人六月寒，坚决不允许讽刺、挖苦学生，对学生的缺点、错误要宽容、忍让，要对学生关心爱护，包容学生。孩子是在成长过程中，要允许他们犯错误，对于犯了错误的学生，要晓之以理，动之以情，让他们从思想上认识到错误，再从行动上加以改正，要给他们改正错误的时间和机会。

第十，教师要善于发现学生的优点。教师需要善于看到学生优缺点，因材施教，扬长避短。例如，教师可以给学生机会上台试讲，可以适当地开一些户外课堂，做一些有关心理学的游戏，提高学生对心理学这门课程的热爱。

四、灵性教育在课程中的表现

（一）灵性教育应是师生平等的对话过程

灵性的教育应是师生平等的对话过程。对话永远是一个开放的未完成的动态过程。它的美学价值来源于师生之间精神上平等的相遇。在认识这些生活问题的过程中,教师应引导学生树立正确的人生观、价值观、生活态度等。走进儿童的世界,听听他们在说什么,看看他们在做什么,想想他们有什么困惑,便是教师应该做的事情。比如,学生认识到自己长大了,自己能做的事情自己做,可家里的人不让做,于是,有的学生就会这样想:不是我不愿意做,而是大人不让我做,那我就不做吧!这时候,教师就需要引导学生动脑筋想办法,怎样去争取实践的机会。这样的对话使教育充满着流动生成的变化美,这才是审美化的教学,也只有这样的教育,才会带给教师自身以及学生曼妙丰盈的审美人生。

(二)灵性教育应是充满爱和宽容的天堂

灵性教育应是充满爱和宽容的天堂。善于宽容,是教师修养的情感问题,宽容中蕴含的理解、信任、平等,表明教育者对自己和教育对象积累了足够的信心,也浸透了一种于事业、于孩子们的诚挚和热爱。教书育人是一门艺术,教师的魅力在于睿智,教师的伟大在于宽容,教师的力量在于关爱。孩子的情感是纯真无邪的,面对教师暖意融融的关心和爱护时,学生不会无动于衷,他们给教师的回报就是对教师的亲近和自己的进步。爱是无声的教育,爱是教育的永恒主题。从某种意义上说,教育是一种审美。教育的审美对象是鲜活的生命,是学生五彩斑斓的心灵。在教育活动中,每个学生的心灵都有待阳光照耀,是雨露滋养的花蕾,教师只有用自己的一片深情,才能使学生的心花灿然绽放。

(三)灵性教育应是智慧孕育的温床

灵性教育应是智慧孕育的温床。对于教师来说,教育智慧由一系列品质和能力所构成。首先,教师须具有敏感的、能够读懂他人内心世界的心灵;其次,教师应能够理解他人的内心情感,尊重他人的尊严和主体性;再者,教师应表现出良好的分寸感和尺度感;最后,教师应具有道德直觉。教师不只是应用书本上的知识去教育学生,更是应用自己对人生的体验、用自己对事理的洞见、用自己饱满的热情、用自己活跃的灵魂从事教育。在这一过程中,教师身上所体现出的深刻智慧犹如花的芬芳,酒的醇香,光华四溢,影响着学生的成长。

教学,须让学生用心去经历,用心去体验,体验生活的酸甜苦辣,体验人生的美好艰辛,体验他人的奋斗与幸福,从而真正丰富他们的内心世界,丰富他们的情感世界,让儿童的心灵变得敏感起来,细腻起来。而传统的书本教学只能造成知识的仓库、情感的沙漠。例如,在德育课《爱惜粮食》一课时,若利用多媒体演示种粮的过程,其效果最多是在学生头脑中留下这个过程和一个粮食来得不容易的结论,并没有真正触动学生的内心世界。俗话说,看人挑担不吃力。怎样让学生去体验这份辛苦呢?教师可以在课堂上设计一个模拟插秧活动,让学生左手抓一把鸡毛毽子,弯下腰,右手把这些毽子一行摆六个,人倒退着走,十分钟后交流自己的感受。有了这腰酸腿疼的真切体验,再来看种粮的过程,学生就仿佛是自己参与了其中的劳动,这劳动的辛苦、粮食的来之不易就深深地烙进了学生的情感世界,从而达到预期想要达到的效果。

七、灵性教育在大学生心理健康教育课程中渗透与融合的实施途径

(一) 确立灵性教育理念

灵性教育是一种新的教育理念。当前,高校的教师和管理人员对其价值、意义及内容等了解不多,更谈不上对其精髓和要义的认识与把握。所以,要开展灵性教育,首先要对灵性教育有所认识并接受灵性教育理念。只有接受了灵性教育的理念,才能在各种教育课程之中应用自如。

灵性教育帮助心灵成长,让自己可以更多地了解自己和这个世界。是以现有的经验、学识推敲于人,为其解释各种现象、问题或行为,其根本是以人的一种相对成熟或理性的思维来认知对待,让事物得以接近其最根本的存在,人在其中慢慢地对一种事物由感官触摸而到认知理解的状态,这就是灵性教育的根本所在。

(二) 开设灵性教育课程

把灵性教育渗透到心理健康教育课程中。通过灵性教育进行素质教育既是学校心理教育实施的途径,也是灵性教育自身发展的必然要求。灵性教育过程包括极其丰富的心理教育因素,因为教学过程是经社会历史积淀的文化知识、道德规范、思想价值观念为内容和主导的。教师在传授知识过程中,只要注重考虑学生的心理需求,激发学生学习的兴趣,并深入挖掘知识内在的教育意义,就能够把人类历史形成的知识、经验、技能转化为自己的精神财富,即内化成学生的思想观点、人生价值和良好的心理素质,并在他们身上持久扎根。从教

学设计取向看,学科渗透心理健康教育可以学生为中心,重视学生的人格塑造,促进学生的心理发展。

(三) 构建灵性课程体系

需要重构学校课程的功能定位,即课程的核心功能定位实现从"人是手段"到"人即目的"的回归。灵性学校课程体系要重视课程整合,使学校课程体系成为一个有机的整体。灵性教学就是要将静态的课程内容活化为师生合作探究问题、共同创造知识和建构意义的动态体验。灵性教学要特别强调"将'问题'嵌入课堂",教师根据"问题解决"过程的需要进行教学设计,保证学生学习的连续性和持续性,同时在"问题解决"的过程中创造一种安全、自由、宽容、合作、反思的空间和氛围,为学生提供必要的帮助、建议和引导,学生通过"问题解决",真正经历发现、思考、探索、创造的完整而丰满的学习过程。

(四) 培育灵性教师队伍

灵性教师的培育,核心不在于教学方式和技能的专门培训,而在于不断提升教师的生命自觉。教师的生命自觉主要包括三个方面:对自我的生命自觉,即知晓自己的优势、劣势和潜能,对自己的人生有清晰的觉知并因此变得坦然、从容和有气度;对他人的生命自觉,其要义是对他人的生命有敏感、尊重和敬畏;对环境的生命自觉,即能够对影响自我和他人生命成长的环境具有清醒的意识和明智的判断。

(五) 塑造灵性领导风格

在时代的潮流中我们这群青少年容易受到诱惑也很容易冲动。领导的风格和水平以及是否具有灵性意识是开展灵性教育的前提和重要基础。陶行知的名言"千教万教教人求真,千学万学学做真人。"老师如果是一个灵性教育者,那么学生就会受到老师的影响学会灵性处理相关问题,而不是死搬硬套,我们应该努力学习塑造灵性思想培养灵性学生。

(六) 建立灵性评价机制

科学的评价体系是实现课程目标的重要保障。灵性教育能否取得成效,评价机制是导向和风向标,评价机制的建立至关重要。传统教学"分数唯一"的评价取向给学生带来了巨大的心理压力,导致学生产生众多的心理问题。在新课程评价中我们注重建立灵性教育的评价机制。新课程强调发展性评价，关注学生的全面发展，关注学生的个别差异。不能只关注学生的学习结果，而要更多地去关注和体会学生的学习过程、方法以及从中获得的体验。

参考文献

[1] 姚本先. 大学生心理健康教育 [M]. 合肥：安徽大学出版社，2011.

[2] 杨昭宁. 大学生心理健康教育 [M]. 济南：山东人民出版社，2012.

[3] 张大均，吴敏霞. 大学生心理健康 [M]. 北京：清华大学出版社，2007.

[4] 王晓刚，大学生心理健康 [M]. 北京：清华大学出版社，2008.

[5] 黄群英. 大学生心理素质训练 [M]. 长沙：湖南师范大学出版社，2011.

[6] 郑雪. 人格心理学 [M]. 广州：广东高等教育出版社，2007.

[7] 肖华. 大学生心理健康教育教程 [M]. 北京：科学出版社，2015.

[8] [美] 塞利格曼. 活出最乐观的自己 [M]. 洪兰译，沈阳：北京联合出版传媒股份有限公司，万卷出版公司，2010.

[9] [美] 塞利格曼. 认识自己，接纳自己 [M]. 任俊译，沈阳：北京联合出版传媒股份有限公司，万卷出版公司，2010.

[10] 姚本先. 大学生心理健康教育 [M]. 北京：高等教育出版社，2009.

[11] 樊富珉，王建中. 当代大学生心理健康教育教程 [M]. 武汉：武汉大学出版社，2006.

[12] 樊富珉. 大学生心理健康教育研究 [M]. 北京：清华大学出版社，2002.

[13] 申继亮. 大学生心理健康教育读本 [M]. 北京：高等教育出版社，2007.

[14] 叶奕乾，何存道，梁建宁. 普通心理学 [M]. 上海：华东师范大学出版社，2005.

[15] 张大均. 教育心理学 [M]. 北京：人民教育出版社，2005.

[16] 夏海鹰. 心理健康教育课程问题探究 [M]. 北京：中国人事出版

社，2002.

[17] 赵梅玲. 教育心理学［M］. 北京：中国原子能出版社，2017.

[18] 彭聃龄. 普通心理学［M］. 北京：北京师范大学出版社，2015.

[19] 韩永昌. 心理学［M］. 上海：华东师范大学出版社，2015.

[20] 施良方. 课程理论［M］. 北京：教育科学出版社，2009.

[21] 叶一舵. 中小学心理健康教育基本原理［M］. 福州：福建教育出版社，2008.

[22] 曹俊军. 农村中小学素质教育课程与教学论的视角［M］. 武汉：华中科技大学出版社，2011.

[23] 陈虹，叶一舵. 学校心理健康教育老师的胜任力探析——以福建省为例［J］. 教育评论，2006（1）.

[24] 曹成刚. 新课程背景下的学校心理健康教育课程设计［J］. 教育探索，2004（6）.

[25] 龙红霞，张凌宏. 校园生活的灵性意识培养［J］. 铜仁学院学报，2017，19（10）.

[26] 朱新卓. 教育的本体性功能：提升人的灵性［J］. 教育研究，2008（9）.

[27] 汪丽华，何仁富. 大学生的生命教育与灵性教育［J］. 南昌大学学报（人文社会科学版），2011，42（3）.

[28] 高岚. 关于"灵性"教育的思考［J］. 学前教育研究，2003（6）.

[29] 陈健. 高校大学生心理健康教育存在的问题及对策研究［J］. 中国成人教育，2010（12）.

[30] 王娟. 高校思想政治教育与当代大学生心理特点研究［J］. 职教探索与研究，2007（1）.

[31] 林静. 学校心理健康教育课程发展现状调查研究——以江苏省南京市为例［J］. 中小学心理健康教育，2013（22）.

[32] 马前广. 高校心理健康教育课程建设现状及对策思考［J］. 思想理论教育，2013（19）.

[33] 陈瑜. 学校心理健康教育课程建设的问题与对策［J］. 聊城大学学报（哲学社会科学版），2005（5）.

[34] 冯薇. 如何提高中职心理健康教育课堂教学评价的有效性［J］. 学周刊旬刊，2014（3）.

［35］何蕊. 中小学心理健康教育课程评价初探［J］. 乐山师范学院学报，2010，25（12）.

［36］潘晓敏，蔡泽玲，潘泽敏. 我国中小学心理健康教育课程实施中的问题及对策［J］. 中小学心理健康教育，2013（22）.

［37］秦德君. 教育的灵性［J］. 教育发展研究，2005（4）.

［38］侯长林，张新婷. 论大学之灵性［J］. 教育研究，2016，37（7）.

［39］于立杰. 美国中小学心理健康教育课程研究［D］. 保定：河北大学，2010.

［40］汪东. 西安市普通高校大学生心理健康教育课程现状调查与对策分析［D］. 西安：陕西师范大学，2007.

［41］宋喜霞. 高中心理健康教育课程建设研究［D］. 苏州：苏州大学，2009.

［42］张悦. 长春市初中心理健康教育课程实施存在的问题及解决对策［D］. 长春：长春师范学院，2012.

［43］王鸽子. 高中心理健康教育课程实施现状调查与对策研究［D］. 西安：陕西师范大学，2013.